이 사람을 보라

— 어떤 변화를 겪어서 어떤 사람이 되었는지

세창클래식 005

이 사람을 보라
– 어떤 변화를 겪어서 어떤 사람이 되었는지

초판 1쇄 발행 2019년 6월 20일
초판 3쇄 발행 2022년 4월 11일

—

지은이 프리드리히 니체
옮긴이 이동용
펴낸이 이방원
편 집 송원빈·김명희·안효희·정조연·정우경
디자인 손경화·박혜옥·양혜진   **마케팅** 최성수·김 준

—

펴낸곳 세창출판사

　　　신고번호 제1990-000013호   주소 03736 서울시 서대문구 경기대로 58 경기빌딩 602호
　　　전화 02-723-8660   팩스 02-720-4579
　　　이메일 edit@sechangpub.co.kr   홈페이지 http://www.sechangpub.co.kr
　　　블로그 blog.naver.com/scpc1992   페이스북 fb.me/Sechangofficial   인스타그램 @sechang_official

—

ISBN 978-89-8411-826-3   93160

ⓒ 이동용, 2019

이 사람을 보라

– 어떤 변화를 겪어서 어떤 사람이 되었는지

프리드리히 니체 지음

이동용 옮김

세창클래식 005

세창출판사

* '이 사람을 보라'로 번역된 원어는 '에케 호모(Ecce homo)'이다. 이 문구는 원래 성경에 나오는 구절로서 유대의 총독 빌라도가 스스로 신이라 말하는 예수를 지칭하며 그를 고소한 유대인들 앞에서 한 말이다. 신을 일컫는 말, 그 말을 니체는 자신의 자서전의 제목으로 선택한 것이다. 여기에는 고도의 심리전이 펼쳐지고 있음을 직감하게 한다. 마치 르네상스 시절 독일 뉘른베르크의 화가 뒤러(Albrecht Dürer, 1471-1528)가 신의 얼굴, 즉 예수를 닮은 얼굴을 그려 놓고 '자화상'이라 칭한 것과 같다. '이게 바로 내 얼굴이다'라고 말하는 것이나 다름없기 때문이다. 신과 동등해진 인간, 그는 이 그림과 함께 중세를 끝장내는 혁명, 즉 르네상스 운동에 동참했다. 그렇다면 니체는? 신을 지칭하는 말 '이 사람을 보라'를 자신의 자서전 제목으로 선택함으로써 전하고자 했던 메시지는 무엇일까? 그리고 그 효과는 어떤 것일까? 그것을 알아내기 위해 우리는 『이 사람을 보라』를 철학자 니체가 우리에게 남겨 놓은 유언처럼 읽어 내야 한다.

** 부제목의 원문은 "비 만 비르트, 바스 만 이스트(Wie man wird, was man ist)"이다.(이 부제목과 관련한 직접적인 설명은 「왜 나는 이토록 영리한지」의 9번 장에서 자세하게 이루어진다.) 이것을 "어떤 변화를 겪어서 어떤 사람이 되었는지"로 번역했다. 이 문구의 기원으로는 그리스의 시인 핀다로스(Pindar. 기원전 522?-445?)의 "게노이오, 호이오스 에씨(Genoio, hoios essi)"가 아닐까 싶다. 독일어 번역은 "베르데, 데어 두 비스트(Werde, der du bist!)"이고, 우리말 번역은 "되어라, 너 자신이!"다. 자기 자신이 되는 것은 니체 철학의 핵심 이념이다. 『데미안』에서 "내 책상 위에 니체가 몇 권 놓여 있었다. 그와 함께 살았다. 그의 영혼의 고독을 느꼈다. 그를 끊임없이 몰아붙였던 운명의 냄새를 맡았다. 그와 함께 괴로워했다. 그토록 엄격하게 자신의 길을 갔던 그런 사람이 존재했다는 것이 행복했다"고 고백했던 헤세(Hermann Hesse, 1877-1962)도 "내 속에서 솟아 나오려는 것, 바로 그것을 나는 살아 보려고 했다. 왜 그것이 그토록 어려웠을까"를 이 책의 모토로 선택했다. 자신의 길을 찾는 것도 일이고, 또 그 길을 가는 것도 결코 쉬운 일이 아니다. 자신의 길을 가는 데는 반드시 용기라는 덕목이 필요하기 때문이다. 니체를 이해한 독자들은 거의 같은 소리로 그의 철학 허무주의의 이념을 이어 간다. 언제나 자기 자신에 대한 고민이다. 자기 자신에게로 향하기! 그것이 니체 철학의 진정하고도 간절한 메시지다. 그래서 끊임없이 스스로를 교육하고자 한다. 글을 써도 자기 자신을 위한 글을 쓰라고 요구한다. 스스로가 믿음의 대상이 되어야 하고 또 스스로가 모든 것을 발아래 두는 신과 같은 존재가 되어야 한다. 그는 언제나 홀로 걷는 사람을 좋아한다. 반대로 자기 자신으로 향하지 않는 사람은 어떤 방향으로 나아가게 될까? 그것이 무엇이 되었든 간에 그 모든 방향에 대해 니체는 허무함을 느끼고자 한다. 그것은 의미가 없는 것이라고 인식하고자 한다. 그리고 그 허무함이 감당될 때 허무의 공간은 놀이터가 되어 줄 것이다. 허무가 허무가 아닌 그 무엇의 의미를 취하기 때문이다. 허무로 인식되었던 그 무의미조차 망아(忘我)의 춤을 추게 해 줄 동력으로 작동해 줄 것이다. 모든 것을 잊고도 행복감에 젖을 수 있는 그런 세계가 펼쳐질 것이다. 디오니소스의 귀환이라고 할까. 무아지경의 경지라고 할까. 황홀지경이라고 할까. 해탈의 경지라고 할까. 중생(重生)하여 구원된 상황이라고 할까. 뭐라고 해도 상관없다. 니체는 그런 것에 개의치 않는다. 내용을 제대로 이해했다면 그것을 포장할 개념을, 즉 그에 대한 이름은 저절로 생겨날 것이기 때문이다.

누구는 나체라고 써 놓고 농담을 하기도 한다. 생철학이니, 삶과 사람, 생명과 육체의 의미를 부각시키는 철학이니, 뭐 상관없다 생각해서 웃어넘긴다. 니체! 하면 제일 먼저 떠오르는 말이 "신은 죽었다"라는 지극히 마음을 불편하게 만드는 주장이다. 신은 죽일 수도 죽을 수도 없는 존재다. 니체도 그것은 분명히 잘 알고 있다. 여기에 비약적이기는 하지만, 영원회귀라는 이념이 빈 공간을 채워 준다. 신의 죽음과 함께, 영원은 다시 회귀한다. 그 영원은 다시 신의 이름으로 불리다가, 때가 되면 또 다시 죽음을 맞이한다. 그리고 끊임없이 돌고 돈다.

어느 하나의 생각에, 하나의 이념에 얽매이지 않는 자가 초인이다. 선을 그어 놓고 놀이는 시작된다. 선을 밟으면 '넌 죽었다!'고 웃으며 놀려 대기도 한다. 하지만 하나의 놀이로 하루 종일 놀 수는 없다. 재미가 없으면 다른 놀이를 생각해 내야 한다. 그때가 됐는데도 그 선 안에서 놀라고 윽박지르면 선은 감옥이 되고 만다. 선은 폭력을 행사하고 만다. 이제 어떻게 해야 하나? 모든 것을 바친 놀이였지만 이제는 떠나야 한다. 진정으로 사랑을 했다면 쉽게 떠날 수도 없는 노릇이다. 양심의 가책까지 받을 수 있다.

허무주의 철학! 니체의 철학을 일컫는 말이다. 떠나야 하는 자에게 떠남의 양심을 가능하게 해 주는 철학이다. 부모가 돌아가시면 하늘이 무너지고 땅이 꺼진다고 말한다. 슬픔이 영육을 지배한다. 공자는 3년 동안 무덤 곁에서 지내야 한다고 가르치기도 했다. 그것이 자식 된 도리라고 말한다. 그래도 언젠가는 '산 자는 살아야 한다'는 인식이 들 때가 있다. 죽은 자에게 영원히 얽매여 살 수는 없는 것이다. 어쩌면 돌아가신 어머님께서도 '얘야! 열심히 살거라!' 뭐 이런 소리를 하시지 않았을까. 일상으로 돌아가 자기 일에 전념해 달라는 얘기다. 그런 식으로 사랑했던 자를 잊어야 할 때가 있다. 모든 것을 대체해 줬던 그것을 버려야 할 때가 있다. 허무주의는 도래해야 한다. 돌아섬은 허무주의의 현상에 불과하다.

극복하라! 초인은 넘어선 자다. 넘어서고 있는 자라고 해도 된다. 하루에도 열 번씩 극복하라고 했다. 쉽지 않은 명령이다. 허무주의는 도래하겠지만, 그다음은 허무주의를 극복하는 게 문제다. 눈물을 흘릴 수는 있다. 하지만 그 눈물을 닦고 새롭게 세상을 바라보는 게 문제다. 슬퍼할 수는 있다. 관건은 그 슬픔을 딛고 일어서는 것이다. 마치 허무주의는 오고 가는 파도와 같다. 파도를 넘어 바다를 볼 수만 있다면, 이런 허무주의를 감당할 수만 있다면, 또 그때 탄생하는 말들은 모두에게 위로가 되는 그런 소리가 아닐까.

종소리는 묘하다. 속이 텅 빈 종이 맑은 소리를 내는 것이다. 무無를 기다리다가 만난 것이 차라투스트라였다. 차라투스트라는 조로아스터교의 창시자이지만, 그런 것은 몰라도 된다. 그저 니체가 알려 주는 정보만 알아도 그만인 것이다. 이름이 중요한 게 아니라 그 사람이 중요하다는 인식만 가져 준다면 쉽게 극복될 수 있는 문제다. 그릇이 중요한 게 아니라 그 안에 담긴 음식이 중요하다는 인식만 가져 준다면 모든 것은 쉽게 풀릴 수 있다. 종 안에는 공空과 무無가 가득하다. 그것을 인정하고 감당할 수 있겠는가?

'이 사람을 보라.' 라틴어로 '에케 호모'라 한다. 유대아와 사마리아 지역을 관장하던 총독 빌라도가 법정에서 예수라 불리는 신을 가리키며 한 말이다. 이 말을 니체는 자신의 자서전의 제목으로 선택했다. '신을 보라'는 것이다. 우리는 너무도 신이라는 이름에 얽매여 하늘만 바라보고 살았다. 이제 신이라 불리는 그 사람을 좀 바라보자. 니체가 유언처럼 남겨 놓은 그 소중한 말들에 귀를 기울여 보자. 소리를 들어야 하는 일상의 귀를 닫고, 소리를 봐야 하는 관음觀音의 경지를 접한다는 마음으로 다가서 보자. 이제 귀를 닫고, 귀를 열어 보자.

17년의 집필 인생. 니체는 가끔 요양을 떠나며 집필을 중단할 때도 있었지만 쉬지 않고 일에 몰두했다. 공장에서 찍어 내는 상품처럼 살지 말고 예술가의 위대한 작품처럼 살라고 그토록 애타게 잔소리를 해 댔던 철학자의 삶이다. 자기 철학에 대한 오해는 피할 수 없다는 것을 직감한 철학자는 자서전을 써 놓을 수밖에 없었다. 남겨 놓은 각각의 철학서들에 대해 꼼꼼하게 설명을 해 놓는다. 마치 보물이 어디 놓여 있는지 알려 주는 지도地圖 같다. 그가 왜 이런 소리를 해야만 했었는지, 왜 이런 글을 써야 했었는지, 끊임없이 해명하고 설명한다.

광기의 철학! 그는 미쳤다. 그리고 여생을 비이성의 세계 속에서 보낸다. 그런데 그의 미침을 타인에게 해코지하는 폭력적인 광기로 오해하면 안 된다. 그의 광기가 그런 것이었다면 그의 철학은 쓰레기나 다름없다. 미침도 미치고 싶은 미침이 있다. 모든 선구자는 이성으로 납득이 안 되는 길을 선택한 자들이다. 모든 창조는 이성의 틀을 깨는 데서부터 시작되는 것이다. 이성을 위해 이성과 싸우고자 했던 것이 니체의 철학이다. 선악을 위해 선악과 전쟁을 했던 것이다. 이성적 존재가 이성을 극복하고 나면 어떤 존재가 될까? 아무도 가 보지 못한 곳이다.

네 곁에는 바다가 있다. 사막이 있다. 미궁이 있다. 삶의 한가운데에 있다는 느낌은 이런 것이다. 니체가 들려주는 임마누엘이다. 미궁 속에는 괴물이 있다. 삶 속에 괴물이 있다. 그 괴물이 싫어 뒤로 돌아설 수도 없다. 그 괴물과 싸워야 한다. 절대로 져서는 안 되는 싸움이다. 반드시 이겨야 하는 싸움이다. 자기 자신과의 싸움이기 때문이다. 차라투스트라는 말한다. '나를 버리고 너 자신을 찾으라'고. '나를 완전히 버렸을 때, 그때 내가 네 곁에 있어 줄 것'이라고. 허무를 감당하면 허무주의가 보이는 법이라고. 니체의 구원론이다.

사막을 품으면 야자나무를 흔들어 대는 시원한 바람도 느낄 수 있다. 스스로 바다가 되면 어떤 썩은 물이 들어와도 스스로는 썩지 않을 수 있다. 바다는 다 받아서 바다. 포용은 바다의 본성이다. 허무 위에서도 흥겨운 춤을 춰 대는 춤꾼이 신이다. '이 사람을 보라'는 명령에 충실해 보자. 니체의 독자가 된다는 마음으로 그의 가르침을 따라가 보자. 바다가 되었든 사막이 되었든 미궁이 되었든 상관없다. 그 모든 곳은 삶의 한가운데임을 알려 줄 것이다. 그곳에서 현 위치를 인식하고 모험 여행을 감행하게 해 줄 것이다.

2019년 5월 수유리에서
이 동 용

일러두기

- 『이 사람을 보라』는 1888년 10월부터 정신분열이 일어나던 1889년 초까지 집필되었고, 라오울 리히터(Raoul Richter)에 의해 편집되었으며, 니체가 사망한 지 8년이 지난 1908년이 되어서야 니체-문서보관소(Nietzsche-Archiv)의 청탁으로 라이프치히의 인젤(Insel) 출판사에서 처음으로 출간되었다. 이번 번역 작업은 지오르지오 콜리(Giorgio Colli)와 마치노 몬티나리(Mazzino Montinari)에 의해 편집되고 베를린의 드 그뤼터(de Gruyter) 출판사가 펴낸 『크리티쉐 스투디엔아우스가베(*Kritische Studienausgabe*)』 전집의 제6권에 실린 텍스트를 선택하여 이뤄졌다. 해설(혹은 주석)에 인용된 문구들은 일부 도서출판 책세상 판본을 활용했음을 밝혀 둔다.
- 이 책의 모든 주석은 옮긴이가 작성한 것이다.

서 문

1.

조만간 인류에게 제시된 숱한 요구들 중에서 가장 어려운 요구를 내가 해야 한다는 생각이 들어서 내가 누군지를 말해 두는 것이 불가피한 것 같다. 사실 사람들은 내가 누군지 이미 잘 알고 있을 것이다. 왜냐하면 나를 '밝히지 않은 채 내버려 둔 적'은 없었기 때문이다. 하지만 내 과제의 위대함과 동시대의 사소함 사이에서 발생하는 오해는 사람들이 나에 대해 들도 보도 못 했다는 데서 발생한다. 나는 내 자신의 신용에 따라 살아간다. 어쩌면 내가 살아 있다는 것조차 하나의 편견에 지나지 않는 것은 아닐까? 내가 살아 있지 않다는 것을 확신하기 위해서는 여름에 오버엥가딘으로 오는 '교양 있는 사람'이라면 그 누구를 붙들고 물어봐도 좋다….[1] 이런 상황 속에서

---

[1] 살아 있다 혹은 살아 있지 않다. 이 문제에 대해서는 나중에 『차라투스트라는 이렇게 말했다』의 장 5번 글에서 심도 있게 다뤄진다. 말하자면 '불멸이 되기 위해서 여러 번 죽어야 한다'는 입장에서 내뱉은 말이다. '불멸을 위한 죽음', 이것은 치열하게 산 자에게만 주어지는 위대

근본적으로 내 습관이 거부하고 내 본능의 긍지는 더욱 거세게 저항하고 있는 이 말을 해야겠다는 의무감을 느낀다:[2] 내 말을 들으시오! 왜냐하면 나는 이런 이런 사람이기 때문이라오. 무엇보다 나를 혼동하지 마시오!

2.

나는 이를테면 절대로 허깨비 인형도 아니고 도덕의 괴물도 아

한 숙제이다. 고대는 신들의 세상이었다. 하지만 그런 신이 되기까지는 수도 없이 죽음을 맛보아야 한다. 신은 아무나 되는 것이 아니다. 역사에 남을 영웅의 소리를 듣고 싶다면 목숨 건 모험을 마다하지 말아야 한다. 그 누구도 모방할 수 없는 위대한 행위를 실천에 옮겨 내야 한다. 니체는 자신에게 주어진 삶을 최대한 활용했다. 소위 최선을 다했다. 누구는 그를 두고 미친 철학자라고 손가락질한다. 하지만 오히려 미쳐서 그가 대단하게 보이기도 한다. 그가 미치지 않았다면 허무주의가 무슨 소용이 있으랴! 신을 죽인 허무주의자 니체, 스스로에게 쫓긴 광인의 철학자 니체, 이 모든 것이 살아 있는 삶과 살아 있지 않은 삶이라는 미묘한 관계와 함께 얽히고 설켜 있는 것이다.

2 니체의 복잡한 심경 고백이 읽힌다. 직역을 하면 '이런 상황 속에 ~라고 말할 의무가 있다'이다. 반드시 말해야 한다. 그런데 그 말은 본능과 습관이 거부하는 것이다. 말하고 싶지 않지만 반드시 해야 한다. 안 그러면 혼동할 수 있으니까. 안 그러면 내가 누군지 모를 테니까. 사실 작가는 자신의 작품에 대해 훈수를 하지 말아야 한다. 그게 작가의 예의다. 작품이 출간되고 나면 그때부터는 독자의 몫이기 때문이다. 그런데 니체는 안심할 수가 없다. 그래서 펜을 드는 것이다. 마지막으로 훈수 한 번 두려고. 그렇지 않으면 혼란이 생길 수도 있으니까. 살아도 살아 있다고 말할 수 없는 사람이 있는가 하면, 또 죽은 듯한데 살아 있는 사람도 있다. '살아 있네!' 뭐 이런 말을 한번 생각해 보면 쉽게 이해되지 않을까. 니체가 말하고자 하는 삶은 그동안 인류가 듣도 보도 못한 존재에 해당한다. 그래서 가장 어려운 요구가 될 수 있는 그런 삶에 대해서 니체는 '내가 바로 이런 사람'이라고 밝히고 싶은 것이다. 그리고 니체는 이미 힌트를 하나 남겨 놓았다. "나는 내 자신의 신용에 따라 살아간다"고. '그게 뭐 그리 대단한가' 하고 대수롭지 않게 생각할 수도 있다. 그렇게 니체의 생각을 폄하할 수도 있다. 하지만 이것이 바로 니체가 말하고자 하는 철학의 핵심임을 잊지 말아야 한다. '이 사람'은 '자신의 신용에 따라 살아가는 사람'임을. 그것이 이해될 때까지 천천히 자신의 속도에 맞춰 독서에 임해야 한다.

니다. — 나는 그저 지금까지 덕이 있다고 존경을 받아 온 인간 종류에 정반대되는 본성을 지닌 존재일 뿐이다. 우리끼리 하는 얘기지만, 바로 이것이 나의 긍지가 아닐까 싶다. 나는 철학자 디오니소스의 제자이다. 나는 성자보다는 사티로스가 되기를 바란다.[3] 그러나 사람들은 이 글만 읽는다. 어쩌면 이 글이 명랑하고 박애적인 방식의 정반대를 표현하는 것 외에 다른 의미가 없다는 것을 말하는 데 성공을 거둘 수도 있다. 내가 약속할 수 있는 궁극적인 것은 인류를 '개선'하겠다는 말 따위의 것이라고. 나는 그 어떤 새로운 우상도 내세우지 않았다. 옛 우상들은 자신이 진흙으로 만든 다리를 갖고 있다는 게 무엇을 의미하는지 배우게 될 것이다. 우상('이상'에 대한 나의 말)을 파괴하는 것, 이것은 이미 내가 하는 일에 속한다. 사람들은 하나의 이상적인 세계를 꾸며 낼 때 그 현실성을 그들 자신

---

3   디오니소스와 사티로스에 대한 동경은 이미 첫 작품 『비극의 탄생』에서부터 시작되었다. 그는 여기서 디오니소스적인 것이 아폴론적인 것과 균형을 이룰 때에만 진정한 예술이 탄생할 수 있음을 주장했다. 이 두 가지는 서로 다른 예술 충동들이지만 서로 합쳐지는 '짝짓기'(『비극의 탄생』)를 통해 진정한 아름다움이 탄생한다는 것이다. 말하자면 동양의 음양이론처럼 어둠과 빛이, 위와 아래가, 좋음과 나쁨이 서로 경쟁하듯이 다투고 있지만 마치 칼로 물베기와 같은 사랑 싸움처럼 둘은 절대 분리되지 않는다. 하나는 다른 하나가 있을 때에만 태극의 문양을 완성해 낼 뿐이다. 그러나 아폴론적인 것은 '너 자신을 알라'고 외쳐 대는 소크라테스의 철학을 통해 이상하게 변질되었고, 디오니소스적인 것은 아예 그 흔적을 찾아볼 수 없을 정도로 사라져 버렸다고 말한다. 오로지 빛만 좋아하고, 그 빛을 신성으로 여기면서, 다른 어둠은 내치고 마는 결과를 초래한 것이다. 이런 상황에서 고대 비극이 보여 주었던 균형을 다시 잡기 위해 니체는 디오니소스적인 것에 대해 강력한 동경을 보이게 된다. 결국 디오니소스는 니체 철학의 시작이자 끝이라고 말할 수 있다. 시작과 끝! 그러니까 첫 작품에서부터 자서전에 이르기까지 지속되는 이념이라고 볼 수 있는 것이다.

의 가치, 그들 자신의 의미, 그들 자신의 진실성의 정도로만 가져온 다…. '진짜 세계'와 '가짜 세계', 독일어로 말하면 꾸며 낸 세계와 현실성….[4] 이상의 거짓은 지금까지 현실성에 대한 저주였다. 인류 자체는 그런 거짓을 통해 가장 아래쪽에 위치한 본능까지도 속이게 되었고 스스로 오류가 되어 버렸다.[5] 결국 성공과 미래 그리고 미래에 대한 높은 권리를 보증하는 전도된 가치를 숭배까지 하는 지경에 이르렀다.

---

4 니체의 책을 읽을 때 가장 조심해야 할 대목이다. 긍정의 의미로 하는 말인지, 아니면 부정의 의미로 하는 말인지, 그것을 판단하기가 여간 어려운 게 아니다. 진짜가 된 가짜를 두고 하는 말인지, 아니면 가짜가 된 진짜를 두고 하는 말인지, 그런 것을 읽어 내야 하기 때문이다. 게다가 그의 글은 잠언의 형식을 띠고 있기 때문에 호흡이 무척 짧다. 그토록 짧은 글 속에서 그 글이 전하고자 하는 메시지와 이념을 읽어 내기란 참으로 쉽지 않은 일이다. 이런 훈련이 미흡한 독자일수록 니체의 책에서 '모순'을 찾아내기 일쑤이다. 그가 말해 놓은 덫에 걸려 허덕일 때가 많다. 아까는 저렇게 말해 놓고 지금은 또 이렇게 말한다고 푸념을 쏟아 내기도 한다. 자유정신이 쏟아 낸 인간적인 소리는 눈으로 보려는 관음(觀音)의 마음으로 다가서야 한다. 밀물 때 바라보는 시각인지, 썰물 때 바라보는 시각인지, 매 순간 시시각각으로 변하는 철학자의 시선을 좇아가는 심정으로 독서에 임해야 한다.
5 본능도 속을 수 있다. 니체 철학의 대전제다. 본능도 속을 수 있는 대상이다. 아니 반대로 생각해 보자. 본능이 속을 수 있나? 본능은 본능일 따름인데? 이게 과거의 목소리였다. 아니다. 니체는 본능이 본능이 아닐 때도 있다는 얘기를 하고 있다. 자기 의지로 생각하고 있는 것 같지만 사회 의지로 생각할 때가 많다. 즉 스스로 그렇게 생각하고 있다고 믿지만 실제로는 타인의 생각을 자기 생각으로 착각하는 경우가 많다는 얘기다. 예를 들어 그레트헨이 자기가 낳은 아기를 목졸라 죽여 마인 강가에 버렸다면 그것은 자기 의지일까 사회 의지일까? 그것이 괴테가 『파우스트』를 통해 던졌던 질문이다. 자기 손으로 자기 아이를 죽이고 있지만 그것은 결코 간단한 문제가 아니다. 처녀가 아이를 낳으면 마녀라는 소리를 들어야 하는 상황에서는 처녀로 남는 게 살아남는 지혜에 해당한다. 남몰래 병원을 찾아가 낙태를 하는 미혼 여성에게 돌을 던져서는 안 될 일이다. 법이 있고 사람이 있는 게 아니라 사람이 있고 법이 있다는 것을 깨달아야 한다. 지금 우리는 어떤 본능으로 살고 있는가? 반성해야 할 시점에 와 있다.

3.

― 내 글들의 공기를 호흡할 줄 아는 자는 알고 있을 것이다. 그것은 높은 곳의 공기라는 사실을. 하나의 강력한 공기 말이다.[6] 사람들은 그 공기를 위해 창조되어 있어야 한다. 그렇지 않으면 감기 걸릴 위험은 결코 적지 않다.[7] 얼음이 가까이 있다. 고독은 끔찍하다.

---

6 '공기'는 니체가 즐겨 쓰는 비유다. "순수한 공기를 마시고자 한다면, 교회에 가서는 안 된다."(『선악의 저편』) "그러나 충분하다! 충분하다! 나는 더 이상 견딜 수가 없다. 공기가 나쁘다! 공기가 나빠! 이상(理想)을 만들어 내는 이 이 공장은 내게는 새빨간 거짓말 때문에 고약한 냄새가 나는 것 같다."(『도덕의 계보』) 다양한 곳에서 니체는 공기를 언급하고 있다. 공기는 있어야 한다. 공기가 없을 수는 없다. 하지만 그게 어떤 공기냐가 문제인 것이다. 예를 들어, 인간은 생각하는 존재이다. 생각이 없을 수는 없다. 인간이 있는 한 생각도 공존한다. 하지만 어떤 생각을 하고 사느냐가 문제인 것이다. 신에 대한 문제도 마찬가지다. 이성을 가진 존재는 극단적인 것을 묻지 않을 수 없다. 태초는? 종말은? 신은? 악마는? 하고 말이다. 신은 이성을 가진 인간의 문제다. 신을 묻지 않을 수 없다. 사람이라서 그런 것이다. 하지만 어떤 신을 믿고 따를 것인가는 형식의 문제가 아니라 내용의 문제가 된다. 니체는 신을 죽이고 신을 찾는다. 어떤 신을 혐오하고 어떤 신을 선호하는가를 깨달아야 한다. 니체는 '이 사람을 보라'고 외쳤다. 그의 음성을 들어야 한다.

7 모든 철학이 그렇지만, 니체의 철학도 준비된 자의 몫이다. 준비가 된 자에게는 위대한 영향을 끼칠 수 있다. 건강한 자에겐 주삿바늘을 통해 들어오는 독약도 예방의 효과를 부여할 뿐이다. 하지만 허약한 자에겐 치명적인 결과를 초래할 수도 있다. 니체는 이성을 가지고 놀 수 있는 춤꾼을 요구한다. 몸과 마음이 서로를 해치는 훼방꾼이 아니라 서로를 견뎌 낼 뿐만 아니라 서로를 존중하고 사랑하는 그런 관계가 되기를 바라는 것이다. 간단히 말하면, 이성을 가지고 놀라는 것이다. 이성과 비이성을 자유자재로 넘나들 수 있는 정신에게는 자유라는 선물을 선사해 줄 것이다. 하지만 이성이 충분히 강하지 못한 자에게는 통제를 벗어난 광기의 세계를 피할 길이 없다. 이성적 존재에게 그 이성의 한계를 제시하는 철학이기 때문이다. 한계를 넘어설 것인가, 아니면 그 한계 속에 머물 것인가. 이런 문제라면 그나마 긍정적이다. 넘어설 때는 극복의 의지로 대응하면 되고, 머물 때는 아모르 파티, 즉 운명을 사랑하는 마음으로 대처하면 된다. 하지만 그 한계에 직면하여 무릎을 꿇으며 굴복한다든가 정신줄을 놓는 일이 발생한다면, 물론 니체는 그런 일이 발생하기를 원치 않았지만, 그것은 지극히 비극적인 상황이 아닐 수 없다.

그러나 모든 사물은 빛 속에서 얼마나 조용히 누워 있는가! 얼마나 자유롭게 숨을 쉬고 있는가! 얼마나 많은 것이 자기 아래 있다고 느끼고 있는가![8] — 내가 지금까지 이해해 왔고 또 살아왔던 철학, 그 것은 얼음 속에서 그리고 높은 산 위에서 자유로운 의지로 살아가는 삶이다. 그것은 실존 속에서 모든 낯선 것과 의심스러운 것을, 도덕에 의해 지금까지 추방당했던 모든 것을 찾아가는 삶이다. 금지된 것 속에서 그러한 방랑생활을 하며 얻은 오랜 경험을 통해 나는 지금까지 도덕적이고 이상적이었던 원인들이 원했던 것과는 전혀 다르게 보인다는 것을 배웠다. 즉 철학자들의 숨겨진 이야기, 그들의 위대한 이름의 심리가 나에게 빛으로 다가왔다. — 하나의 정신이 얼마나 많은 진실을 견뎌 내고, 얼마나 많은 진실을 감당해 낼 것인 가? 그것이 나에게는 항상 진정한 가치척도였다. 오류(이상에 대한 믿음)는 맹목이 아니다. 오류는 비겁이다….[9] 인식을 향한 모든 업적,

---

8 니체는 도덕 위에서도 뛰놀 것을 요구했다. "우리는 도덕 위에도 서 있을 줄 알아야 한다. 매 순간 미끄러져 넘어질 것을 두려워하는 경직된 두려움을 가지고 그 위에 서 있는 것이 아니 라, 그 위에서 뛰놀 줄 알아야 한다!"("즐거운 학문』) 도덕은 무대가 되어야 한다. 도덕은 인간의 발아래 있어야 한다. 도덕이 군림하는 세상은 부정적이다. 그런 세계는 깨야 한다. 그것이 우 상을 깨는 일이며, 그것이 바로 니체가 철학을 통해 하는 일이다.

9 오류는 맹목이 아니라 비겁이다. 널리 확산된 오류는 "여론에 맞춰 생각하는 모든 사람들"("반 시대적 고찰』)이다. 이런 사람들은 모두 "스스로 눈을 가리고 귀를 막고 있다."("반시대적 고찰』) "세 상 사람들은 모두 풍속과 의견 뒤에 숨는다."("반시대적 고찰』) 남의 의견 뒤에 숨어서 주인 행세 를 하는 사람들, 이런 사람들과 니체는 전쟁을 선포한다. 이런 사람들이 주장하는 진리와 맞 서 니체는 용감하게 싸우고자 한다. 진리의 계명이라 부르며 그것을 신의 소리로 만드는 그들 의 양심에 저항하고자 한다. 그것이 진리라면 거짓의 편에 서고자 한다. 그것이 양심이라면 비

모든 발걸음은 용기에서, 자기 자신에 저항하는 강인함에서, 자기 자신에 대한 깨끗함에서 나온다…. 나는 이상을 거부하지 않는다. 다만 장갑을 낄 뿐이다….[10] 니티무르 인 베티툼Nitimur in vetitum(우리는 금지된 것을 추구한다): 이 말과 함께 나의 철학은 언젠가 승리를 거둘 것이다. 왜냐하면 사람들은 지금까지 언제나 오로지 진실만을 철두철미하게 금지시켰기 때문이다. ―

4.

― 나의 글들 속에는 나의 차라투스트라가 있을 뿐이다. 나는 그

양심을 선택하고자 한다. 그것이 도덕이라면 비도덕이 되고자 한다. 그것이 이성이라면 비이성을 따르고자 한다. 니체는 생각하는 존재에게 무엇이 오류인지를 가르치고 있다. 격식, 공식, 방식, 양식, 정식, 형식 등 모든 생각의 틀을 깨고 세상 밖으로 나올 것을 요구하고 있는 것이다. 아니 그 틀이 운명이라면 그 안에 담을 내용에 신경을 써 달라고 하는 소리로 들어도 된다. 1+1=2라는 식을 생각해 보자. 그 1에 해당하는 내용은 무엇이며, 그 다음의 1에는 또 무엇이고, 마지막으로 2는 결국 무엇이란 말인가? 사과 더하기 수박이 2라고? 그렇다면 사과 더하기 태양은? 그 값도 2라고? 천만의 말씀! 니체는 현상의 가치에 몰두한다. 산수와 수학으로 풀 수 없는 세상의 논리를 보여 주고자 한다. 눈에 보이는 세상의 가치를 찾고자 한다. 이토록 다양한 세상의 가치를 감당해 줄 자유정신을 찾고 있다. 비겁이 아닌 당당하고 용기 있는 정신을.

10 '장갑'에 대한 비유는 니체가 자주 썼다. "『신약성서』를 읽을 때는 장갑을 끼는 게 좋다."(『안티크리스트』) "온 세상이 값을 치르는 이 동전. / 명성 ―. / 장갑을 끼고서 나는 이 동전을 잡는다."(『디오니소스 송가』) 니체는 이성적 존재이기에 가지고 살아야 하는 것들, 즉 피할 수 없는 것들을 무리하게 거부하지는 않는다. 다만 경계하라고 일러 줄 뿐이다. "머리는 자를 수 없다"(『인간적인 너무나 인간적인』)고 했다. 머리를 가지고 생각하며 살아야 하는 존재는 머리를 감당할 수 있어야 한다. 형이상학, 신앙, 진리 등 이 모든 것은 이성적 존재이기에 감당해 내야 할 숙제일 뿐이다. 불길을 견뎌 내면 불을 얻는다는 논리일 뿐이다.

와 함께 인류에게 지금까지 주어질 수 있었던 것들 중에서 가장 위대한 선물을 주었다. 수천 년을 지속하게 될 하나의 목소리를 지닌 이 책은 존재하는 것들 중 최고의 책일 뿐만 아니라 높은 공기를 지닌 책이며, 인간이라는 사실 전체가 엄청나게 먼 곳까지 이르도록 그의 발아래 놓여 있고, 또한 진실이라는 가장 내면에 있는 재산에서 탄생한 매우 심오한 책이며, 어떤 양동이를 떨어뜨리지 않고도 황금과 온갖 좋은 것을 가득 끌어올릴 수 있는 고갈되지 않는 샘이다. 여기에는 어떤 '예언자'가 말하는 것도 아니고, 종교의 원인이라 불리는 질병과 권력을 향한 의지의 혼합물이 들어 있는 것도 아니다. 이 책이 지닌 지혜의 의미에 무자비하게 부당한 짓을 하지 않기 위해 무엇보다도 이 입에서 흘러나오는 음조, 즉 이 '할퀴오니쉬'한 음조를 올바르게 들을 줄 알아야 한다.[11] "가장 고요한 단어들은 폭풍을 몰고 오고, 비둘기의 발걸음으로 다가오는 생각들은 세상을 끌고 간다 —"[12]

---

11 형용사 '할퀴오니쉬(halkyonisch)'란 단어는 물총새에서 유래한다. 그리스어 이름은 할퀴온(halkyon) 혹은 알퀴온(alkyon)이다. 이 새는 바람이 거의 불지 않는 조용한 시점에 알을 낳는다고 한다. 그런데 그 시점은 좋은 날씨에 햇빛이 강렬한 12월 중 불과 2주간에 지나지 않아서 극히 짧은 순간에 산란을 해내야 한다. 긴박한 순간이다. 순식간에 지나갈 시간이기 때문이다. 긴장감마저 든다. 이처럼 그 짧은 시간에 위대한 작품이 탄생한다는 것도 놀라운 일이다. 이와 관련하여 '할퀴오니쉐 타게(halkyonische Tage, 할퀴오니쉬한 날들)'라는 소위 격언처럼 사용되는 비유도 생겨났다. 그 의미는 정적의 날들, 즉 외적으로나 내적으로 동요가 전혀 없는 조용한 날들, 육체적으로나 영적으로 완전한 날들을 뜻한다. 바로 이런 날에 니체는 『차라투스트라는 이렇게 말했다』를 집필했다고 말한다. 그래서 그는 육체적으로뿐만 아니라 영적으로도 완전하고 조용한 이런 날들에 동참할 수 있고 또 그런 날들에 탄생한 생각을 읽어 낼 수 있는 그런 독자를 원했던 것이다.

무화과가 나무에서 떨어진다. 잘 익어 달콤하다. 떨어지면서 그 붉은 껍질을 찢는다. 나는 이 성숙한 무화과에게 불어 대는 북풍이다. 그러니까 무화과처럼 이 가르침이 떨어진다, 나의 벗들에게. 이제 그 즙을 마시고 그 달콤한 살을 맛보라! 가을이 사방에 있다. 그리고 순수한 하늘과 오후의 시간도 —[13]

여기서 말하는 자는 광신도가 아니다. 여기서는 '설교'가 이루어지는 것도 아니다. 여기서는 신앙이 요구되지 않는다. 무한한 빛의 충만과 깊은 행복으로부터 한 방울 한 방울, 말 한마디 말 한마디가

---

12 『차라투스트라는 이렇게 말했다』 제2부의 마지막 장 「가장 조용한 시간」이라는 곳에 등장하는 구절. 니체의 후기 저서들은 이런 식으로 자기 작품을 인용하며 논리를 전개할 때가 많다. 그만큼 자기 생각에 잠겨 있다는 증거이기도 하다. 논리를 통해 자기 안으로 들어갈 수 있는 비결을 직접 보여 주고 있다고나 할까. 예를 들어 니체는 『비극의 탄생』에서 바로 이 문제와 관련하여 소크라테스를 비판했다. "소크라테스에게 나타나는 논리적 충동은 결코 자기 자신을 향하지 못했다."(『비극의 탄생』) 이성주의적 논리는 밖으로만 향한다. 늘 정답을 찾고, 진리를 추구할 뿐이다. 그런 것들을 자기 밖에서만 찾을 뿐이다. 이에 반해 니체는 자신의 이성을 다르게 사용한다. 생각을 하면서도 자기 자신을 챙길 수 있는 방법을 가르쳐 주고 있는 것이다.

13 『차라투스트라는 이렇게 말했다』 제2부 「행복한 섬에서」라는 곳에 등장하는 구절. 여기에는 특히 니체의 심오한 말장난이 발견된다. 앞서 비겁으로 번역된 독일어는 파이크하이트(Feigheit)이다. 그리고 무화과로 번역된 독일어는 파이게(Feige)다. 둘은 서로 닮았다. 발음만 닮았을까? 아니 내용에서도 깊은 연관성이 발견된다. 니체는 분명 의도적으로 서로 근접한 위치에 두 개의 개념을 배치시켜 놓은 듯하다. 앞서는 비겁이 오류라 했다. 비겁한 게 죄라고 말한 것이다. 스스로 눈 가리고 아웅하며, 세상과 타협하며 비겁하게 살길을 찾아 헤맸다는 것이다. 차라리 사물을 보지 못하는 봉사라면 죄가 없겠지만, 그게 아니라면 천벌을 받아 마땅하다. 그런데 그런 비겁이 무르익어 열매가 되었다. 그리고 그것이 마침내 대지 위에 떨어졌다. 니체와 그의 철학이 그것을 떨어뜨리는 차갑고 매정한 북풍의 역할을 담당했다. 이제 새로운 해석이 필요한 시점이다. 시각은 바뀌어야 한다. 의미도 새롭게 주어져야 한다. 지난날의 모든 가치는 사라졌다. 이제 새로운 가치로 실존의 의미를 찾아야 할 때가 된 것이다.

떨어진다. 부드러운 느림이 이 말의 속도다. 이와 같은 것은 오로지 최고의 수준으로 선택된 자들에게만 성공을 거둘 수 있다. 여기서 듣는 자가 된다는 것은 그 무엇과도 비교할 수 없는 특권을 의미한다. 차라투스트라를 위한 귀를 갖는다는 것은 아무에게나 자유롭게 주어지는 것이 아니다….[14] 이런 점들 때문에 차라투스트라는 유혹자가 아닐까?[15] … 하지만 그가 처음 자신의 고독 속으로 되돌아왔을 때 자기 자신에게 무슨 말을 했던가! '현자', '성자', '세계-구원자' 그리고 어떤 데카당이 그런 경우에 말을 했을 법한 것과는 정반대를 말하지 않았던가….[16] 그는 다르게 말을 할 뿐만 아니라, 그 또한 다

---

14 절에 가면 범종(梵鐘)이란 게 있다. 속이 텅 빈 존재가 해탈의 소리를 쏟아낸다. 공(空)과 무(無)로 채워진 존재가 들려주는 소리다. 그 소리를 들으려면 세속적인 귀로는 충분하지 않다. 귀를 닫고 귀를 여는 지혜가 발동되어야 한다. 눈을 닫고 눈을 여는 관음(觀音)의 경지도 요구된다. 동시대인으로서 살로메라는, 같은 여인을 사랑했던 시인 릴케(Rainer Maria Rilke, 1875-1926)는 이런 시를 남겼다. "더 이상 귀를 위하지 않는… 소리가, / 더 깊이 자리잡은 귀와도 같이, / 우리를, 듣고 있는 척하는 우리를 듣고 있다."(릴케: 「완성시」) 시인은 종소리를 나타내는 의성어인 공(Gong)을 이 시의 제목으로 선택했다. 우연히도 이 단어는 우리의 언어 속에서 공(空)과 소리가 같다. 텅 빈 존재의 텅 빈 소리! 이게 바로 허무주의의 소리다. 모든 가치를 뒤집어 버리고 나서야 얻게 되는 깨달음의 소리다. 이성을 버리고 비이성을 손에 쥘 때 주어지는 의미의 소리다. 실로 광기의 철학이 들려주는 최고의 소리다. "광기는 어디에 있는가?"(「차라투스트라는 이렇게 말했다」) 제대로 미쳐야 들리는 질문이다.

15 차라투스트라는 유혹자다. 유혹의 기술자다. 유혹에서만큼은 그 누구에게도 뒤지지 않는다. 말 그대로 유혹의 대가다. 그는 자신을 사랑하도록 유혹한다. 차라투스트라가 누군가? 그는 니체인 동시에 디오니소스다. 그가 남겨 놓은 송가에는 이런 구절이 있다. "나는 너의 미로다." "나는 너의 진리다."(「디오니소스 송가」) 진리! 이 말과 함께 송가는 끝난다. 여운이 길다. 차라투스트라를 묻는 자들은 자기 자신을 들여다보아야 한다. 자기 안에서 답을 찾아야 한다. 스스로 뭐라고 하는지 그 목소리에 귀를 기울여야 한다. 그러나 그 귀가 아직도 존재하지 않는다. 늘 이성을 동원하며 논리를 들먹이며 밖을 주시한다. 그리고 대답이 없다고 한탄한다. 이런 자들에게 니체는 그저 멀리 있기만 하다.

른 존재이다….

이제 혼자 가련다. 나의 제자들이여! 너희들도 이제 떠나 혼자가 되

어라! 이것을 나는 바라노라.

나에게서 떠나라, 그리고 차라투스트라에 대항하여 너희 자신을 방

어하라! 그리고 더욱 좋은 것은 그와 같은 사람을 부끄러워하는 것

이다! 어쩌면 그가 너희들을 속였을지도 모르니까.

인식을 원하는 사람은 자신의 적을 사랑해야 할 뿐만 아니라, 자신

의 친구를 증오할 줄도 알아야 한다.

오로지 제자로만 머문다면 그것은 선생에 대한 예의가 아니다. 어

째서 너희들은 나의 왕관을 낚아채려 하지 않는가?

너희들은 나를 숭배한다. 하지만 너희들의 숭배가 어느 날 **쓰러지면**

어떻게 할 것인가? 하나의 신상에 깔려 죽는 일이 없도록 주의하라!

---

16 데카당(décadent)은 형용사고 데카당스(décadence)는 명사다. 하지만 '너는 데카당이다' 혹은 '나
는 데카당이다'라는 말도 있다. 형용사를 쓰든 명사를 쓰든 사실 우리말의 표현 방식에서는 크
게 영향을 받지 않는다. 그래서 번역에서는 니체가 사용하는 형태 그대로 옮겨 놓는 것을 원
칙으로 한다. 다만 철학적으로 고민을 해 봐야 할 대목은 '데카당스'가 니체의 후기 철학을 대
변하는 개념이라는 것이다. 말 그대로 데카당스는 퇴폐나 몰락을 의미하지만, 그것이 부정적
인지 긍정적인지는 문맥에서 파악되어야 한다. 때로는 나쁜 의미로 또 때로는 좋은 의미로 사
용되기 때문이다. 니체 철학의 이름으로 알려진 허무주의에 대한 '허무'의 의미도 이런 맥락에
서 이해하면 된다. 허무주의의 도래를 의미하는지 혹은 허무주의의 극복을 의미하는지는 문
맥에서 결정되어야 할 일이다. 데카당스도 몰락해야 할 시점에서 느껴지는 위기의 감정 상태
인지 아니면 한계를 넘어서려는 의지의 결과로 형성된, 즉 강한 생명력을 동반하는 그런 감정
상태인지는 전후 맥락에서 결정되어야 할 일이다.

너희들은 차라투스트라를 믿는다고 말한다! 그러나 차라투스트라가 뭐 그리 중요하단 말인가! 너희들은 나의 신도들이다. 그러나 모든 신도들이 뭐 그리 중요하단 말인가!

너희들은 너희 자신을 아직 찾지 못했다. 그래서 너희들은 나를 찾은 것이다. 이런 게 모든 신도들이 하는 짓거리들이지. 모든 신앙은 그래서 별 볼일 없는 것이지.

이제 너희들에게 말하노라, 나를 잃고 너희 자신을 찾으라고. 그리고 **너희들이 나를 모두 부인할 때**가 되어서야 나는 너희들에게 다시 돌아오리라…[17]

프리드리히 니체

---

17 『차라투스트라는 이렇게 말했다』 제1부 「베푸는 덕에 대하여」에 등장하는 구절. 니체도 예수처럼 다시 돌아오겠다고 약속하고 있다. 예수의 재림은 세상 종말의 때이다. 세상이 끝장나야 온다는 얘기다. 그때가 언제랴! 그는 도둑처럼 오리라는 힌트만 남겼다. "내가 도둑같이 이르리니 어느 때에 네게 이를지 네가 알지 못하리라."(요한계시록3:3) 우리는 알 수 없다. 늘 깨어 기도하고 있을 수밖에. 그것도 눈물겹다. 늘 그렇게 할 수 없어서다. 왜냐하면 "마음에는 원이로되 육신이 약하도다."(마태복음26:41) 약해 빠져서 문제다. 하지만 니체의 재림은 우리에게 달렸다. 그리고 우리는 충분히 강하다고 가르친다. 아니 강해져야 한다고 야단치고 있다. 그 강력함으로 우리가 그를 완전히 버릴 수 있을 때, 아니 완전히 버렸을 때, 그는 마침내 우리 곁으로 돌아오겠다는 것이다. 차라투스트라의 임마누엘은 그때 실현된다. 임마누엘(Immanuel), "번역한즉 하나님이 우리와 함께 계시다 함이라."(마태복음1:23) 예수의 임마누엘은 하나님의 뜻에 달려 있다. 하지만 차라투스트라의 임마누엘은 우리 손에 달려 있다. 차라투스트라가 누구냐고? 그 질문의 열정이 스스로 등을 돌려 자기 자신에게로 향할 수 있을 때, 그래서 모든 것을 다 바치고 올인했던 신을 죽이고 오롯이 혼자가 될 수 있을 때, 모든 희망을 버리고 새로운 희망으로 무장했을 때 차라투스트라의 이념은 곁에 있는 것처럼 따뜻하게 느껴질 것이다.

차례

---

* 두 개의 장은 아리스토텔레스의 〈시학〉에서처럼 계획만 있고 내용은 없다. 〈시학〉의 경우엔 텍스트가 사라졌을 것이란 추측이 지배적이지만 〈이 사람을 보라〉의 경우는 전혀 다르다. 부족했던 시간이 읽힌다. 끝까지 말을 다하지 못하고 떠나야 하는 안타까운 심정도 전해진다.

포도송이들만 갈색을 띠고 있는 게 아니라 모든 것이 잘 익은 이 완벽한 날에 나의 삶에도 한 줄기 햇살이 쏟아졌다. 나는 뒤를 돌아보기도 했고, 밖을 내다보기도 했다. 나는 그동안 이토록 많은 것을 또 이토록 좋은 것을 한꺼번에 본 적이 없다. 내가 오늘 나의 44번째 해를 땅에 묻는 것은 결코 헛된 일이 아닐 것이다. 나는 그래도 된다고 생각한다. 왜냐하면 이 한 해 동안의 삶은 구원받아 불멸이 되었기 때문이다. 모든 가치의 가치전도, 디오니소스 송가, 그리고 휴식을 위해 썼던 우상의 황혼, ― 이 모든 것은 이 한 해 동안의, 그것도 마지막 석 달간의 선물들이었다! 어찌 내가 나의 모든 삶에 대해 감사하지 않을 수 있겠는가? ― 그리고 바로 이 때문에 나는 나의 삶에 대해 이야기를 하려는 것이다.

왜 나는 이토록 현명한지

1.

나의 실존이 갖는 행복, 즉 그 유일성은 어쩌면 그 자신의 운명 속에 있는지도 모르겠다. 수수께끼 형식으로 표현하자면 나는 나의 아버지로서는 이미 사망했고, 나의 어머니로서는 아직 살아서 늙어 가고 있는 중이다. 이런 양쪽의 혈통은 마치 인생의 사다리에서 가장 윗부분과 가장 아랫부분에 있는 디딤판처럼 데카당인 동시에 시작이기도 하다. ─ 이것은 어떤 상황에서든 나를 특징짓는 그런 중립성, 즉 삶의 모든 문제들과 관련해서 어느 쪽도 편들 수 있는 그런 정당의 자유를 설명해 주고 있다.[18] 나는 올라감과 내려감의 표시에 대해 어떤 인간이 가질 수 있는 것보다 더 예민한 후각을 갖고 있다. 나는 말하자면 오로지 바로 이 점에 있어서 선생이다. ─ 나는 둘을 알고 있다. 또 나는 둘 모두이다. ─ 나의 아버지는 36살에 돌아가셨다. 그는 부드럽고 사랑스러웠지만 병약했다. 마치 그저 잠시 머물다 사라지도록 규정된, ─ 삶 자체보다는 그 삶에 대한 좋은 기억만

---

18 여기서 니체는 '정당'이란 정치적 개념을 사용한 점이 돋보인다. 그가 말하는 정당은 그러니까 삶의 문제를 다루는 데 있어서 전체적인 관계를 고려하여 고찰하는 그런 정당을 일컫고 있다. 소위 '생철학 정당'이라고나 할까. 삶을 위한 것이라면 선도 악도 현명한 것으로 인정되고 허용될 수 있는 그런 강력한 정당이다. 독(毒)도 경우에 따라서는 예방주사쯤으로 간주할 수 있는 것처럼, 건강한 자에게는 고난 역시 더욱 강해지기 위한 훈련으로 여겨질 수 있는 것이다. 어떤 법칙 혹은 도덕적 잣대에도 얽매이지 않는 그런 '정당의 자유'는 니체 철학의 특성을 의미하기에 충분하다.

을 갖도록 규정된 그런 존재처럼 여겨졌다. 그의 삶이 내리막길을 걸었던 바로 그 나이에 나의 삶도 또한 내리막길을 걸었다. 내 나이 36살에 나는 내 생명력의 가장 낮은 지점에 도달했다. 나는 아직 살아 있었지만 내 자신에 대해서는 세 발짝 앞도 내다볼 수 없었다. 그 당시, ― 그러니까 그때는 1879년이었다, ― 나는 바젤 대학의 교수직을 내려놓았고, 그해 여름을 상크트 모리츠에서 그림자처럼 살고 있던 때다. 그리고 그다음 해 겨울을, 내 삶의 햇빛이 가장 적었던 그 겨울을 나움부르크에서 그림자로 살았다. 이것은 나의 작은 작품 『방랑자와 그의 그림자』를 탄생하게 했다. 의심할 여지도 없이, 그 당시 나는 나 자신을 그림자로 이해하고 있었다….[19] 그리고 겨울, 제노바에서 보낸 나의 첫 번째 겨울에 피와 근육의 극심한 결핍 현상이 빚어낸 결과이기도 한 달콤함과 정신화는 『아침놀』을 산출하게 했다. 완전한 밝음과 명랑성, 정신의 넘쳐흐름, 이런 것을 그렇게 이름 붙여진 작품은 거울처럼 반영시켜 주었다. 또 그것은 심각

---

19 니체 철학에서 '그림자'가 차지하는 부분은 적지 않다. 그림자와 함께 하는 방랑자의 대화는 말 그대로 철학자가 자신과 대화하는 독백에 해당한다. 자기 자신을 위해 자기 자신을 공격했고, 스스로에게 쫓기면서 자기 자신을 찾아갔다. 광기에 쫓기며 자신의 한계를 넘어섰고, 그 한계를 넘어서며 새로운 세상을 보았다. 허무주의의 철학만이 경험할 수 있는 세상을. 그림자와 함께 걸으며 대화하는 존재. 그것은 철저히 고독한 상황을 연출해 낸다. 완전한 고독이다. 자기 자신을 심연이나 미궁으로 비유했던 철학이 직면하는 문제 상황이다. 무시하고 돌아설 수도 피할 수도 없다. 자기 자신과 직면하고 있기 때문이다. 그림자는 어둡지만 항상 곁에 있어 주는 동반자이다. 태양을 향할 때는 뒤에서 버텨 주고, 태양을 등질 땐 앞에서 이끌어 준다. 그림자야말로 진정한 임마누엘이다. 항상 곁에 있어 주는 그런 존재다. 스스로 신이 되고자 하고 또 신이 된 그런 철학자에게 그림자는 신과 함께하는 일체의 현상에 해당한다.

한 육체적 나약함뿐만 아니라 지나치게 고통을 느끼고 있는 감각을 견뎌낼 수 있게 해 주었다. 힘들게 위액을 토하게 하는 3일 동안 지속되었던 편두통의 고문 속에서도 — 나는 오로지 변증론자의 명석함을 지니고 있었으며 또 사물들을 매우 냉정하게 숙고했다. 그보다 더 양호한 상태였더라면 그 사물들에 대해 그렇게 등반하는 사람처럼 매달리지도, 예민하게 다가서지도, 또 그렇게 충분히 냉정하지도 못했을 것이다. 나의 독자들은 아마도 내가 어느 정도까지 변증법을 데카당스의 징후로 간주하는지 잘 알고 있을 것이다. 예를 들어 가장 유명한 경우, 즉 소크라테스의 경우를 들면서 말이다.[20] — 지성의 모든 병적인 장애들, 심지어 열병을 수반하는 반마취 상태는 나에게 오늘날까지 완전히 낯선 것들로 남아 있고, 그것들에 대한 본성과 빈도수에 대해서는 거의 이미 알려진 방식으로만 조사해 볼 수밖에 없었다. 나의 피는 천천히 흘렀다. 아무도 내게서 열병을 확인할 수는 없었다. 나를 오랫동안 신경질환자로 치료해 왔던 한 의

---

20 소크라테스에 대한 니체의 반감은 첫 작품 『비극의 탄생』에서부터 시작되었다. 고대 비극의 예술 문화는 바로 산파술로 알려진 대화법, 즉 변증법을 근간으로 하여 이루어지는 소크라테스의 철학 때문에 몰락했다는 주장이었다. 소크라테스는 아폴론 신전에 적혀 있었다는 '너 자신을 알라'를 자신의 철학을 위한 대전제로 삼으며 오로지 이성을 위한 철학만을 고집했다. 이성만이 빛이며, 이성만이 이데아를 인식할 수 있는 기회로 간주했던 것이다. 그러면서 고대의 비극 예술을 가능하게 했던 예술 이념, 즉 아폴론적인 것과 디오니소스적인 것이 서로 합쳐져야만 가능해질 수 있는 그 이념은 온데간데없이 사라지고 말았다는 것이 니체의 인식이었다. 즉 소크라테스에 의해 구현된 아폴론적인 것은 기형적인 것에 불과할 뿐이었다. 왜냐하면 거기에는 디오니소스적인 것이 완전히 결여되어 있기 때문이다. 결국 니체에게 있어서 소크라테스는 고대 자체를 몰락의 길로 접어들게 했던 원흉으로 보였을 뿐이다.

사는 결론적으로 다음과 같이 말했다: "아니오! 당신의 신경은 아무 문제없소. 내 자신이 신경과민일 뿐이라오." 어떤 부분이 퇴화되고 있는지 증명할 길이 없었다. 위의 통증은 몸이 전체적으로 소진한 결과이고 내장 조직의 심각한 약화의 결과이지 위 자체가 문제의 핵심은 아니었다. 시간이 흐를수록 눈이 멀 것만 같은 위험 신호를 전해 주는 눈의 통증도 그저 결과일 뿐 원인은 아니었다. 그래서 그런지 생명력이 증가함에 따라 시력 또한 다시 회복되었다. ─ 오랫동안, 수년에 걸쳐 진행된 정말 아주 오랫동안이란 시간은 나에게 건강회복을 의미했다. 하지만 그것은 유감스럽게도 또한 동시에 재발과 붕괴라는 데카당스의 주기적인 반복을 의미하기도 했다. 그런데도 불구하고 내가 데카당스 문제를 다루는 전문가라는 사실을 굳이 말할 필요가 있을까? 나는 이 오랜 시간을 앞에서 뒤로 또 뒤에서 앞으로 판독해 보았다. 파악과 이해에 있어서의 섬세한 세공술 일반, 뉘앙스를 느낄 줄 아는 손가락의 감지력, '구석을-들여다보는' 심리학 그리고 그 외 나에게 걸맞은 것들, 이 모든 것들을 나는 그 오랜 시간 동안 배웠다. 그리고 그것들은 모든 것이 나에게서 섬세해지던, 즉 모든 관찰기관 및 관찰 자체마저도 섬세해지던 바로 그 오랜 시간의 선물들이었다. 병자의-광학으로부터 보다 건강한 개념들과 가치들을 바라본다든지, 혹은 그와는 반대로 풍부한 삶의 충만과 자기 확신으로부터 데카당스-본능의 은밀한 작업을 내려다본다든지 하는 것, ─ 그것은 가장 오랫동안 진행되었던 나의 연습이었고,

나의 진정한 경험이었다.[21] 그래서 어느 곳을 향하여 들여다보든 나는 이 점에 있어서만큼은 전문가가 되었다. 나는 이제 그것을 손안에 거머쥐었다. 나는 이 손을 관점을 전환하기 위해 갖고 있는 것이다.[22] 이것이 바로 어째서 오로지 나에게만 '모든 가치의 가치전도'가

---

21 광학으로 번역한 독일어는 옵틱(Optik)이다. 안경으로 바꿔 번역해도 되는 말이다. 시각이 바뀌는 것을 의미하기에 안경보다는 광학이 나은 듯하다. 이 개념은 이미 첫 작품에서부터 문제의 핵심으로 떠오른다. "학문은 예술가의 광학으로 바라보지만, 예술은 삶의 광학으로 바라본다."(『비극의 탄생』) "삶의 광학으로 본다면 도덕은 무엇을 의미하는가? …"(『비극의 탄생』) 시각을 어떤 사물, 예를 들어 안경 같은 것의 도움을 받지 않고 바꿀 수 있다. 아니 시력까지도 바꿀 수 있다. 삶의 광학을 가질 수만 있다면 니체의 철학은 자신에게 말을 걸어올 것이다. 낯설게만 느껴지던 개념들이 춤을 추기 시작할 것이다. 또 다른 곳에서는 '제3의 눈'이라는 개념을 쓰기도 한다. "연극에서처럼 세상을 내려다보는 눈을 열어라. 다른 두 개의 눈을 통해 세계를 들여다보는 커다란 제3의 눈을 열어라!"(『아침놀』) 눈이 있다고 다 보는 것은 아니다. '아는 만큼 보인다'는 말도 있다. 부정적으로 말하면 모르면 안 보인다는 뜻이기도 하다. 삶이라는 광학으로 자기 삶을 바라보기! 그런 광학으로 세상을 바라보기! 그러면 삶이 뭔지 보일 것이다. 자기 삶이 무엇인지가 보일 것이다. 그러면 세상이 뭔지도 보일 것이다. 자기 자신이 살고 있는 이 세상의 모습이 보일 것이다. 하지만 이런 광학을 얻기까지 무진 애를 써야 한다는 게 문제다. 니체는 이것을 아주 오랫동안 주기적으로 반복되는 고통과 데카당스를 견뎌 내며 얻어 냈다. 그 결과 병자의 광학도 얻었다. 병든 자는 어떤 시각으로 자기 자신을 바라볼까? 또 어떻게 세상을 바라볼까? 반대로 건강을 회복한 자의 시각에는 어떤 것들이 보이게 될까? 이런 것들을 니체는 스스로 경험했다. 이런 광학의 획득을 그는 선물이라고 말하지만 눈물 없이는 다가설 수 없는 이야기나 다름없다.

22 니체는 『인간적인 너무나 인간적인』 제1권에서 '관점주의'라는 말을 한 적이 있다: "너는 모든 가치 평가에서 관점주의적인 것을 터득해야만 했다." 소위 관점을 바꿔 가며 바라보는 훈련이야말로 진정한 허무주의 철학의 핵심이라는 얘기다. 또 『도덕의 계보』에서는 이런 말도 한다: "오직 관점주의적으로 보는 것만이, 오직 관점주의적인 '인식'만이 존재한다." 즉 진정한 존재의 의미를 획득하는 것은 바로 관점주의의 여부에 달렸다는 얘기다. 허무주의의 도래 입장에서 사물을 바라보고 또 동시에 허무주의의 극복 입장에서 똑같은 사물을 바라볼 수만 있다면 인생은 그때그때 다른 의미로 해석될 수 있을 게 틀림없다. 한계 지점에 도달하는 입장에서는 위기의 감정을 숨길 수 없을 테지만, 한계 지점을 넘어서 또 다른 세계로 들어서는 입장에서는 희망으로 충만할 수밖에 없을 것이다. 그 한계 지점을 어떻게 바라보느냐의 문제일 뿐이다.

가능한지에 대한 첫 번째 이유가 된다.

2.

내가 데카당이라는 사실은 별도로 하고, 나는 데카당의 반대이기도 하다.[23] 이에 대한 나의 증거는 무엇보다도 나쁜 상황에서도 굴하지 않고 항상 올바른 수단을 선택했다는 데 있다. 데카당 자체는 항상 자신에게 불리한 수단을 선택하는 반면에 말이다. 전체적으로 나는 건강했으나, 어떤 측면, 즉 특별한 점에 있어서 나는 데카당이었다. 절대적으로 홀로 되는 것과 습관적인 상황으로부터 빠져나오는 것을 지향하는 에너지, 나 자신에 저항하여, 나 자신을 더 이상 보살피지 않고 봉사도 하지 않으며 치료하지 않고 내버려 두는 압력, 이것은 그 당시 무엇이 내게 필요했었는지를 본능이 절대적으로 확실하게 알고 있었다는 것을 말해 주고 있다. 나는 나 자신을 손

---

23 이것은 니체가 철학을 하는 방식이다. 데카당이기도 하고 또 데카당의 반대이기도 하다. 허무주의 철학이 이런 방식을 취하고 있는 것이다. 말을 바꾸면, 허무주의의 도래이기도 하고 허무주의의 극복이기도 하다. 데카당으로 느껴질 때는 몰락과 파괴의 정신이 지배적이다. 데카당의 반대 개념으로 인식될 때는 모든 게 힘으로 충만해 있음을 감지할 때. 두 팔을 벌리고 '세상이여 오라!'고 호전적으로 외칠 때다. 허무주의가 도래할 때도 마찬가지다. 그때는 몰락과 파괴의 정신이 전면에 나선다. 하지만 허무주의를 극복할 때는 모든 것을 넘어선 듯한 해탈의 경지가 도래하게 되는 것이다. 문제는 이런 상황을 적극적으로 만들어 낼 수 있는가 하는 것이다. 삶에 적극적으로 대처할 수 있는가? 파괴할 때 파괴할 수 있고 물러서서 순간을 즐길 때 즐길 수 있는 것도 능력이다. 허무주의 철학이 지향하는 능력이다.

아귀에 꼭 거머쥐고 있었다. 나는 나 자신을 다시 건강하게 만들었다. 이에 대한 전제 조건은 — 모든 생리학자가 인정하듯이 — 사람들은 근본적으로 건강하다는 사실이었다.[24] 전형적으로 병약한 존재는 건강해질 수 없고, 스스로 건강하게 만들기는 더욱 쉽지 않은 일이다. 전형적으로 건강한 존재에게는 반대로 병든 상황조차 삶을 위한, 더 많은 삶을 살기 위한 에너지 넘치는 자극제가 될 수 있다.[25] 그래서 사실 내게는 지금이야말로 오랫동안 병들어 있는 시간처럼

---

24 사람은 근본적으로 건강하다. 니체 철학의 대전제나 다름없다. 긍정적이다. 사람은 살 가치가 있다. 삶은 잘못 없다. "삶은 나를 실망시키지 않았다."(『즐거운 학문』) 「생의 한가운데에서」라는 제목의 잠언에 등장하는 구절이다. 전혜린(1934-1965)이 번역해서 우리에게 알려 준 루이제 린 저(Luise Rinser, 1911-2002)의 『생의 한가운데』(1950) 때문에 더욱 유명해진 구절이다. 삶의 한가운데 있는 느낌은 어떤 것일까? 삶이 고해(苦海)라고도 하는데, 그 한가운데 있다면? 삭막할까? 갈증만을 유발시킬까? 고통의 바다가 주는 이미지는 한도 끝도 없다. 또 삶은 죽음으로 끝난다고 협박을 해 온다. 단말마(斷末魔)의 고통! 숨이 끊어질 때의 고통! 인생의 마지막에 맞닥뜨리게 될 그 괴물에 대한 생각 때문에 주눅이 들기도 한다. 상상을 초월하는 엄청난 고통이 기다리고 있다. 그 고통을 피할 수 있는 자는 하나도 없다. 하지만 이 가혹한 삶을 살라고 가르치는 게 허무주의다. 그 삭막한 삶의 한가운데서 항해하는 정신으로 살라고 윽박지른다. 하루하루 날짜를 적어 가며 일기를 쓰듯이, 루이제 린저가 그랬듯이, 그렇게 치밀하고 치열하게 살아 보자. 최선을 다해 보자. 그러면서 힘을 키워 보자. 어떤 괴물을 만나도 의미 없이 주저앉지 않을 힘을 길러 보자. 사람은 약한 존재가 아니다. 사람은 근본적으로 강하다. 강함이 사람의 본성이다. 허무주의 철학이 들려주는 복음의 소리다.

25 생철학적 입장에서 바라본 허무주의의 과제는 생로병사, 즉 이 세상에 태어나 살다가 늙어 병들고 죽어 가는 일련의 과정을 긍정적으로 바라보고 또 그것을 적극적으로 변호하는 것이다. 죽음으로 마감하는 삶, 그것은 결코 헛된 것이 아니라는 확신을 가지는 것이다. 좀 더 노골적으로 말하면, 이 세상의 것을 포기하고 저 세상으로 가 영생(永生)을 얻으려 하지 않는 것이다. 이런 인식의 변화는 오로지 가치의 전도를 통해서만 가능하다. '인식은 삶을 전제'(『반시대적 고찰』)하고, 삶은 질병을 피할 수 없지만, '질병은 인식의 수단'(『인간적인 너무나 인간적인』)이 된다는 것을 깨달을 수만 있다면 삶은 결코 위기 상황으로 인식되지 않을 것이다.

여겨지는 것이다. 나는 삶을, 나 자신을 포함해서 새롭게 발견했다. 나는 다른 사람들이 쉽게 맛볼 수 없는 모든 좋은 것과 사소한 것까지 맛보았다. 나는 건강과 삶을 향한 나의 의지로부터 나의 철학을 만들어 냈다….[26] 왜냐하면 다음과 같은 사실을 주목해보라: 나의 생명력이 가장 낮았던 그해는 바로 염세주의자임을 그만두었던 때였다. 자기 자신을 다시 바로 세우려는 본능은 내게 비참과 낙담의 철학을 금지시켰다….[27] 그리고 근본적으로 제대로 잘 되어 있다는 사실을 알아차렸다! 제대로 잘 되어 있는 인간은 우리의 감각에 좋은 일을 한다는 사실을, 즉 그는 단단하면서도 부드러우며 좋은 향기를 뿜어내는 그런 나무로 재단되어 있다는 사실을. 그는 오로지 자

---

26 생철학으로 불리든, 허무주의로 불리든, 니체의 철학은 오로지 삶을 위한 철학임에는 틀림없다. 삶을 위해 허무를 감당해 내는 그런 철학 말이다. 동양 사상에서 공(空)과 무(無) 사상을 떠올려도 상관없다. 절에 있는 범종(梵鐘)을 떠올리면 쉽게 이해될 수 있다. 속이 텅 빈 그 종이 들려주는 소리는 해탈의 소리다. 모든 우상과 망상으로부터 자유로운 영혼만이 허무주의의 이념을 맛볼 수 있다. 신도 죽일 수 있고, 도덕 위에서도 춤출 수 있는, 그런 발칙한 영혼만이 인간적인 소리를 들을 수 있을 것이다.

27 1865년 21살이 되던 해에 니체는 쇼펜하우어의 『의지와 표상으로서의 세계』를 처음 접했다. 다 쓰러져 가는 고서점에서 이 책을 손에 들고 첫 페이지를 넘겼을 때 그는 "이 책을 집으로 가져가라"라는 정령의 소리를 듣게 된다. 그때부터 니체는 쇼펜하우어의 독자임을 자처했다. 그의 제자가 된 것이다. 하지만 이 세상을 부정적으로 바라보는 염세주의적 발상에는 동조할 수가 없었다. 염세주의는 그에게 그저 '비참과 낙담의 철학'에 불과했다. 그는 보다 '강한 염세주의'(『비극의 탄생』)를 추구했다. 시작은 염세주의에서 하지만 니체는 결국 자신의 길을 선택하지 않을 수 없었다. 염세주의에서 허무주의로 넘어가는 것은 말처럼 그렇게 쉬운 일은 아니다. 모든 것을 스스로 책임지고 해내야 하기 때문이다. 자기 자신을 향해 신을 의미하는 '에케 호모'라고 말하며 스스로 신이 된다는 것은 엄청난 부담감을 느낄 수밖에 없다. 그럴 힘과 용기가 있는가? 용(龍)을 때려잡을 만큼 강한 심장을 갖고 있는가? 이것이 문제일 뿐이다.

신에게 유익한 것만을 맛있게 느낀다. 그 유익한 것의 한계를 넘어서는 곳에서는 그의 만족감, 그의 기쁨도 그만둔다. 그는 해로운 것에 대항하는 치료제를 알고 있다. 그는 나쁜 상황을 장점으로 사용할 줄 안다. 그를 죽이지 않는 것은 그를 더욱 강하게 만든다.[28] 그는 자신이 보고 듣고 체험하는 모든 것에서 본능적으로 자신의 총합을 일궈 낸다. 그가 선택하는 원칙이고, 그가 많은 것을 버리게 한다. 그는 자신이 상관하는 것이 책이든, 사람이든 혹은 지역이든 개의치 않고 언제나 자기 사회 안에 있다. 그는 선택하고 허용하고 신뢰하면서 경의를 표한다. 그는 모든 종류의 자극에 대해 느리게 반응한다. 오랫동안 신중함과 의욕으로 충만한 긍지가 그를 양육시켰던 그런 느림으로.[29] 그는 자신에게 다가오는 그 자극을 시험해 본다.

---

28 이 문장은 『우상의 황혼』에서 일인칭 시점으로 등장했던 짧은 잠언이다: "나를 죽이지 않는 것은 나를 더욱 강하게 만든다."

29 느림의 미학, 허무주의 철학이 지향하는 바다. 천천히, 그게 니체가 들려주는 삶의 지혜다. 서두른다고 그만큼 일이 잘 풀린다면 누구나 서두르면 될 것이다. 하지만 서두르면 될 일도 안 될 때가 더 많다. 모든 것은 때가 있게 마련이다. 준비된 자에게 기회가 오는 법이다. 비정하게 말하면 준비되지 않은 자에게는 운명의 가혹한 폭력만을 맛볼 뿐이라는 것이다. 요행을 바랄 게 아니라, 운명을 바라야 할 일이다. 운명이 아니라면 눈물을 흘려 가면서까지 넘어서려 애를 써야 할 것이다. 하지만 운명이라면 또 다른 눈물을 흘리며 감싸 안아 줄 일이다. 그것이 아모르 파티, 즉 운명을 사랑하라는 말의 이념이다. '아름다움이라는 느린 화살'(『인간적인 너무나 인간적인』)에서 말하는 것처럼 모든 삶은 화살과 같은 존재다. 딴생각하며 살다 보면 아무것도 보지 못하고 생을 마감할 수도 있다. 그 끝자락에 가서 삶이 허망하다는 소리를 하지 않으려면 그 빠름 속에서 여유를 찾을 줄도 알아야 한다. 주자는 「권학문」에서 '일촌광음불가경(一寸光陰 不可輕)'이라는 말도 남겼다. 공부를 통해 배워야 할 핵심 내용이다. 시간은 빨리 흘러간다는 말이다. 쏜 화살처럼 순식간에 지나갈 것이다. 그래도 아름답게 머무르려는 의지를 불태워야 한다. 날아가는 도중에도 우아함을 유지해야 한다. 먼 곳을 바라보는 여유도 가져야 한다.

그는 자신을 향해 오는 것에 대해 멀리 있다. 그는 '불행'도 '죄'도 믿지 않는다. 그는 자기 자신과 다른 사람들과 함께 잘 지낼 수 있다. 그는 잊을 줄도 안다. 그는 자신에게 모든 것이 최고의 것으로 제공되어야 할 정도로 충분히 강하다. 자, 그러니까 나는 데카당의 반대이다. 왜냐하면 나는 나 자신을 서술하고 있을 뿐이기 때문이다.

3.

나는 이런 아버지를 둔 것을 커다란 특권으로 생각한다. 그의 설교를 들었던 농부들은 — 알텐부르크 성에서 살았을 때, 마지막 몇 년간 그는 목사였는데, 그의 설교를 들었던 농부들은 한결같이 천사는 바로 그와 같은 모습일 거라고 말한다. 그리고 이와 관련하여 나는 혈통 문제를 언급하려 한다. 나는 나쁜 피는 한 방울도 섞이지 않고 독일 피는 거의 섞여 있지 않은 폴란드계 정통 귀족이다. 만약 내가 상상조차 할 수 없을 정도로 상스러운 본능, 즉 나와는 정반대되는 것을 찾아보려 한다면 그것은 항상 나의 어머니와 여동생에게서

"너무 이르지 않게 — 너무 빨리 날카로워지지 않도록 조심해야 한다. — 왜냐하면 그와 동시에 너무 가늘어져 버리니까."(『인간적인 너무나 인간적인』) 이른 성공은 또 다른 이른 몰락의 원인이 될 수 있다. "이른바 '지름길들'은 항상 인류를 큰 위험에 빠뜨렸다."(『아침놀』) 지름길에 대한 유혹은 만만치 않다. 그래도 긍지를 갖고 길 위에 머물러 보자. 길 위에서 길을 물으며 차근차근 걸어 보자. 니체는 그것을 우리에게 간절하게 요구하고 있다.

일 뿐이다. 이런 천민들과 내가 친족이라고 믿는 것은 나의 신성함에 대한 하나의 불경이 되리라. 나의 어머니와 여동생이 나를 대했던 것에 관한 내 경험은 지금 이 순간까지도 말할 수 없을 만큼 끔찍한 생각이 들게 한다. 여기서는 한 치의 오차도 없이 나를 피투성이로 만들 수 있을 정도로 확실하고 완벽한 시한폭탄이 작동하고 있었다. ─ 나의 최고의 순간에 말이다…. 왜냐하면 내게는 독벌레에게 저항할 힘이 부족했기 때문에…. 그들과 나와의 생리적인 근접이 그런 예정된 부조화를 가능하게 했다…. 그래서 내가 고백하는 바는 나의 심연적인 사유인 '영원 회귀'에 대한 가장 철저한 반박은 언제나 어머니와 여동생이라는 사실이다. ─ 또한 폴란드인으로서도 나는 유별난 격세 유전에 해당한다. 지상에 존재했던 것 중에서 가장 고귀한 이 혈통을, 내가 묘사하는 대로, 즉 전체를 순수한 본능에 입각하여 발견하려면 수백 년을 거슬러 올라가야 할 것이다. 나는 오늘날 귀족적이라고 일컬어지는 모든 것에 대항한다.[30] 왜냐하면 그것이 나와는 전혀 다르다는 느낌을 확고하게 갖고 있기 때문

---

30 허무주의 앞에서 허무하지 않을 수 있는 것은 하나도 없다. 모든 것에서 희망을 버릴 수 있어야 허무주의를 이해할 수 있다. 모든 것에 반하여 저항할 수 있는가? 그럴 힘과 용기가 있는가? 조금이라도 희망이 남아 있다면 아직 허무주의에 대한 이해는 요원한 상황이다. 여태껏 '신은 죽었다'는 말에 토를 다는 정신은 여전히 허무주의의 이념을 받아들일 여유가 없다. "내가 아무것도 희망할 수 없는 곳, 모든 것이 너무나 명백하게 종말을 가리키는 곳에서 희망을 걸었다."(『비극의 탄생』) 이것이 허무주의 철학이 들려주는 메시지다. 허무주의도 희망의 철학이다. 다만 그 희망은 모든 희망을 포기했을 때 가질 수 있을 뿐이다.

이다. ─ 나는 젊은 독일 황제에게조차 나의 마부가 될 수 있는 명예를 허락하지 않을 것이다. 내가 나와 같은 종류의 사람이라고 인정하는 경우는 오직 하나의 경우밖에 없다. ─ 그에게 나는 깊은 감사의 뜻을 표명하는 바이다. 그는 바로 코지마 바그너[31] 부인이며, 전적으로 가장 고귀한 본성의 소유자이다. 또 리하르트 바그너에 대해서도 부족함이 없이 말하고 싶다. 그는 전적으로 나와 가장 유사한 남자였다…. 나머지는 침묵하겠다….[32] 친족 유사성의 정도에 대해 지금 지배하고 있는 모든 생각들은 생리적 불합리이다. 이것은 아무리 강조해도 지나치지 않을 것이다. 교황은 오늘날에도 여전히

---

31 코지마 바그너(Cosima Wagner, 1837-1930)는 음악가 리하르트 바그너(Richard Wagner, 1813-1883)의 두 번째 부인으로서 작곡가이며 연주가로 유명한 프란츠 리스트(Franz Liszt)의 딸이다. 지휘자 한스 폰 뷜로(Hans von Bülow)와 결혼하지만 음악에 대한 이해 부족에 실망하고 이혼한다. 1883년 남편 바그너가 사망하자 1906년까지 그의 꿈과 희망의 사업이었던 바이로이트 축제(Bayreuther Festspiele)를 손수 이끌었다. 바그너가 알프스의 산골 마을 트립셴(Tribschen)에서 망명 생활(1866-1871)을 할 때 코지마는 그곳까지 어렵게 찾아오는 니체에 대한 배려로 방 하나를 따로 마련해 놓고 언제든지 오라고 권했다고 한다.

32 첫 작품 『비극의 탄생』을 바그너에게 헌정할 정도로 니체와 바그너의 관계는 돈독했다. 하지만 성배를 지킨다, 즉 신의 존재를 간접적으로 인정하는 그런 『파르지팔』의 내용으로 인해 일반적으로 알려진 바와 같이 니체와 바그너는 '결별'하게 된다. 하지만 그 진정한 마음은 아무도 모른다. 사랑했던 부부가 이혼하면 대개 '성격 차이'라는 이유를 꺼내 놓는다. 성격 차이! 하지만 이 말 뒤에는 수많은 이유가 숨겨져 있다. 여기서도 니체가 고백하고 있듯이 '나머지는 모두 침묵 속에 숨겨져' 있다. 말줄임표에 담겨 있는 수많은 말들이 그 마음을 대신하고 있을 뿐이다. 사랑했던 사람들이 헤어지고 나면 그 진정한 이유에 대해서 말들이 많은 법이다. 또 당사자들은 사랑했기에 모든 것에 대해 침묵으로 일관할 때가 많다. 철학자와 음악가의 만남과 결별 또한 수많은 의혹과 수수께끼를 품고 있다. 물론 마지막 작품들 『바그너의 경우』와 『니체 대 바그너』도 곧 집필, 혹은 거의 동시다발적으로 집필되겠지만(참고, 이동용: 『나는 너의 진리다』), 그것만으로도 이들 관계에 대한 해명에 충분한 정보가 주어진 것도 아니다. 사랑했기에 더 이상 말할 수 없는 부분이 분명 존재한다.

바로 이 불합리와 거래를 하고 있다. 사람들은 자기 부모를 가장 적게 닮는다. 자기 부모를 닮았다는 것은 비천함에 대한 가장 강력한 표시일 것이다. 보다 고귀한 본성의 소유자들은 그들에게로 가장 오랫동안 모아지고 아껴지고 축적되어야만 했던 그들의 근원을 무한히 계속 소급해 간다. 위대한 개인들은 가장 오래된 사람들이다. 나는 알 수 없지만, 율리우스 카이사르가 내 아버지일 수도 있으리라. ― 아니면 알렉산더 혹은 이 육화된 디오니소스가…[33] 내가 이 글을 쓰고 있는 지금 이 순간 우편배달부는 나에게 디오니소스-머리를 전해 준다….

4.

나는 나 자신에게 반감을 품게 하는 기술을 결코 알지 못한

---

33 디오니소스가 니체의 아버지일 수 있다? 재미난 계보다. 니체가 디오니소스의 아들일 수 있다? 니체의 발칙한 상상이다. 앞서 서문에서 니체는 "나는 철학자 디오니소스의 제자이다. 나는 성자보다는 사티로스가 되기를 바란다"고 고백하기도 했다. 스승에서 아버지로, 제자에서 아들로 표현은 더욱 거세졌다. 니체가 말하는 부자지간은 정신적인 측면이다. 예를 들어 플라톤이 아폴론의 후손이라고 말하는 것과 같은 맥락에서 이해하면 된다. 그렇다면 디오니소스의 정신은 어떤 것일까? 이것을 안다면 이미 니체의 독자가 되어 있는 것이다. 그것을 아직 모른다면 여전히 그의 주변을 맴도는, 그래서 다가서려 애를 쓰는 독자일 뿐이다. 다만 답을 쉽게 얻으려 하지 말자. 다 때가 되면 저절로 주어질 답이다. 교회 다니는 아이들은 언제나 느닷없이 질문을 해 댄다. '예수님이 누구예요?' '신이 뭐예요?' 하고. 이때 주어지는 어떤 대답도 속을 시원하게 해 주지 못한다. 모든 대답이 답답할 뿐이다. 하지만 선생은 안다. 시간이 해결해 줄 거라고.

다.[34] — 물론 이것은 그 무엇과도 비교할 수 없는 나의 아버지 덕택이다. 그리고 그런 기술이 큰 가치를 가지고 있을 거라고 여겨질 때도 마찬가지다. 게다가 아주 반기독교적으로 보이겠지만, 나는 단 한 번도 나 자신에 반감을 가져 본 일이 없다.[35] 사람들은 나의 삶을 이리저리 살펴볼 수 있겠지만, 그때조차 누군가가 나에 대해 악의를 품고 있었다는 어떤 흔적도 발견할 수 없을 것이다. 오직 단 한 번의 경우는 제외하고 말이다. — 하지만 선의에 대한 흔적은 아마도 너무 많이 발견할 것이다…. 누군가가 나쁜 경험을 하게 되는 그런 경우에서조차 내 경험은 오로지 그것들에 유리한 말만을 한다. 나는 온갖 곰들을 사육하고, 어릿광대를 예의 바르게 만든다.

---

34 반대로 말하면 니체 철학은 자기 자신에게 호감을 품게 하는 기술을 전수하고자 한다고 보면 된다. 지금까지 자기 자신에게서 고해성사를 해야 할 것만 생각해 왔다면 이제부터는 잘난 것만 생각해 내면 된다. 지금부터는 당당하면 되는 것이다. 아직 당당할 이유를 찾지 못했다면 니체의 음성에 귀를 기울여야 할 때. 이제부터는 그를 바라보며 살면 되는 것이다. 그러면 언젠가 스승이 말해 줄 것이다. '이제 그만 하산하라'고. '나를 떠나 너를 찾으라!'고. 그게 청출어람의 이념이라고.

35 역으로 한번 생각해 보자. 기독교적인 것을 니체는 자기 자신에 대해 반감을 가지는 것으로 간주하는 것이다. 예를 들어 유대 광야에서 세례 요한이 난데없이 "회개하라 천국이 가까이 왔느니라"(마태복음3:2) 하고 외쳐 댄다. 인간은 이성적 동물인지라 이유 없이 죄의식에 빠질 수도 있다. 생각하는 동물인지라 어떤 경우에도 자기 자신에 대한 반감을 가지려 하면 가질 수 있는 상황이 벌어지고 만다. 생각으로 도달하지 못할 곳이 없기 때문이다. 결국 사람들은 요르단 강가에서 그에게 머리를 조아리고 세례를 받는 상황이 펼쳐지고 만다. 원죄 의식도 같은 원리로 설명이 가능하다. 하지만 니체는 이런 종류의 생각에 저항한다. 자기 자신을 죄인으로 만드는 그런 생각에 반항한다. 자기 자신에게서 회개할 거리를 찾아내 끝끝내 반감을 가지는 그런 생각에 맞선다. 우리는 죄가 없다고, 무죄라고, 우리의 삶은 정당하다고, 삶도 살 권리가 있다고, 수도 없이 변호하고 있을 뿐이다.

7년 동안 바젤 교육대학교의 최고 학급에서 그리스어를 가르쳤을 때도 나는 벌을 줄 필요는 느끼지 못했다. 가장 게으른 자도 내 곁에서는 열심히 공부했다. 항상 우연에 잘 적응하도록 나는 성장해 있었다.[36] 나는 나 자신의 주인이 되기 위해 사전에 준비를 해 두지 말았어야만 했다. '인간'이라는 악기가 제 소리를 잃을 수 있는 것처럼, 어떤 악기는 제 본래의 혹은 원하는 소리를 잃을 수 있다.[37] ─ 하지

---

36 니체는 '우연'을 현실의 상황, 즉 삶의 현장으로 파악한다. 중세적 발상으로는 필연이 압도적이었다. 모든 게 하나님의 뜻이라고 말해도 되는 시대였다. 신의 계명을 들먹이며 필연성을 강조했던 때다. 하지만 니체는 삶의 현장을 주시했고 거기서 우연이라는 거인을 발견하게 된다. 그는 차라투스트라의 입을 통해 "우리는 아직도 우연이라고 하는 거인에 대항하여 한 걸음 한 걸음 싸워 나가고 있다"(『차라투스트라는 이렇게 말했다』)고 말한 적이 있다. 즉 우연은 싸워야 할 대상이다. 그것도 만만치 않은 싸움이다. 왜냐하면 그것은 거인이기 때문이다. 거인과 맞서는 의지, 그것은 용과 맞서는 영웅의 모습을 요구한다. 그리고 이 싸움은 반드시 이겨야 할 싸움이다. 그래서 싸움에 임하기 전에 철저한 준비를 해 두어야 한다. 삶을 위한 힘을 갖추고 있어야 한다. 그런 훈련을 위해 최고의 비법이라면 오히려 준비 없이 현장에 투입되는 것이다. 삶에는 정답이 없다는 말이 있다. 정답이 있으면 교과서를 공부하듯이 그렇게 철두철미하게 준비해 두면 그만이다. 어떻게 살아야 한다는 정해진 길이라도 있으면 그 길을 고집하며 걸어가면 된다. 하지만 삶에서 경험하게 되는 길은 상상을 초월할 때가 더 많다. 마음대로 되는 일보다 마음대로 안 되는 일들이 더 많다. 사전에 준비해 둘 일이 있다면 그것은 오로지 힘과 마음 준비뿐 아닐까. 시험 공부하듯이 핵심 정리에 열을 올리고, 꼭 시험에 나올 것만을 골라 준비해 두는 그런 식의 준비는 삶의 현장에서는 그저 말장난에 불과해지고 만다. 삶을 시험 준비하듯이 살면 그 중압감 때문에 오히려 역효과를 낼 수도 있다. 너무 많이 알아도 탈이다. 긴장감이 생각과 육체를 지배하는 오류를 범하게 되기 때문이다. 하지만 우연을 감당할 수만 있다면 상황은 달라진다. 그 어떤 우연이 닥쳐와도 그것을 견뎌 낼 뿐만 아니라 극복할 수만 있다면 그것은 결국 필연이란 이름으로, 즉 운명이란 이름으로 삶을 규정하게 될 것이다. 그런 운명이라면 사랑할 만하다는 것이다. 삶이란 감당이 되면 언제나 사랑스럽다. 삶이 끔찍한 현상으로 인식되는 순간은 모든 것이 감당이 안 될 때뿐이다.

37 인간은 소리를 내는 악기다. 인간이 바이올린이라면 적당히 긴장된 현이 필요하다. 너무 느슨해도 소리가 나지 않는다. 그렇다고 너무 팽팽하게 드리워져도 듣기 싫은 소리가 날 뿐이다. 실로 음악을 위한 소리는 적당해야 한다. 사람은 살기 위해 몸을 잘 다룰 줄 알아야 한다. 몸

만 내가 그에게서 들을 수 있는 어떤 소리도 찾아내지 못한다면, 나는 병들었음에 틀림없을 것이다. 그리고 바로 그 '악기'로부터 나는 얼마나 자주 들었던가. 그 악기 스스로도 단 한 번도 듣지 못했던 소리를….[38] 가장 아름다운 소리를 냈던 사람은 아마도 일찍 작고한 하인리히 폰 슈타인일 것이다. 그는 한번 정중하게 허락을 구한 후 3일 동안 질스마리아에 나타나서는 모든 사람들에게 엥가딘 때문에 온 것은 아니라고 해명했다고 한다.[39] 이 멋진 사람은 프로이센

의 건강을 적당하게 유지시킬 줄 아는 지혜가 필요하다. 이것이 근본이 되어야 한다. 건강을 잃으면 모든 것을 잃는다. 생철학의 정식이다. 모든 것은 건강에서 시작될 뿐이다.

38 니체는 이렇게 소리를 들으며 철학을 한다. 예를 들어, 그는 고서점에서 쇼펜하우어의 『의지와 표상으로서의 세계』를 손에 들고 어느 정령의 소리를 듣게 된다. "이 책을 집으로 가져가라"고. 혹은 몰락한 고대 도시의 건축물들이 남겨 놓은 기둥들 사이를 걸으며 수천 년 전에 존재했을 법한 소리를 듣기도 한다. 첫 작품 『비극의 탄생』도 어떤 노인의 음성을 들으며 마감을 했다. "자네 이상한 외국 청년, 이렇게도 말해 보게. 이 민족은 그렇게 아름답게 될 수 있기 위해 얼마나 많은 고통을 당해야 했겠는가! 그러나 지금 나를 따라와 비극을 보세, 그리고 나와 함께 두 신의 신전에 제물을 바치세!" 니체는 이 소리를 비극 시인 중 가장 연장자로 알려져 있는 아이스킬로스의 목소리라고 고백한다. 그의 철학이 갈림길에서 새로운 길을 선택할 때마다 이런 식으로 소리를 듣게 된다. 이런 소리의 원천은 어디인가? 외부일까? 물론 대답은 이미 정해져 있다. 내부다. 『인간적인 너무나 인간적인』 제2권 제2장 속에 삽입해 놓은 글 「방랑자와 그의 그림자」의 대화는 가장 대표적인 니체의 철학적 현상을 대변하고 있다고 말해도 되지 않을까. 또 이런 대화 형식의 글은 이 책의 마지막을 장식하고 있기도 하다. 이 대화의 마지막 문장만 읽어 보자. "방랑자: — 너는 어디에 있나? 어디에 있는 것인가?" 나는 찾고 있다. 너는 어디 있냐고. 방랑자가 묻고 있다. 그림자는 어디 있냐고. 때는 해가 저물어 갈 때이다. 이제 밤을 맞이해야 할 시점이다. 긴 밤이 될 것이다. 홀로 견뎌 내야 하는 시간이다. 그림자도 없이 버텨야 하는 시간이다. 그림자가 보이지 않는 시간에 끊임없이 그의 존재를 물으며 또 찾아야 하는 시간이다. 시간의 비밀은 어쩌면 이렇게 견뎌 내는 데 있는 게 아닐까. 불교에서도 우리가 사는 이 세상을 '사바세계'라고 하지 않았던가. 참고 견디는 세계라고. 니체의 말을 첨가하자면 내면의 소리에 귀를 기울이며 참고 견뎌야 하는 세계라고.

39 『즐거운 학문』의 부록에서 니체는 「질스마리아」라는 시를 발표한 적이 있다. 여기서 그는 높은

의 젊은이답게 아주 거친 단순함으로 바그너의 늪 속으로 걸어 들어 갔다. (― 더 나아가 뒤링의 늪 속으로!) 하지만 바로 그 3일 동안 자유의 폭풍에 의해 완전히 다른 사람이 되었다. 마치 갑자기 자신의 정점으로 들어 올려지고 날개를 얻은 사람이 된 것처럼. 나는 그에게 항상 말했다. 그것은 바로 이 높은 곳에 있는 좋은 공기 때문이라고.[40] 또 모든 사람들이 그렇게 경험하고 있으며, 바이로이트에서 육천 피트나 높은 곳에 있는 것이 헛된 일은 아니라고.[41] ― 그러나 그는 나

알프스의 마을에서 차라투스트라의 영감을 얻게 되었음을 간접적으로 고백한다. "여기 앉아 나는 기다리고 또 기다렸다 ― 무(無)를, / 선악의 저편에서, 빛도 즐기고 / 그림자도 즐기며, 모든 것은 유희일 뿐 / 모든 것은 호수이고 정오이고 목표 없는 시간일 뿐. // 그때 갑자기, 나의 여인이여, 하나가 둘이 되었다 ― / ― 그리고 차라투스트라가 내 곁을 지나갔다…." 알프스의 엥가딘(Engadin) 지방에 있는 산골 마을 질스마리아(Sils-Maria)는 이 시와 함께 니체의 삶과 깊은 관계를 맺게 된다. 그것도 차라투스트라의 고향처럼 인식되고 있는 것이다.

40 알프스는 니체에게 '좋은 공기'의 대명사다. 높은 산, 드넓은 호수 등 자연 속에서 자유롭게 흘러다니는 공기는 건강 회복을 위한 조건이 된다. 괴테도 위기 의식이 덮쳤을 때 모든 것을 내려놓고 여행을 택했다. 알프스로! 거기서 그는 제2의 탄생을 경험했다. 그 흔적을 그는 『파우스트』 제2부의 시작 장면에 남겨 놓았다. 그리고 힘을 받아 이탈리아까지 가는 여행을 했다. 이 여행을 통해 괴테는 질풍노도기를 극복하고 고전주의 시대로 넘어가게 된다. 반대로 '나쁜 공기'도 자주 언급된다. "순수한 공기를 마시고자 한다면, 교회에 가서는 안 된다!"(『선악의 저편』) "나는 더 이상 견딜 수가 없습니다. 공기가 나쁩니다! 공기가 나빠요! 이상을 제조하는 이 공장은 내게는 새빨간 거짓말 때문에 고약한 냄새가 나는 것같이 생각됩니다."(『도덕의 계보』) "숙명적으로 나와 동시대를 살고 있는 인간을 나는 경멸한다. 오늘날의 인간 ― 그의 불결한 숨결에 나는 질식해 버린다…."(『안티크리스트』) 공기는 좋아야 한다. 숨을 쉬기 위해서다. 삶을 원한다면 좋은 공기 속에 많이 노출되어야 한다. 그것이 니체의 생철학적 지혜.

41 바이로이트(Bayreuth)는 독일 남동부 바이에른 지역에 있는 작은 도시다. 1870년 4월 17일에 바그너는 바이로이트를 방문한다. 왜냐하면 그곳에 있는 오페라 하우스가 크기로 보나 무대 깊이로 보나 자신의 작품들에 어울릴 거라는 소리를 들었기 때문이다. 하지만 '미래의 예술 작품'으로 간주되는 그의 작품 규모에는 턱없이 작음을 확인하고 실망한다. 이와 동시에 그는 바로 이 바이로이트란 도시에 자기 자신의 극장을 세울 생각을 하게 된다. 문화 사업에 관심이

를 믿으려 하지 않았다…. 나는 크고 작은 무례한 행위들을 겪었지만, 그 원인은 '의지'도 아니었고, 악의는 더더욱 아니었다. 그것은 오히려 나의 인생에 적지 않은 횡포를 일삼았던 선의였다.[42] 이미 암시했다시피 나는 차라리 이것에 대해 불평을 했어야 마땅했다. 나의 경험은 나에게 무엇보다도 '자기 자신이 배제된' 충동들에 대해, 즉 충고하고 행동하게 하는 '이웃 사랑'에 대해 불신할 권리를 부여한다.[43] 나에게 있어서 이것은 그 자체로서 이미 나약함, 즉 자극에

많았던 국왕 루트비히 2세와 시(市)는 그의 계획을 지원해 줄 것을 결정하고 기차역으로부터 오른쪽에 자리 잡고 있는 초록 언덕(Grüner Hügel) 위의 넓은 터를 제공하게 된다. 동시에 호프가르텐 옆에 거주할 집, 하우스 반프리트(Haus Wahnfried)도 선사받게 된다. 1872년 5월 22일에 극장 초석이 놓여졌고, 1876년 8월 13일에 개관식이 이루어졌다. 이와 함께 오늘날까지 이어지고 있는 바이로이트 축제가 시작된다. 이 축제와 함께 도시 바이로이트와 음악가 바그너는 운명적 관계가 맺어지게 된다. 바이로이트는 곧 바그너의 도시고, 바그너는 바이로이트 축제의 진정한 주인공이 된다. 마치 술의 신 디오니소스가 아테네의 아크로폴리스 동남쪽 성벽에 위치한 극장에서 비극 경연대회 및 축제가 벌어질 때 진정한 주인공이 되는 것처럼.

42 늘 좋다고 하는 것이 문제다. 그것이 정해져 있다면 문제가 커진다. '이게 예쁘다!'고 인정하는 순간 그렇게 생겨먹지 못한 얼굴들은 모두 예쁘다는 소리를 들을 수 없게 되는 것처럼 '이게 좋다!'고 말하는 순간 그게 아닌 모든 것은 좋다는 말을 들을 자격을 상실하기 때문이다. 틀에 박힌 이념 때문에 얼마나 많은 잔인한 짓을 해 왔던가. 중세의 절정기에는 십자군 원정이라는 사건이 자리 잡고 있다. 이백 년 동안 진행된 살인사건이다. 신의 이름으로 성스러운 전쟁을 펼쳤다. 신의 이름으로! 좋다는 것의 최고봉에 자리 잡고 있는 그의 이름을 들먹이며 사람들을 죽였다. 무엇이 선이란 말인가? 무엇이 양심이란 말인가? 무엇이 진리란 말인가? 무엇이 도덕이란 말인가? 수많은 질문들이 이와 함께 심연으로부터 끌려 올라온다. 허무주의 철학이 끌어올린 질문들이다.

43 '자기 자신이 배제된 충동들'은 어떤 것일까? 니체는 여기서 '젤프스트로스(selbstlos)'라는 형용사를 사용한다. 말 그대로 '자기 자신이 배제된' 것이 직역이다. 자기 자신이 중심에 서 있지 않는 모든 생각과 판단 혹은 충동까지도 니체는 비판적으로 바라본다. 육체를 가지고 살아야 할 존재가 또 생각하며 살아야 할 존재가 자기 자신에 대한 인식을 갖지 못하고 있다? 이것은 지극히 위험한 상황이 아닐 수 없다. 의지조차 자기 자신의 의지인지, 사회의 의지인지를 고민

대한 저항-불능의 유일한 경우를 의미할 뿐이다. — 동정은 오로지 데카당에서만 미덕이다. 나는 동정하는 자들을 비난한다.[44] 왜냐하면 그들에게는 수치심, 경외심, 거리감을 느끼는 민감함이 쉽게 결여되기 때문이고, 또 동정은 손을 뒤집을 때 천민 냄새가 나고 무례한 태도와 혼동될 정도로 비슷하게 보이기 때문이며, — 말하자면

해 봐야 한다. 본능조차 조작될 수 있다고 생각하는 것이 니체의 철학이기 때문이다. '본능이 본래의 것이라고? 천만의 말씀!' 니체는 이렇게 말하고 있는 것이다. 우리는 생각하는 존재다. 생각은 충분히 그럴 수 있다. 본능, 본성까지도 생각은 충분히 바꿔 놓을 수 있다. 자기 자신의 생각까지도 적대시할 수 있게 되는 것이다. 이성적 존재는 그래서 스스로 목숨까지도 끊어 놓을 수 있는 위험한 존재이기도 한 것이다. 사회의 의지가 자기 자신의 의지로 탈바꿈하면 삶의 현장 속에는 상상을 초월하는 사건들이 발생하고 말 것이다. 타인의 의지가 자신의 의지로 인식되면 최악의 순간, 즉 자살이라는 비극적 운명은 피할 수 없게 된다. 그때는 자기 자신의 존재 자체가 감당이 안 되기 때문이다. 그때는 자기 자신이 너무도 낯설어서 혐오감까지 들기 때문이다.

44 동정은 니체 철학에서 가장 논쟁이 뜨거운 개념이다. 소위 동정심은 인간이기에 가질 수밖에 없는 감정이다. 하지만 그것만이 답이라고 말하는 순간 하나의 이념 속에 갇히고 만다. 니체는 그것을 경계하라고 목소리를 높인다. "동정은 병일 뿐이다."(『인간적인 너무나 인간적인』) "동정이란 영혼의 힘을 약화시키는 것이다."(『인간적인 너무나 인간적인』) "동정을 갖지 않도록 경계해야 한다."(『인간적인 너무나 인간적인』) 즉 동정 자체를 부정하는 것은 결코 아니다. 동정은 있다. 그런데 그것을 어떻게 할 것인가. 그것이 고민일 뿐이다. 동정은 해야 할 때도 있고, 해서는 안 될 때도 있다. 더 나아가 그것을 극복해야 할 때도 있다. 하지만 대부분의 경우 동정은 극복의 대상으로 여겨질 뿐이다. 극복할 수 없을 때 운명이란 것으로 한 발자국 더 가까이 다가선다. 예를 들어 전해지는 어떤 하나의 일화는 니체가 토리노 광장에서 채찍을 맞는 말의 목덜미를 붙들고 오열하다가 광기의 세계로 접어들었다고 한다. 만약 이 이야기가 사실이라면 철학자는 여기서 아주 중요한 장면을 연출해 낸 것이다. 더 이상 어쩔 수 없는 상황에서 니체는 정신줄을 놓은 것이라고. 그 말(馬)을 인간의 비유로 해석하면 논리는 분명해진다. 인간이 불쌍해서! 인간을 동정하지 않을 수 없어서! 매를 맞고 있는 인간의 모습을 바라보면서 철학자는 정신줄을 놓게 되는 것이다. 이성이라는 한계에 갇혀 살아야만 하는 인간의 운명이 너무도 불쌍하게 여겨져서! 니체는 인간의 목덜미를 붙들며 오열하지 않을 수 없었던 것이다. 동정, 그것은 생철학, 즉 삶을 주인공으로 삼아 평생토록 철학의 길을 걸어온 철학자가 직면한 마지막 관문과도 같다.

위대한 운명 속으로, 상처 입은 고독 속으로, 혹은 중대한 죄에 대한 특권 속으로 동정하는 손길들이 뻗치게 되면, 그것은 경우에 따라서는 즉시 파괴적이 되기 때문이다. 동정을 극복하는 것을 나는 고귀한 미덕들 중의 하나로 꼽는다.[45] 나는 한 경우를 '차라투스트라의 유혹'으로 운문화한 적이 있다.[46] 즉 그에게 엄청난 비탄의 소리가

---

45 예를 들어 쇼펜하우어는 모든 사랑을 동정으로 해석했다. 이기심을 제로 상태로 만들고 오로지 타인을 향한 동정심을 자기 안에 백 프로로 만들어 놓은 상태가 사랑에 빠진 상태라고 해석했다. 그게 구원의 상태라고 말했다. 기독교의 교리처럼 자기 안에 하나님으로 가득 채운 상태라고 할까. 불교의 원리로 말하자면 자기 안에 공과 무를 가득 채운 상태라고 할까. 하지만 니체는 생각이 다르다. 동정은 자기 자신에 대한 이념을 줄이고 있을 뿐이라고. 동정은 자기 자신에게로 가는 길을 찾지 못하게 하는 원인이 되고 있을 뿐이라고. 불쌍히 여기는 마음으로는 결단코 사랑이란 기적은 일어날 수가 없다고. 오히려 그런 마음을 품어 주는 자 앞에서 화라도 내라고 윽박지르는 것이다. 불쌍해서 사랑한다면 그것은 진정한 사랑이 아니다. 그러면 누군가는 물어 올 것이다. '진정한 사랑'이 뭐냐고. 이것은 또 하나의 형이상학적 질문인지라 답하기까지 긴 시간을 필요로 한다. 그리고 스스로 답을 찾아내야 하는 것이기도 하다. 그 답은 자기 스스로 준비된 만큼, 힘의 크기만큼 주어질 것이다. "위대한 정신들조차 오직 그들의 다섯 손가락 넓이만큼의 경험을 가질 뿐이다."(『아침놀』) 그 이상을 바란다면 요행을 바라는 것이다. 그것은 있지도 않은 천운을 바라는 것에 불과하다.

46 『차라투스트라는 이렇게 말했다』 제4부 「절박한 부르짖음」을 두고 한 말. 여기서 니체는 하나의 장면을 그려 내고 있다. 차라투스트라는 동굴 앞의 돌 위에 앉아 있었다. 그 위에서 차라투스트라는 절박한 부르짖음을 듣게 된다. "이에 차라투스트라는 다시 입을 다물고는 귀를 기울여 보았다. 길고 긴 부르짖음이 들렸다. 그것은 심연들이 내던지는, 서로에게 절박함을 떠넘기는 그런 외침이었다. 그 부르짖음을 자기 속에 간직하려는 심연이 없었기 때문이었다. 그토록 고약하게 들렸던 것이다." 그리고 "동정이다!"라며 마침내 그 부르짖음의 주체인 동정이 말을 시작한다. "오 차라투스트라여, 나 그대를 그대의 마지막 허물로 유혹하기 위해 왔노라!" 많은 힌트를 남겨 놓은 장면이라고 생각된다. 자기 자신에 마지막 허물이 무엇인지 인식시키기 위해 동정이 유혹하고 있다? 도대체 무슨 말을 하려고 했던 것일까? 이것을 제대로 알 수 있다면 니체가 평생을 바쳐 펼쳐 놓은 광기의 철학을 이해할 수 있으리라. 인류에게 제시된 가장 어려운 요구를 깨달을 수 있으리라. 바로 이 때문에 니체가 누구인지를 알아야 하는 숙제를 떠안게 되는 것이다. 바로 이 때문에 이 자서전을 유언처럼 읽어 내야 하는 것이다.

들려오고, 동정이 마치 최후의 죄처럼 그를 엄습하여 그를 자신에게서 등지게 하려는 경우를. 여기서 주인으로 머무는 것, 즉 여기서 자기 과제의 드높음을 소위 자기 자신이 배제된 행동들 안에서 작동하고 있는 훨씬 더 비천하고 단견적인 충동들로부터 분리시켜 순수하게 유지하는 것, 이것이 바로 시험이며, 어쩌면 차라투스트라가 치러야 할 마지막 시험일 것이다.[47] — 또 이것은 그의 힘에 대한 진정한 증거가 될 것이다….

---

47 동정은 초인이 치러야 할 마지막 시험이다. 동정은 초인이 지나가야 할 마지막 관문이다. 신을 죽이고 인간을 살려 내려는 의지로 평생을 살아온 철학자가 감당해야 할 마지막 시험이다. 하루에도 열 번씩 극복하며 살라고 외쳤던 극복의 철학이 견뎌 내야 할 마지막 관문이다. 니체는 인간으로서 발견해야 할 마지막 허물을 오로지 동정을 통해서 발견할 수 있다고 단언하고 있는 것이나 다름없다. 동정, 그것은 비판의 대상이었지만 결국에는 운명이 되고 만다. 동정, 그것은 모든 질병의 증상이었지만 결국에는 껴안아 줘야 할 상처가 되고 만다. 눈물 없이는 들을 수 없는 사랑 이야기다. 너무나도 인간적인 이야기다. 이성을 가지고 살아야 하는 인간은 이 동정의 굴레에서 벗어날 수가 없기 때문이다. 인간의 한계가 드러나고 있기 때문이다. 넘어설 수 없는 한계가. 이성이 있기에 비교할 수밖에 없고, 비교할 수밖에 없기에 늘 과거와 미래로 향할 수밖에 없다. 늘 신은 누구냐고 묻고, 죽음이 뭐냐고 묻고, 진리가 뭐냐고 묻고, 길에서 길을 묻고 있을 뿐이다. 답은 없다. 그래도 끊임없이 답을 들으려고 애를 쓴다. '나를 사랑하는가?' 사랑에 빠지면 빼놓을 수 없는 질문이다. 듣고 싶은 것이다. 이성이 있어서 그런 것이다. 사랑? 형이상학적 질문이다. '신은 존재하는가?' 신? 가장 대표적인 형이상학적 질문이다. 이런 질문들로부터 인간은 자유로울 수 없다. 인간은 영원히 이런 질문의 틀 속에 갇혀 살아야 한다. 그런데 그 틀을 깨면? 그것도 마지막 시험을 넘어서고 나면? 니체가 인류에게 던지는 마지막 숙제가 바로 이것이다. 조만간 인류에게 제시해야 할 가장 어려운 요구가 바로 이것이다. 정신줄을 놓게 하는 가장 심각한 문제 상황이다. 이성과 비이성을 넘나드는 생각의 대가가 보여 주는 마지막 춤이다. 환상적이다. 위험하기 짝이 없는 춤이지만 감동적이다. 인간이기에 출 수밖에 없는 '살풀이'라고 할까. 이제 이성적 존재에서 그 한계를 넘어서는 춤을 보여 준다. 디오니소스적 도취를 통해서만 들어설 수 있는 최고의 경지를 연출해 내고 있다.

5.

물론 또 다른 점에서 나는 그저 또 한 번 나의 아버지일 뿐이다. 말하자면 너무 이른 죽음 뒤에 이어지는 그의 삶인 것이다. 자기와 같은 사람들과 단 한 번도 살아 보지 못하고, '평등권' 개념처럼 '보복' 개념도 잘 사용할 줄 모르는 그런 사람처럼, 나는 작든지 혹은 아주 크든지 어떤 바보 같은 짓이 내게 가해질 경우에 모든 대응책이나 모든 방어책을 금지한다. ― 당연한 얘기겠지만, 모든 보호, 모든 '정당화'도 금지한다. 나의 보복책은 가능한 한 빨리 현명함이 어리석음 뒤를 따르게 하는 것이다.[48] 그러면 어쩌면 그 어리석음을 따라잡을 수 있을 테니까. 비유적으로 말하자면, 신맛 나는 이야기 하

---

48 인간은 행동하지 않을 수 없다. 선택의 결과물을 내놓지 않을 수 없다. 즉 실수를 하지 않을 수 없다. 후회를 하지 않고 산다는 것은 말도 안 된다. 늘 가지 않은 길에 대한 미련은 남게 마련이다. 늘 선택받지 못한 것에 대한 안타까움은 마음속 깊은 곳에 가시처럼 박혀 있을 것이다. 하지만 그렇게 사는 게 당연하다 해서 그것에 만족하며 살라는 것은 결코 아니다. 니체는 극복해 달라고 가르친다. 후회 뒤엔 확신이 따라 주기를, 실수 뒤엔 수정이 따라 주기를, 어리석음 뒤엔 현명함이 따라 주기를, 그것도 가능한 한 빨리. 너무 오랫동안 한탄의 늪 속에 허덕이다 보면 모든 기회를 놓칠 수도 있다. 삶 자체가 비극이어도 그것에서 카타르시스를 느낄 힘은 남겨 놓아야 한다. 너무 비극적인 것에만 몰두하다 보면 다른 세상을 받아들일 여유마저 상실하고 만다. 그런 비극은 진정한 비극이 아니다. 진정한 비극은 디오니소스 축제로 전환이 일어나 줘야 한다. 비이성에서 시작했어도 이성으로 마감해 줘야 한다. 그것이 창조의 과정이다. 처음엔 또라이 짓거리 같았어도 나중에는 그것이야말로 선구자적인 업적이었음을 인정받게 되는 것이 바로 창조자의 길이다. 진정한 영웅은 실수조차 운명으로 인식할 줄 아는 능력에서 실현된다. 눈물 한 방울에서조차 이유를 찾고, 발걸음 한 번에서도 온 감각의 집중을 일궈 낼 수 있는 자, 그자만이 자기 삶에서 스스로가 주인이 되는 그런 경지에 오를 것이다.

나를 없애 버리기 위해 나는 과일잼 통 하나를 보낸다…. 사람들이 내게 어떤 나쁜 짓을 한다 해도, 나는 그런 식으로 보복하게 될 것을 사람들은 확신할 것이다. 나는 그 '나쁜 짓을 하는 자'에게 감사의 뜻을 표명할 기회를 즉각적으로 가질 것이다(심지어 그 나쁜 행동에 대해서도). ─ 혹은 무언가 주는 것보다 더 구속력이 있는 어떤 것을 요구할 기회를 그에게 제공할 것이다….[49] 또 내게는 가장 거친 말, 가장

49 삶은 살아야 한다. 산다는 것은 온갖 변화에 적응하는 것을 의미한다. 현존재의 다양성을 감당할 수 있는 능력에 의해 삶은 의미를 찾게 된다. 니체는 차라투스트라의 입을 통해 용에 대한 가치와 그 요구를 가르쳤다. "뱀에 물려 죽은 용이 일찍이 있었던가?"(『차라투스트라는 이렇게 말했다』) 진정한 용은 물려도 죽지 않는다. 스스로가 용인지 아닌지 알려면 물려 봐야 한다. 고통도 당해 봐야 한다. "자신의 힘을 견주어 볼 수 있는 상대인 적, 즉 가치 있는 적"(『비극의 탄생』)을 찾아야 한다. 늘 스스로 시험하고 경험하고 넘어서기를 반복해야 한다. 늘 그다음을 생각하며 살아야 한다. 그다음이 보이지 않을 때, 그때는 한계에 직면한 것이고, 그때야말로 진정한 축제의 노래를 부르며 사랑을 실천해야 할 때가 된다. 죽음이라는 순간을 맞이해야 할 것이기 때문이다. 하지만 그때가 끝이 아니라면 끊임없이 다시 일어서야 한다. 그것이 자신의 한계가 아님을 증명해 내야 한다. 살고 싶으면 삶 속에 머무를 줄 알아야 한다. 더 이상 삶 속에 머무를 수 없을 때, 즉 더 이상 살 수가 없을 때, 그때는 운명을 인식하면 되는 것이다. 겁먹을 것은 없다. 지옥에 떨어지리라는 생각으로 스스로를 옭아매지 않도록 해야 한다. "벗이여, 내 명예를 걸고 말하거니와 네가 말하고 있는 것들은 존재하지 않는다. 악마도 없고 지옥도 없다. 너의 영혼이 너의 신체보다 더 빨리 죽어 갈 것이다. 그러니 두려워할 것이 못 된다!"(『차라투스트라는 이렇게 말했다』) 이런 소리를 수태고지처럼 들어 보자. 신성을 접할 때 드는 감정은 두려움이다. 신의 사자가 들려주는 '무서워하지 말라'(마태복음1:20, 누가복음1:30)는 말을 들어 보자는 얘기다. 신은 말을 꺼낼 때마다 '두려워하지 말라'는 말부터 꺼내야 했다. 이제 차라투스트라의 소리를 그렇게 들어 보자. 영혼은 신체보다 더 먼저 죽어 갈 것이라는 말! 무섭다. 두렵다. 영혼이 아무것도 아닌 것처럼 사라지고 말 것이라니. 인정하고 싶지 않다. 신은 있어야 할 것 같고, 천국도 있어야 할 것만 같다. 그런데 니체는 신을 죽이고 천국은 망상이라고 가르친다. 두렵다. 겁난다. 누구는 '위험한 책'이라고까지 윽박지른다. 하지만 귀를 열고 들어 보자. 손해 볼 것은 없다. 니체는 분명 고전의 반열에 오른 작가임에 틀림없기 때문이다. 한 권의 고전을 이해한다는 것은 영원한 친구 한 명을 얻는 것이나 다름없을 테니까. 그를 넘고 나면 전혀 다른 세상이 펼쳐질 것이다. 건강이 허락하는 황홀지경이 기다리고 있기 때문이다.

거친 편지가 침묵보다 더 선의에 가득 차 있고 더 예의 바른 것처럼 여겨진다. 침묵하는 자들에게는 거의 언제나 마음에서 우러나오는 섬세함과 정중함이 결여되어 있다. 침묵은 하나의 반박이다. 깊이 삼키는 것은 필연적으로 나쁜 성격을 만든다. ─ 심지어 그것은 위장까지도 상하게 한다. 모든 침묵하는 자들은 소화불량에 걸려 있다. ─ 내가 거친 표현을 평가절하하고 싶어 하지 않는다는 것을 사람들은 알고 있다. 그것은 전적으로 가장 인간적인 반박 형식이며, 현대의 버릇없는 행위 한가운데에서도 우리가 가지고 있는 최고의 덕목들 중의 하나다. ─ 거친 표현을 할 수 있을 정도로 충분히 풍요롭다면, 부당한 것 자체가 이미 행복이다.[50] 이 대지 위로 온다는 하나의 신은 부당한 행위 외에는 사실 할 게 아무것도 없다. ─ 벌이 아니라 죄를 스스로 짊어지는 것이 비로소 신적神的이라고 할 수 있으리라.[51]

---

50 감당할 수 있는 만큼 진리는 규정된다. 힘이 있는 만큼 행복은 주어진다. "진리는 힘을 필요로 한다. ─ 진리 그 자체는 힘이 아니다."(『아침놀』) 힘이 있는 자에게 롤러코스터는 즐거움의 원인이 된다. 약자에게 그것은 생지옥이 될 테지만. "그 어느 것도 참되지 않다. 모든 것이 허용된다."(『차라투스트라는 이렇게 말했다』) 모든 것을 허용할 수 있을 만큼 마음이 넓은가? 이래도 되고 저래도 된다고 말을 할 수 있는가? 이런 신도 좋고 저런 신도 좋다고 말을 할 수 있는가? 그 어느 것에도 얽매이지 않을 자유를 감당할 수 있는가? 이런 것을 감당할 수 없을 때 니체의 철학은 그저 헛소리에 불과할 뿐이다. 하지만 반대로 감당이 될 때 그의 철학은 복음처럼 들려올 것이다.

51 죄가 있다면 죄를 감당하라는 말이다. 그것이 스스로 신이 된 인간의 진정한 모습이다. 생각하는 존재가 죄의식으로부터 자유로울 수는 없다. 그렇다면 그런 의식을 주체적으로 감당할 수 있어야 한다. 물론 니체는 기독교적인 해석의 죄의식, 즉 수동적인 죄의식, 신의 뜻에 의해 생

6.

원한으로부터의 자유, 원한에 대한 계몽 — 과연 누가 알까! 바로 이런 점들 때문에 내가 나의 오랜 질병에 대해 오히려 이토록 감사를 표할 의무를 가지고 있다는 사실을! 그러나 이 문제는 간단하지 않다. 왜냐하면 사람들은 그것을 힘을 통해 그리고 나약함을 통해 직접 체험해 보았어야 하기 때문이다. 병들어 있다는 것, 약하다는 것을 어떤 이유에서 건 반대해야만 한다면, 그것은 바로 진정한 치유 본능, 즉 인간 안에 있는 저항과 공격 본능이 약해졌다는 것을 의미한다. 그런 반대로는 무엇으로부터도 벗어날 수 없고, 아무것도 해결되지 않으며, 아무것도 퇴치되지 않는다. 모든 것이 상처로 남을 뿐이다. 인간과 사물은 지나칠 정도로 가까이 있고, 체험은 깊은 충격을 주며, 기억은 곪은 상처가 된다. 병들어 있다는 것 그 자체는 일종의 원한이다. — 이에 대항하여 병자는 오로지 하나의 위대한 치료책을 갖고 있을 뿐이다. — 나는 그것을 러시아적 숙명론이라고 부른다.[52] 이것은 행군이 너무 혹독하면 결국 눈 위에 드러눕

겠다는 이런 식의 죄의식은 거부한다. 그런 의식은 허무맹랑한 거짓말이라고 비판한다. 그는 늘 인간의 죄 없음을 변호하고자 목소리를 내고 있을 뿐이다.

52 니체가 '러시아적 숙명론'이라고 부르는 것은 지극히 인간적인 해석이다. 인간이기에 직면할 수밖에 없는 한계상황이 있다. 이성적 존재가 그 이성 때문에 맞닥뜨리게 되는 그런 한계다. 이런 한계에 직면하면 어떻게 해야 할까? 더 이상 어쩔 수 없는 상황이 벌어진다면? 이때 니체는 해결책을 하나 던져 주고 있다. 그것이 바로 러시아적 숙명론이다. 그는 러시아 군인의

고야 마는 러시아 군인의 무저항의 숙명론이다. 아무것도 더 이상 받아들일 수 없고, 그 자체로 취할 수도 없고, 또 자기 안으로 끌어들일 수도 없다. ― 더 이상 어떤 반응도 할 수 없다…. 물론 이런 숙명론이 항상 죽음에의 용기를 의미하는 것은 아니다. 오히려 이것의 위대한 이성은 삶이 가장 위험한 상황에 처했을 때에도 삶을 유지하는 것에 있으며, 또 신진대사를 감소시키거나 느리게 하여 일종의 겨울잠에의 의지에 있다. 이런 논리 속으로 몇 걸음 더 들어가면 몇 주 동안이나 동굴 안에서 잠을 자고 있는 회교 수도승을 만나게 된다…. 일단 반응을 하게 되면, 그 자체로 이미 너무 빨리 소모되어 버리기 때문에 더 이상 아무 반응을 하지 않는다. 이것이 바로 그 논리다. 그리고 원한이라는 격정 외에 그 어떤 것으로도 자기 자신을 더 빨리 불살라 버릴 수는 없다. 화냄, 병적인 예민함, 복수할 수 없는 무기력, 쾌락, 복수에 대한 갈증, 모든 의미에 독을 타는 것, 이런 것은 지칠 대로 지친 자에게는 분명 가장 불리한 반응 양식이다. 이것은 신경 에너지의 급격한 소모나 해로운 배설의 병적 증가를, 이

행군 장면을 떠올린다. 행군하고 행군하다 더 이상 발이 움직이지 않을 만큼 지쳤을 때 '눈 위에 드러눕는 것'도 지혜라면 지혜. 더 이상 버틸 힘이 없을 때 '겨울잠에의 의지'를 발동시키는 것도 위대한 이성의 몫이다. 안 되는데 뭔가를 해 보려 할 때 부정적인 결과를 초래할 때가 많다. 안 되는데 한 걸음 더 내디디려 할 때 낭떠러지로 떨어지고 마는 것이다. 살고 싶은데 살 수 없을 때 택하게 되는 것이 자살일 때가 대부분이다. 더 이상 어쩔 수 없을 때는 모든 것을 내려놓고 누워 보는 것도 좋다. 질병을 인정하며 병석에 누워 보는 것이다. 그래도 힘이 있다면 모든 것을 잊는 마음으로 여행을 떠나 보는 것도 좋다. 자기 주변을 둘러싸고 있는 지금과 여기를 벗어나 보는 것이다. 마치 겨울잠을 자듯이 그런 식으로 휴식을 취해 보는 것이다.

를테면 위에서 담즙의 병적인 분비 등을 발생시키는 조건이 된다. 원한은 병자에게는 그 자체로 이미 금물이다. 그에게는 악이지만, 유감스럽게도 또한 그의 가장 자연스러운 성향이기도 하다. 심오한 생리학자 부처는 이 점을 잘 파악하고 있었다. 기독교와 같은 가련한 것들과 섞어 놓지 않기 위해서는 그의 '종교'를 위생법이라고 명명하는 것이 더 나을 것 같기도 하다. 불교의 효력과 원한에 대한 승리는 상호 의존적이다. 영혼을 그것으로부터 자유롭게 하는 것, 이것이 건강 회복을 위한 첫걸음이다. '적개심으로 적개심은 종결되지 않는다, 오히려 우정으로 적개심이 종결된다.'[53] 이것이 부처가 가르침을 시작하는 지점이다. 그는 그러니까 도덕을 말하는 게 아니라, 생리학을 말하고 있다. 나약함에서 탄생한 원한은 무엇보다 약자 자신에게 가장 해롭다. 이것은 풍부한 본성을 전제하는 다른 경우에는 불필요한 감정이다. 이런 감정 위에서 주인으로 머문다는 것은 풍요로움에 대한 증거와 거의 같다. 복수심과 뒷감정에 대한 투쟁에, 그리고 '자유의지' 설에 대한 투쟁에까지도 ─ 기독교에 대한 투쟁은 그중 한 경우일 뿐이다 ─ 받아들인 나의 철학의 진지함을 아는 자는 이해하게 될 것이다. 어째서 내가 실행할 때 여기서 바로 내 개인적 태도와 내 본능적인 확실성을 드러내는지를 말이다. 데

---

53 "잊으려 하면 잊지 못한다."(『아침놀』) 진정으로 잊고 싶으면 잊으려는 욕망으로부터 자유로워
    야 한다. 마찬가지로 적개심은 적개심으로 해결되지 않는다. 적개심은 우정에 의해서만 극복
    될 수 있다. 적개심까지 품을 수 있는 우정만이 해결책이다.

카당스 시기를 겪고 있을 때 나는 그것들이 내게 해롭기에 금지시켰다. 또 삶이 다시 풍부해지고 충분히 긍지를 갖게 되었을 때 그것은 내 밑에 있는 것이기에 금했다. 언젠가 한 번 우연히 주어졌을 뿐이었던 거의 견딜 수 없을 정도의 상황과 장소와 집과 사회 속에서 몇 년간을 끈질기에 버티고 있을 때, 앞서 말했던 그 '러시아적 숙명론'이 내게 나타났다. 이것은 그런 우연한 것들을 바꾸는 것보다, 바꿀 수 있다고 느끼는 것보다, 그런 것들에 맞서 반항하는 것보다도 더 나았다…. 이런 숙명론에 처해 있는 나를 방해하는, 즉 나를 강제로 깨우는 일을 나는 그 당시 치명적인 것으로 간주하고 나쁘게 받아들였다.[54] 정말 그것은 매번 치명적일 정도로 위험했다. 스스로를 숙명처럼 받아들이는 것, '다른' 자기 자신을 원하지 않는 것, 이것이 바로 그런 상황들에서는 위대한 이성 그 자체이다.

---

54 함부로 깨우지 말라! 니체는 유언처럼 이 말을 남겨 놓은 듯하다. 한계에 직면하여 더 이상 어떻게 할 수 없는 지경에서 선택한 것이 '러시아적 숙명론'이라면 제대로 쉴 수 있도록 그래서 제대로 건강을 회복할 수 있도록 가만히 내버려 두라는 것이다. 억지로 깨우려 하지 말라는 것이다. 그것이야말로 그에게는 가장 치명적인 결과를 낳을 수 있기 때문이다. 니체는 지금 "인류에게 제시된 숱한 요구들 중에서 가장 어려운 요구를" 하고 있는 것이다. 그 요구가 무엇인지는 수수께끼로 남겨 두자. 그래도 우리 한번 그것이 광기라고 간주하며 이 글을 읽어 보자. 니체는 광기의 세계로 넘어갔다. 더 이상 어쩔 수 없는 지경에서 러시아적 숙명론을 받아들였다. 그는 깊은 심연 속으로 들어갔다. 하지만 그는 날개를 갖고 있다는 확신에 차 있다. 그는 '정신의 비행사'(『아침놀』)임을 자처한다. 그는 자신의 날개로 다시 솟아오르리라는 생각으로 충만해 있다. 깊은 심연, 그것은 두려움의 대상이 아니다. 그는 언제나 다시 수면 위로 떠오를 수 있는 '코르크'(『디오니소스 송가』)라고 굳게 믿고 있기 때문이다. 스스로 힘을 되찾고 다시 귀환할 때까지 기다려 달라는 말로 들려오기까지 한다.

7.

　하나의 다른 것은 싸움이다. 나는 기질상 호전적이다. 공격은 내 본능에 속한다. 적수일 수 있다는 것, 적수라는 것, 이것은 아마도 강한 본성을 전제할 것이고, 어떤 경우라도 모든 강한 본성에서만 제한될 것이다. 그것은 저항을 필요로 한다. 따라서 저항을 찾는다. 복수심과 뒷감정이 필연적으로 약함에 속하는 것처럼 공격적 파토스는 필연적으로 강함에 속한다. 예를 들면 여자에게는 복수욕이 있다. 이것은 그녀가 약해서 그렇게 규정된 것이다. 그녀가 낯선 곤경에 대해 민감하게 반응하는 것도 바로 그 때문이다. 반면에 공격자의 강함은 그가 필요로 하는 적대적인 관계 속에서 일종의 척도가 된다. 모든 성장은 강력한 적수를, 혹은 문제를 찾는 데서 드러난다. 호전적인 철학자는 또한 문제들에 대해 결투를 신청한다. 이때 과제는 정녕 적수들을 이겨 승자가 되는 것이 아니라, 오히려 그 적수들, 즉 그 대등한 적수들에 대해서, 자기의 온 힘을, 유연함과 싸움 기술을 힘껏 발휘하는 데 있다…. 적과의 대등함은 정직한 결투를 위한 첫 번째 전제 조건이다. 경멸하는 곳에서 싸움을 이끌어 낼 수는 없다. 마찬가지로 명령이 이루어지는 곳, 어떤 것을 자기 밑에 있다고 얕잡아보는 곳에서도 싸움은 이루어질 수 없다. 나의 싸움-방식은 네 가지 명제로 요약될 수 있다. 첫째, 나는 승리하고 있는 것들만 공격한다. 나는 적수가 승리할 힘을 갖출 때까지 기다려 준다. 둘째, 나는 내 우군이 하나도 없을 법한 곳에, 나 홀로 서 있어야 하는 곳에, 내가 오로지 나만을 위태롭게 하는 곳에 있는 것만을 공격한다…. 나는 위태롭게 하지 않는 발걸음은 한 번도 공공연하게 내디뎌 본 적이 없다. 이것이 옳은 행위에 대한 나의 기준이다. 셋째, 나는 결코 개인을 공격하지 않는다. 다만 개인을, 일반적이면서도 살금살금 기어 다녀서 잘 잡히지 않는 그런 비상사태를 눈에 띄게 만들어 주는 강력한 확대경처럼 사용할 뿐이다. 그래서 나는 다비드 슈트라우스[55]를, 보다 정확히 말하면, 낡아빠진 책 한 권이 독일적 '교양'에서 거둔 성공을 공격했던 것이다. 나는 그 교양이란 것을 현행범으로 체포했던 것이다…. 이런 식으로 나는 바그너도, 정확히 말하면, 닳고 닳은 교활한 자를 풍요로운 자로, 뒤처진 자를 위

---

55 다비드 슈트라우스(David Strauß, 1808-1874)는 니체와 동시대인으로서 철학자, 신학자 겸 당시 독일의 베스트셀러 작가다. 니체는 그를 특히 『반시대적 고찰』 제1권에서 반시대적 현상으로, 즉 비판의 대상으로 선택했다. 슈트라우스는 1836년에 『예수의 인생, 비판적으로 글을 쓰다(Das Leben Jesu, kritisch bearbeitet)』를 펴내면서 베스트셀러 작가로서 전례 없는 명성을 얻게 된다. 이런 유명세를 타고 1872년에, 즉 니체의 첫 작품 『비극의 탄생』과 같은 해에 출간된 책, 『옛 신앙과 새로운 신앙(Der alte und der neue Glaube)』을 또 다시 베스트셀러 반열에 올려놓는다. 니체는 바로 이 책을 반시대적 고찰이라는 시각으로 분석하게 된다. 슈트라우스는 기독교의 이념으로 세상을 바라본다. 교회라는 집단에 의해 의식이 규정되고 있었다. 그러면서 학식이 있는 몇몇 사람들은 그를 새로운 독일 작가라고, 모범적인 작가라고 치켜세우기까지 했다. 이런 상황에서 니체는 보기 민망한 연극과 같은 작태를 확인하게 된다. 왜냐하면 그는 중세 교부철학자 아우구스티누스처럼 신앙 고백을 하고 있으면서도 그것을 학문이라고 어처구니없는 주장을 하고 있었기 때문이다. 그런 주장을 근거로 하여 염치없는 여론을 만들고, 그 여론에 따라 신앙을 실천하며, 결코 자기 자신의 개인적인 의견을 형성할 줄도 모르는 그런 자들을 니체는 교양의 속물들이라며 날선 비판을 서슴지 않았다.

대한 자로 혼동하는 우리 '문화'의 허위와 본능의 불완전함도 공격했다. 넷째, 개인적인 것에 대한 온갖 차별이 배제되고, 나쁜 경험을 하게 될 배경이 없는 것만을 공격한다. 바꿔 말하면, 내게 있어서 공격이란 호의에 대한 증거이며, 경우에 따라서는 감사함에 대한 증거가 된다는 것이다. 나는 나의 이름을 하나의 일이나 한 인물과 연관시킴으로써 그것에 경의를 표하고 특별한 것으로 만든다. 찬성하든 반대하든, 내게는 그런 점에서는 마찬가지다. 내가 기독교와 싸운다면, 내게 그럴 권한이 주어져 있기 때문이다. 나는 기독교 쪽으로부터는 그 어떤 숙명도 압박감도 체험하지 않았다. 가장 진지한 기독교인들은 내게 항상 호의적이었다. 기독교에게 나 자신은 반드시 필요한 적수이기에, 수천 년간의 숙명을 한 개인의 탓으로 돌릴 생각은 없다. ─

8.

사람들과 사귀는 데 있어서 적지 않은 어려움을 겪게 하는 내 본성의 마지막 특징에 대해 이야기를 꺼내도 될까? 나는 섬뜩할 정도로 완벽하게 민감한, 순수에 대한 본능을 갖고 있다. 그래서 나는 모든 영혼의 근접을 혹은, 뭐라고 말해야 하나!, 모든 영혼의 가장 내적인 것, 즉 '내장'을 생리적으로 지각할 수 있고, 또 냄새도 맡을 수 있다…. 이 민감성은 내게 모든 비밀을 감지해 내고 손아귀에 거머쥐게 하는 심리학적 촉수를 제공해 주고 있다. 몇 가지 본성들의 밑바닥에는 수많은 은폐된 오물들이 있다. 그것은 아마도 나쁜 핏속에서 생겨났을 것이다. 교육에 의해 아무리 허식으로 꾸며졌어도, 나는 그것을 한 번만 접촉해 보면 곧 알아차린다. 내가 제대로 관찰했다면, 내 순수함이 견뎌 낼 수 없는 본성들까지도 자기들 쪽에서 이미 내가 구토하지 않으려 조심하고 있다는 것을 알아차릴 것이다. 물론 그렇다고 해서 그 본성들이 좋은 냄새를 풍기게 되는 것은 아니다…. 늘 습관적으로 내 자신에 대해 그래왔듯, 나 자신에 대항하여 극단적으로 순수함을 지키는 것은 내가 생존하는 조건이 된다. 깨끗하지 못한 조건에서 나는 죽고 말 것이다. 나는 말하자면 물속에서, 즉 어떤 완벽하게 투명하고도 빛나는 요소들 안에서 마치 항상 끊임없이 그렇게 하듯 헤엄치고 목욕하며 첨벙거리고 있다. 그래서 사람들과 사귀는 것은 내게 있어서 인내심에 대한 작지 않은 시험이 되는 것이다. 나의 인간애는 그 사람과 함께 똑같이 공감하는 데 있지 않고, 오히려 그들과 공감한다는 것을 내가 견뎌 내고 있다는 데 있다…. 나의 인간애는 끊임없는 자기 극복이다. 하지만 나는 고독이 필요하다. 내가 말하고자 하는 바는 내게는 건강 회복이, 나 자신에게로 되돌아옴이, 자유롭고 가볍게 유희하는 공기의 숨결이 필요하다는 것이다…. 나의 『차라투스트라는 이렇게 말했다』 전체는 고독에 대한 송가, 또는 나를 이해했다면, 순수에 대한 송가이다…. 다행스럽게도 순수한 바보에 대한 송가는 아니다.[56] 색깔을

볼 수 있는 눈을 가진 자는 그것을 다이아몬드라고 부를 것이다. 인간, 특히 '잡것'에 대한 구토는 언제나 내게 가장 큰 위험이었다….

차라투스트라가 구토로부터의 구제에 대해 하는 말을 들어 보자!

> 도대체 내게 무슨 일이 일어났는가? 어떻게 나는 구토에서 벗어날
> 수 있었는가? 누가 나의 눈을 젊게 만들었는가? 어떻게 나는 그 어
> 떤 잡것도 샘가에 얼씬거리지 못하는 높은 경지에까지 날아 올라
> 왔는가?
>
> 내 구토 스스로가 내게 날개와 샘이 어디 있는지 알아내는 능력을
> 준 것인가? 진실로 기쁨의 샘을 재발견하기 위해 나는 더없이 높은
> 곳으로 날아올라야만 했다! —
>
> 오오, 내 형제들이여, 내가 그 샘을 찾아냈다! 여기 더 없이 높은 곳

---

56 '순수한 바보'는 원래 1882년 7월 26일 바이로이트 축제 극장에 바그너가 자신의 생애 마지막 작품으로 무대 위에 올려놓게 되는 『파르지팔』의 동명 주인공, 즉 성배를 지키는 파르지팔을 두고 한 말이다. '성배를 지킨다'는 말 자체가 이미 신적 존재를 인정하는 것을 의미하므로, 신의 죽음을 선언하는 허무주의 철학을 평생 주장해 왔던 생철학자 니체에게는 모순적이고도 무의미한 말이 되고 만다. 특히 주인공 이름에 대한 유래는 중세 기사 문학의 대가 볼프람 폰 에셴바흐(Wolfram von Eschenbach, 1170~1220년경)로 거슬러 올라간다. 그가 작품 속에서 파르치발(Parzival)이라 불렸던 주인공 이름을 바그너는 페르시아어 순수를 뜻하는 팔(fal)과 바보란 뜻의 파르지(parsi)를 합쳐서 변경, 즉 파르지팔(Parsifal)이라 개명한다. 그 이름 자체가 '순수한 바보'란 뜻이 된다. 물론 바그너는 이 '순수한 바보'를 긍정적인 의미로 사용했다. 좌고우면하지 않고 오로지 신만을 바라보는, 그래서 진짜 바보라 불려도 될 정도로 순수한, 그래서 성배를 지키는 기사가 된다, 그런 기독교 신앙으로 충만한 인물로 형상화했다는 얘기다. 그러나 니체는 그것을 부정적인 의미로 사용하면서 정면충돌을 도모한다. 신을 믿는 신앙 자체가 진짜 바보나 하는 짓이라고 말하고 싶은 것이다.

에 기쁨의 샘물이 솟아오르고 있다! 그리고 여기에 그 어떤 잡것도 함께 마시지 않는 하나의 생명이 있다!

지나치게 격렬할 정도로 너는 내게 밀려오고 있다, 기쁨의 샘이여! 너는 다시 채우기 위해 잔을 자주 비우고 있구나!

네게 좀 더 겸손하게 다가가는 법을 나는 배워야 하리라. 너무나 격렬하게 나의 심장이 너를 향해 몰아치고 있으니.

— 짧지만 뜨거우며, 우울하면서도 행복으로 가득 차 있는 나의 여름이 내 심장 위에서 작열하고 있다. 이 한여름의 심장이 어찌나 너의 상쾌한 냉기를 갈망하는지!

우물쭈물 망설이던 내 봄날의 우수도 벌써 지나갔다! 유월에 날린 내 심술궂은 눈발도 지나갔다! 나는 온통 여름이 되었으며 여름의 한낮이 되었다!

— 차가운 샘물이 있고 행복한 정적이 서려 있는 이 높은 산정에서의 한여름. 오라, 나의 벗들이여. 그 정적이 한층 더 행복해지도록!

이곳이야말로 **우리의** 높은 경지이자 우리의 고향이기 때문이다. 깨끗하지 못한 자들이 올라와 그들의 갈증을 풀기에는 너무나 높고 가파른 이곳에서 우리는 살고 있는 것이다.

맑은 시선을 내 기쁨의 샘 속으로 던져 보아라, 그대 벗들이여! 어찌 그 샘물이 그 때문에 탁해지겠는가! 샘은 그의 순수한 눈길로 마주 앉은 너희를 향해 웃어 주리라.

미래의 나무 위에 우리는 보금자리를 튼다. 독수리가 부리로 우리

고독한 자들에게 먹을거리를 날라다 주리라!

진정 깨끗하지 못한 자들이 우리와 함께 먹어서는 안 될 그런 음식을! 그들은 불덩어리를 씹은 줄 알 것이며, 그들의 주둥이는 불에 타는 듯하리라.

진정 우리는 이곳에 깨끗하지 못한 자들을 위한 어떤 거처도 마련해 놓지 않았다! 그들의 육체와 정신에게 우리의 행복은 얼음 동굴처럼 느껴지리라!

우리는 강한 바람처럼 그들 위에 살고자 한다. 독수리를 이웃으로 하고, 만년설과 이웃하며, 태양과도 이웃하면서. 그렇게 강한 바람으로 살고자 한다.

언젠가 나는 어느 바람처럼 그들 사이를 휩쓸고 지나가려 한다. 그리하여 내 정신으로 그들 정신의 숨결을 빼앗고자 한다. 그렇게 내 미래가 원한다.

진정 온갖 낮은 것들에게 차라투스트라는 하나의 강한 바람이다. 그의 적들에게, 그리고 침을 뱉고 토해 내는 모든 자에게 이렇게 충고한다. 바람을 향해 침을 뱉지 않도록 조심하라!고….[57]

---

57 『차라투스트라는 이렇게 말했다』 제2권 「잡것에 대하여」 중에서 나오는 구절.

왜 나는 이토록 영리한지

1.

— 왜 나는 몇 가지를 더 알고 있는가? 도대체 왜 나는 이렇게 영리한가? 나는 결코 문제가 되지 않는 것에 대해 숙고한 적이 없다. 나는 그런 식으로 내 자신을 허비한 적이 없다. 이를테면 진정 종교적으로 어려운 문제들을 나는 내 경험으로는 알지 못한다. 그것은 나를 완전히 비껴가 버렸다. 이 점에 있어서만큼은 나는 '죄가 있는' 사람이 되어야 할 것이다. 마찬가지로 무엇이 양심의 가책인지를 판단할 신뢰할 만한 기준도 내게는 없다. 양심의 가책에 관해서 들리는 말에 의거해 보면, 그것은 별 주목할 만한 것이 못 되는 것 같다…. 나는 어떤 행위를 취한 다음 그것을 돌보지 않은 채 그냥 내버려 두고 싶지 않다. 나는 나쁜 결과나 귀결들을 가치문제에서 철저히 배제하는 것을 선호한다. 나쁜 결과들에서 사람들은 자기가 한 그 행위에 대한 올바른 시각을 너무 쉽게 잃어버리게 된다. 양심의 가책이란 내게 있어서는 일종의 '사악한 시선'인 것 같다. 실패한 어떤 것을, 그것이 실패했다는 이유로 인해, 더욱 소중히 여긴다는 것, 바로 이것이 오히려 내 도덕에 속한다. '신', '영혼 불멸', '구원', '피안', 그저 말뿐인 개념들, 이것들에 대해 나는 어린아이였을 때조차 주목하지도, 시간을 투자하지도 않았다. 내가 정녕 충분히 어린 아이답지 않았던 것일까? 나는 무신론을 결코 결과물로 이해하지 않는다. 사건으로는 더더욱 아니다. 나는 무신론을 본능적으로 이

해한다. 나는 너무나도 호기심이 많고, 질문도 많으며, 오만하기까지 하여 대충 얼버무린 대답으로 만족하지 않는다. 신은 하나의 대충 얼버무린 대답이며, 우리 사상가들의 입맛에는 맞지 않는다. 게다가 근본적으로 그것은 그저 우리에게 대충 얼버무린 금기에 지나지 않는다. 너희는 생각해서는 안 된다!는 그런 금기를 말이다…. 나는 완전히 다른 문제에 흥미를 느낀다. 그것은 '인류의 구원'이 신학자의 어떤 기묘함보다 더 많이 의존하고 있는 문제이다. 영양 섭취의 문제가 바로 그것이다. 이것을 사용할 수 있게끔 풀어서 표현하면, "네 힘의 최고치에, 르네상스 양식의 덕의 최고치에, 허위 도덕으로부터 자유로운 덕의 최고치에 이르기 위해서 다름 아닌 바로 네가 어떻게 영양을 섭취해야 하는가?" 이 문제와 관련하여 나의 경험들은 열악하기 그지없다. 내가 이 문제를 그토록 늦게 들었던 것에 대해 놀랄 뿐이며, 이런 경험들을 통해 그토록 늦게 '이성'을 알게 된 것도 놀랄 뿐이다. 어째서 내가 바로 이 점에 있어 신성하기까지 할 정도로 뒤처져 있는가에 대해서는 오로지 완벽하게 무가치한 우리의 독일적 교육만이, 독일 교육의 '이상주의'만이 어느 정도 해명을 해 주고 있을 뿐이다. 이 '교육'은 처음부터 현실을 보지 못하도록 가르쳤다. 그것도 총체적으로 문제가 있는, 소위 '이상적인' 목표들을 추구하기 위해서, 예를 들어 '고전 교육'이 이 모양이다. 마치 '고전적'과 '독일적'을 하나의 개념으로 통합하는 것이 처음부터 잘못이 아니라는 듯이 말이다! 이것은 분명 잘못된 일이며, 더 나아가 이것은 웃기는 짓이다. '고전 교육을 받은' 라이프치히 사람을 한번 생각해 보시라![58] 사실 나도 내 가장 성숙한 시기에 이를 때까지 언제나 나쁜 식사만을 해 왔다. 도덕적으로 표현하면 요리사들과 그 밖의 기독교인들의 구원을 위해서 오로지 '비개인적이고', '자기 자신이 없으며', '이타적인' 식사만을 해 온 것이다. 예를 들어 나는 라이프치히 요리에 의해, 또 동시에 쇼펜하우어를 처음 공부하면서(1865), 매우 진지하게 나의 '삶에의 의지'를 부인했었다.[59] 목적에 불충분한 영양 섭취는 위 건강에도 좋지 않다. 이 문제가 앞서 말한 요리를 기

---

58 여기서 '라이프치히 사람'은 라이프치히가 고향인 바그너(1813년 5월 22일 라이프치히에서 태어남)를 두고 한 말이다. 니체는 바그너가 고전 교육을 받기는 했지만 결론적으로는 현실을 인식하기보다는 이상을 바라보는 이상주의자가 되어 버렸음을 간접적으로 비판하고 있다.

59 학자들은 쇼펜하우어를 공부하고 바그너의 음악극에 심취했던 시기를 니체의 초기 철학으로 간주한다. 이 시기에 니체는 고대, 특히 신들의 세계에 대한 동경으로 일관한다. 인격을 갖춘 신, 아니 신이 된 인간이라고 말하면 더 나을 것 같다. 니체는 이런 인간을 동경했던 것이다. 어떤 양심의 가책도 없는, 그래서 자기 삶의 주인으로 살기에 손색이 없는, 그런 건강한 존재에 대한 동경은 후기 철학까지 변함없이 일관되게 발전해 간다. 현실은 인간이 신으로 살기에는 적합하지 않은 상황이 너무도 많다. 그래서 이런 세계에서의 '삶에의 의지'는 부정할 수밖에 없었다. 다만 초기에는 쇼펜하우어의 염세주의 사상과 바그너의 음악극에서 고대의 모범을 찾아섰지만, 곧 그 한계를 인식하고 돌아서게 된다는 게 변화의 지점이다. 1860년에 이미 사망한 쇼펜하우어는 그저 책으로만 스승과 제자의 관계가 되었지만, 1813년생으로 일찍 작고한 아버지와는 동갑내기인 바그너는 상황이 달랐다. 니체는 그를 아버지처럼 따랐다. 대리만족이 여기서도 문제가 된다. 그냥 사상적으로만 추종자였던 게 아니라는 얘기다. 하지만 신뢰가 컸던 만큼 실망도 컸다. 광기의 세계로 접어들기 직전까지 니체는 마치 유언처럼 바그너와 결별한 이유를 조목조목 따져 글로 남겨 놓는다. 독자들이 혹은 후손들이 자기 자신을 오해하지 않도록 하기 위해. 그래도 여전히 궁금하다. 사랑했던 사람들이 헤어지고 나면 궁금증이 증폭되는 것과 마찬가지로. 남겨진 말에서 오히려 또 다른 의미를 찾아보려는 심보로 연구하듯이 다가선다. 그러면서 끊임없는 도돌이표처럼 묻게 된다. 왜 결별해야만 했냐고. 왜 그랬어야만 했냐고. 그게 최선이었냐고.

적처럼 잘 해결해 주었던 것 같다(1866년이 나의 전환점이었다고 사람들은 말한다). 하지만 독일 요리 전반, 이것이 양심의 가책을 느끼지 않아도 되는 것이 하나라도 있단 말인가! 식사 전의 수프(16세기 베네치아 요리책에서는 독일적이라고 되어 있다), 푹 익은 고기, 기름과 밀가루로 버무린 야채, 문진처럼 무겁게 변질되어 버린 밀가루 음식! 여기에 옛 독일인들의 짐승처럼 알코올 마셔 대기. 물론 옛 독일인들만 그런 것은 아니다. 이 점을 깊이 생각해 보면 독일 정신의 연원을 이해할 수 있게 된다. 독일 정신은 암담해진 내장에서 나온다는 것을…. 독일 정신은 소화불량이다. 그것은 아무것도 소화시키지 못한다. 하지만 영국식의 섭생이란 것도 독일식이나 심지어는 프랑스식 섭생과 비교해 보면 일종의 '자연으로 되돌아감', 말하자면 식인주의로 되돌아감이며, 이것은 내 본래의 본능에 아주 깊게 거슬린다. 이것은 내가 보기에 정신에 무거운 다리를 붙여 놓은 것 같다. 영국 여성들의 다리를…. 최고의 요리는 피에몬테식이다.[60] 알코올

---

60 피에몬테(Piemonte)는 이탈리아 북서쪽에 위치한 지역의 명칭이며, 이곳의 수도는 토리노(Torino)다. 일설에 의하면 니체가 『이 사람을 보라』를 쓰고 난 직후 이곳 토리노에서, 보다 정확히 말하면 토리노 광장에서 채찍을 맞고 있는 말의 목덜미를 잡고서 오열하며 정신줄을 놓게 되었다고 한다. 이 사실을 알고 이 구절을 읽으면 남다른 느낌이 전해진다. 전율이라고 할까. 니체가 직접 작성한 이 책의 표지에는 1889년이란 연도 표시가 눈에 띈다. 그해 1월 3일에 광기의 세계로 접어드니까 겨우 2-3일을 앞두고 이 표지를 작성했다는 얘기가 된다. 마지막 이성의 힘을 불태우며 책상 앞에 앉아 있는 철학자의 모습이 그려지기도 한다. 이제 곧 인류에게 '가장 어려운 요구'를 해야 한다는 생각이 들어서 자기 자신이 누군지를 말해 두어야만 한다는 그 필연성. 이 책의 첫 문장을 다시 읽으면 긴박했던 시간과의 싸움이 엿보이기도 한다. 시간적 압박감보다는 오히려 자기 철학에 대한 해명 의지가 더 크게 읽힌다.

은 내게 해롭다. 하루 한 잔의 와인이나 맥주도 내 삶을 '눈물의 골짜기'로 만들어 버리기에 충분하다. 그러니까 뮌헨에는 내 대척자들이 살고 있는 것이다. 내가 이 사실을 조금 늦게 깨달았다고 해도, 그것을 체험한 것은 원래 어릴 때부터였다. 소년이었을 때 이미 나는 와인을 마시는 것이 담배를 피우는 것처럼 처음에는 젊은 남자들에게 공허한 허상을 만들어 주고 나중에는 나쁜 습관을 배게 한다고 믿었다. 이렇게 혹독하게 판단했던 데는 아마도 나움부르크 와인 탓도 있었을 것이다. 와인이 기분을 좋게 해 준다고 믿으려면 나는 기독교인이어야 할 것이다. 즉 내가 부조리하다고 여기는 것을 믿어야 한다면 말이다. 나는 매우 약하게 희석된 술이라도 약간만 마시면 지극히 기이할 정도로 이상해질 수 있다. 게다가 독한 술을 마시게 되면 나는 거의 뱃사람처럼 되어 버린다. 이미 소년이었을 당시에 이런 면에서 나는 용기를 내야만 했었다. 하룻밤을 지새면서 긴 라틴어 논문 하나를 작성하고 또 그것을 베껴 쓰던 일, 펜에 야심을 실어 엄밀함과 간결함에 있어서 나의 모범이 되었던 살루스트를 따르던 일, 가장 독한 그르그주酒를 내 라틴어에 약간 붓던 일, 이런 일은 내가 존경에 마지않는 슐포르타의 학생이었을 때 벌써 내 생리에 전혀 위배되지 않았으며, 살루스트의 생리에도 아마 마찬가지였을 것이다. 존경에 마지않는 슐포르타의 생리에는 물론 항상 위배되었을지라도…. 나중에, 중년기에 들어서서 나는 나름대로 온갖 부류의 '정신적인' 음료에 대해 점점 더 엄격해지기로 했다. 내 마음을 바꾸어 놓은 리하르트 바그너처럼 경험에 의거해 반채식주의자가 된 나는 좀 더 정신적인 본성들 모두에게 알코올을 무조건 금하라고 아무리 충고해도 모자라지 않다고 생각한다. 물만으로도 충분한 것이다…. 나는 어디서든 흐르는 샘에서 물을 길을 수 있는 기회가 주어진 곳을 선호한다(니스, 토리노, 질스). 개 한 마리가 내 뒤를 따르듯, 늘 작은 물컵 하나가 내 뒤를 따라다닌다. 인 비노 베리타스in vino veritas.[61] '진리' 개념에 관해 나는 여기서도 또 한 번 온 세계와 일치하지 못하고 있다는 생각이 든다. 나에게 있어 정신은 물 위에 떠서 부유하고 있는 것이다…. 나의 도덕으로부터 몇 가지 힌트가 더 있다. 든든한 식사가 너무 적게 먹는 식사보다 더 쉽게 소화시킨다. 위 전체가 활동하는 것은 소화가 잘되기 위한 첫 번째 전제 조건이다. 누구든 자기 위의 크기를 알고 있어야 한다. 같은 이유에서 오래 질질 끄는 그런 식사는, 내가 중단된 희생 만찬이라고 부르는 정찬식 식사는 말려야 한다. 간식도 먹지 말고, 커피도 마시지 말라. 커피는 우울하게 만든다. 차는 아침에만 견딜 만하다. 조금만 마시되 강하게 마셔라. 차는 정도에서 조금만 약해도 건강에 매우 해로우

---

61 포도주 속에 진리가 있다는 뜻의 라틴어. 이 말은 진리가 술 속에 깃들어 있다는 뜻이기도 하다. 하지만 니체는 이 글귀를 이용해 진리의 속성을 폭로하고 있다. 진리와 술의 중독성은 서로 연관이 있다는 것이다. 진리는 술에 취했을 때만 모습을 드러낸다는 의미이기도 하다. 바로 이런 점에서 니체는 특정의, 기존의 혹은 기정사실로 인정받고 있는 '진리'에 대해 거리를 두고자 하는 것이다.

며, 하루 종일 병든 사람처럼 만들 수 있다. 모두 자기 정도를 지켜야 한다. 종종 모두 아주 좁고도 미묘한 경계 사이에 있기 때문이다. 심한 자극성 기후에서 차는 하루의 시작으로는 권하고 싶지 않다. 차 마시기 한 시간 전에 기름을 뺀 진한 카카오 한 잔을 먼저 마시는 게 좋다. 가능한 한 앉아 있지 말라. 바깥 자유로운 공간에서 자유로운 움직임을 통해 탄생하지 않은 생각은 무엇이든 믿지 말라. 근육이 축제를 벌이지 않는 생각도 믿지 말라. 모든 편견은 내장에서 나온다. 꾹 눌러앉아 있는 끈기, 이것에 대해 나는 이미 한 번 말했었다. 신성한 정신에 위배되는 진정한 죄라고. ―

2.

영양 섭취의 문제는 장소와 기후 문제와 가장 밀접한 관계에 있다. 사람은 아무데서나 살 수는 없다. 더구나 자기의 힘 전체를 요구하는 위대한 과제를 풀어야 하는 자에게는 선택의 폭이 매우 좁을 수밖에 없다. 기후는 신진대사에, 그 방해와 촉진이라는 면에서 아주 큰 영향을 끼친다. 장소와 기후를 잘못 선택한 자는 자기 자신의 과제에서 멀어지게 될 뿐 아니라, 아예 과제를 억류하여 취급할 수도 있다. 그 과제의 얼굴 한 번 제대로 보지 못할 수도 있다. 그에게는 동물적 활력이 아무리 커도 결코 충분치 못하다. 가장 정신적인 것으로 밀어붙이는 자유에, 오직 나만이 그것을 할 수 있다고 인식하는 자유에 이르려면 말이다…. 나쁜 습관이 되어 버린 아주 미소한 내장의 태만조차도 한 명의 천재를 평균적인 자로, '독일적'인 자로 만들어 버리기에는 충분하다. 강하고, 심지어는 영웅적으로 타고난 내장의 기를 꺾어 버리는 데는 독일 기후만으로도 충분하다. 신진대사의 속도는 정신의 발이 움직여 주느냐 아니면 마비되어 있느냐 하는 것과 정확히 비례한다. '정신' 자체가 그러니까 일종의 신진대사다. 정신이 풍부한 사람들이 존재하고 또 존재했던 곳, 위트와 예민함과 악의가 행복에 속했던 곳, 천재가 거의 필연적으로 자기의 안식처로 삼았던 곳, 이런 곳에 사람들은 모인다. 이런 곳은 모두 탁월하게 건조한 공기를 갖고 있다. 파리, 프로방스, 피렌체, 예수살렘, 아테네, 이런 이름들은 무언가를 입증하고 있다. 천재는 건조한 공기와 맑은 하늘을, 신속한 신진대사를, 거대하고도 어마어마한 양의 힘을 항상 다시 공급할 가능성을 전제한다는 것을. 나는 탁월하면서도 자유로운 소질을 갖춘 정신이, 기후를 선택하는 섬세한 본능을 갖지 못해서, 오그라들고 주눅이 들어 버린 전문가나 까다롭고 뚱한 자가 되어 버렸던 경우를 하나 목도했었다. 내 병이 나를 이성으로 향하라고, 현실 안에서 이성에 대해 숙고하라고 강요하지 않았더라면, 나 역시 결국 그런 경우에 빠졌을 수도 있을 것이다. 기후와 기상의 영향을 오랫동안 지속된 연습을 통해서 나 자신이라는 도구를, 즉 아주 정교해진 신빙성 있는 도구를 잘 알아차릴 수 있게 되었다. 그리고 토리노에서 밀라노로 이어지는 짧은 여행에서도 이미 공기의 습도 변화를 내가 생리적으로 측정할 수도 있게 되었다. 내가 나의 삶을 지난 마지막 10년 동안, 즉 생명이 위태로울 정도였던 그 세월을 제외하고는, 항상 오로지 잘못된 곳에서, 말하자면 내게 금지된 곳에서 보냈다는 끔찍한 사실을 생각하면 몸서리가 쳐진다. 나움부르크, 슐포르타, 튀링겐 일대, 라이프치히, 바젤, 이곳들은 다 같은 정도로 내 생리에는 맞지 않은 불운한 장소들이다. 내게는 나의 유년기와 청소년기 전체에 걸쳐 환영할 만한 기억이 전혀 없다. 이에 대해 소위 '도덕적'인 이유를 언급한다든가, 이를테면 내가 사람들과 충분히 사귀지 않는 교제의 부족 때문에 그랬다는 식의 이유를 끌어댄다면, 이것은 바보 같은 짓이리라. 왜냐하면 이런 부족 현상은 오늘날에도 여전히 존재하기 때문이다. 그리고 이 사실은 쾌활하고도 용감한 나의 존재 방식을 방해하지도 않는다. 오히려 생리적인 면에 관한 무지, 저 저주스러운 '이상주의'가 내 삶에 있어서는 진정한 재앙이다. 여기서 정말 쓸데없고 어리석은 것은 좋은 것이라고는 하나도 생겨나지 않고, 아무런 보상이나 배상도 없다는 것이다. 이 '이상주의'의 결과로서 나는 내 삶의 과제에서 벗어나게 하는 모든 실책들을, 본능의 중대한 모든 탈선을, '겸손함'을, 예를 들어 내가 문헌학자가 되었다는 사실을 해명할 수 있다. 왜 나는 최소한 의사가 된다거나 아니면 눈을 뜨게 만들어 주는 어떤 존재가 되지 않았을까? 바젤에서 지내는 동안, 하루 일과를 포함한 내 정신적인 섭생은 탁월한 힘들을 완전히 무의미하게 소모해 버린 것에 지나지 않았다. 그때는 소모된 힘들을 충당할 생각도, 소모되었다는 점에 대한 그리고 그 대체물에 대한 생각도 하지 못했다. 정제된 자기의식이나 명령하는 본능을 보호할 방법도 그때에는 없었다. 누군가와 나 자신을 동일하게 설정해 버리고, '이기적이지 않았으며', 자기 자신의 차별점을 망각해 버렸다는 것, 이런 것들에 대해 나는 내 자신을 결코 용서할 수 없다. 내가 거의 종말에 처했을 때, 내가 거의 종말을 맞았다는 사실로 인해 나는 내 삶의 그러한 근본적인 비이성성을, 즉 그 '이상주의'를 생각해 보게 되었다. 병이 나를 비로소 이성으로 인도했다. ―

3.

영양 섭취의 선택, 기후와 장소의 선택, 그리고 세 번째는 휴식을 취하는 자기만의 방식을 선택하는 것이다. 여기서는 어떤 대가를 치르고서라도 결코 실수를 범해서는 안 된다. 물론 여기서도 특정한 정신이 얼마나 독특한지에 따라, 그에게 허락되는 것, 즉 그에게 유용한 것의 한계는 좁고도 좁다. 내 경우에는 모든 독서가 나의 휴식에 속한다. 말하자면 독서라는 것은 내게서 나를 떠나게 하고, 나를 낯선 학문과 영혼들 안으로 산책을 하게 하며, 내가 더 이상 진지하게 받아들이지 않는 것에 속한다. 반면 열심히 일에 몰두하는 동안에는 내 곁에 어떤 책도 두지 않는다. 이것은 누군가 내 곁에서 말을 한다든가 심지어 대신 생각하는 그런 것으로부터 나 자신을 보호하는 것이다. 그리고 이런 것이야말로 진정 독서라고 불릴 만한 것이리라…. 잉태의 순간에 정신과 모든 기관은 극도로 긴장해야 하는데, 이 순간에 우연과 온갖 종류의 외적인 자극이 격렬하게 영향을 끼치고, 아주 심각한 '타격을 입히는' 것을 관찰해 본 적이 있는가? 그래서 우연이나 외적인 자극은 가능한 한 많이 없애 버려야만 한다. 즉 일종의 자기 자신이라는 성을 쌓는 일은 정신적인 잉태에서 본능이 취하는 가장 현명한 일이다. 어떤 낯선 생각이 은밀하게 그 성벽을 올라타는 것을 내가 허락이나 할까! 그리고 이런 것이 바로 독서이리라…. 일하고 산출해 내는 시간이 지나면 휴식의 시간이 뒤를 따른다. 내게 오라, 너희 편안하고 정신이 풍부하며 수줍어하는 책들이여! 그것이 과연 독일 책들일까? … 내가 한 권의 책을 손에 들었던 것은 반년 전으로 거슬러 올라간다. 그것이 무슨 책이었을까? 그것은 빅토르 브로차드의 「그리스 회의론자들」이라는 탁월한 논문이었다.[62] 내 라에르티아나 논문을 잘 활용하고 있었

---

62 빅토르 브로차드(Victor Brochard, 1848-1907)는 프랑스 철학자다. 1879년 「스토아학파 철학자들이 동의에 대하여 생각했던 것」이란 논문으로 박사학위를 받았다. 1884년에 브로차드는 고대 회의론과 관련한 논문으로 학술 경연 대회에 참가한다. 1887년에 「그리스의 회의론자들(Les Sceptiques grecs)」이란 논문을 발표한다. 이 논문에서 브로차드는 특히 프리드리히 니체에 대해 감사의 글을 남겼고 그의 사상을 심도 있게 다뤘다. 이후 브로차드는 소르본 대학 철학사 과목 교수가 된다. 이후 그는 현대 철학에서는 특히 도덕 철학을, 그리고 고대 철학에서는 스토아학파, 에피쿠로스학파, 고대 회의론, 플라톤 등을 연구했다.

다.[63] 이중적이고 심지어는 오중적이기도 한 철학자 무리들 사이에서 회의주의자는 유일하게 존경할 만한 유형인 것이다! … 그 외에 나는 거의 항상 몇 권 안 되는 똑같은 책들로 도피하는데, 이 책들은 나를 위해 합당하다고 입증된 것들이다. 많이, 잡다하게 읽는 것은 나의 독서방식이 아니다. 열람실은 나를 병들게 한다. 이렇게 사랑하는 것도 나의 방식이 아니다. 새로 나온 책들에 대한 신중함과 심지어 적개심도 '관용'이나 '아량'이나 여타의 '이웃 사랑'보다는 더욱 나의 본능에 속한다…. 실제로 내가 항상 다시 돌아가는 사람들은 소수의 옛 프랑스인들이다. 나는 오로지 프랑스적 교양만을 믿고, 다른 유럽적 '교양'은 전부 오해라고 간주한다. 물론 독일적 교양에 대해서는 할 말도 없다…. 내가 독일에서 발견했던 몇 안 되는 경우의 고급스러운 교양은 모두 프랑스에서 유래한 것이었다. 무엇보다도 코지마 바그너 부인은 취향의 문제에 있어서 내가 들어 본 중에서 단연 최고의 목소리를 가지고 있었다…. 내가 파스칼은 읽지 않지만, 처음에는 육체적으로, 다음에는 심리적으로 서서히 죽어 간 희생자, 즉 기독교의 가장 교훈적인 희생자로서, 또 비인간적인 잔인함의 가장 소름끼치는 바로 이러한 형태가 지닌 논리 전체로서 그를 사랑한다는 것과,[64] 그리고 내가 몽테뉴의 변덕을 내

---

63 1870년에 발표한 논문 「아나렉타 라에르티아나(Analecta Laertiana)」를 일컫는다.
64 니체는 고백한다. 파스칼(Blaise Pascal, 1623-1662)을 사랑한다고. 이 고백은 사실 매우 복잡한 사안이다. 파스칼의 대표저서로 알려져 있는 『팡세』(1670)는 신에 대한 신앙고백이나 다름

정신에 갖고 있다는 것을,[65] 과연 누가 알까? 어쩌면 내 육체도 갖고 있을지 모른다. 나의 예술가적 취향은 셰익스피어와 같은 황량

없다. 생각하는 존재가 생각할 수 있는 최고의 의미로 신의 존재를 증명하고자 한다. '팡세(Pensées)' 자체가 생각이란 단어다. 생각하는 존재에게 주어진 최고의 과제로서 신을 끌어들인 것이다. 니체에게 파스칼은 기독교에 희생되는 가장 교훈적인 인물로 간주된다. 또 파스칼의 문제는 비인간적인 잔인함의 형태로 간주된다. 파스칼은 인간을 '생각하는 갈대'로, 즉 이 자연계에서 아주 미미한 존재에 불과하다고 인정하는 반면, 신을 알고 또 믿을 수 있다는 것에서 위대함을 찾았다. 말하자면, 결국에는 신이었다. 신의 존재를 인정하면서 인간의 위대함을 부르짖는다. 신이 있기에 답이 있는 것이다. 이런 논리 전체에 의해 파스칼은 스스로 기독교에 희생되어 간다. 처음에는 육체적으로 또 나중에는 심리적으로 서서히 죽어 간 것이다. 거의 모든 종교인들이 보여 주듯이 육체적으로 금욕적인 신앙생활을 실천해 가면서 결국에는 마음과 정신까지 내맡기고 말았다는 것이다. 이것을 알기에 니체는 그의 책을 읽지 않는다. 그가 파스칼의 책을 읽지 않는다는 말을 곧이곧대로 받아들이지는 말자. 읽었다, 읽지 않았다는 식으로, 즉 이분법으로 다가서면 안 된다는 얘기다. 문학적 표현이라고 할까. 알고는 있지만 마음으로는 받아들이지 않는다고 할까. 하지만 파스칼이 보여 준 가장 비인간적인 형태의 논리들, 그것을 교훈적으로 받아들이기에는 충분했던 것이다. '이래서는 안 된다'는 경계의 의미로, 바로 이 점에서 니체는 파스칼을 사랑했던 것이다.

65 몽테뉴(Michel Eyquem de Montaigne, 1533-1592)의 변덕을 니체도 갖고 있다. 그것도 그의 정신 속에. 여기서 변덕으로 번역한 개념은 '무트빌레(Mutwille)'이다. 즉 용기라는 말과 의지라는 말이 합쳐진 말이다. 용기가 있는 의지라고 할까. 어쨌든 자기 마음대로 한다는 뜻이다. 그래서 방임, 방자 등으로 번역될 때도 있다. 니체가 몽테뉴에게서 발견한 특성으로서 무트빌레는 무엇이었을까? 이것이 문제. 몽테뉴의 대표작으로는 『수상록(Essais)』(1572-1592)으로 알려져 있다. 이 책은 제목 'Essais'에서 말해 주고 있듯이 '시도'해 본 것들의 모음집이다. 형식이 중요한 게 아니라 내용이 중요하다는 인식이 이 책을 완성시켰던 것이다. 말하자면 수필의 형식이 바로 그것이다. 누구는 펜 가는 대로 쓰는 것을 두고 하는 말이라고도 한다. 그만큼 자유로운 형식으로 유명한 문체인 것이다. "내 정신이 변하는 대로, 내 문체도 변한다"라는 말이 의미하는 것처럼, 몽테뉴는 그 어떤 원리에도 얽매이지 않는 문체를 따르려고 애를 썼다. 니체는 바로 이런 점에서 매력을 느꼈던 것 같다. 물론 내용적으로는 고대로까지 이어지는 회의주의도 있을 것이고, 또 금욕적이고 광신적인 종교 행태에 대해 신앙보다 인간의 이성을 앞세우며, 인간 중심의 도덕을 제창했다는 점 등도 무시할 수 없겠지만, 니체가 어느 정도로 영향을 받았는지에 대해서는 정확히 말을 할 수 없는 상황이다. 어쨌거나 니체가 자신의 정신적인 측면에서 몽테뉴와 동질성을 발견하고 있는 것은 분명한 사실로 간주해도 될 것이다.

한 천재에 대해 통분하면서 몰리에르나 코르네유, 라신 등의 이름을 옹호한다는 것이다. 그렇다고 해서 최근의 프랑스인들이 나에게는 매력적인 교제 상대가 아니라고 말하는 것은 결코 아니다. 역사의 어느 세기에서 현재의 파리처럼 그렇게도 호기심 많고 동시에 섬세하기도 한 심리학자들이 모두 한 자리에 모일 수 있었을 것인지 나는 전혀 알 수 없다. 시험 삼아 그 이름을 열거해 보자면, 그 수가 결코 적지 않다. 폴 부르제, 피에르 로티, 지프, 메일락, 아나톨 프랑스, 쥐르 르메트르, 혹은 강한 종족 중 한 사람이자 진정한 라틴계 사람이며 내가 특별히 호감을 갖고 있는 기 드 모파상도 들 수 있다. 나는 이 세대를, 우리끼리 얘기지만, 심지어 독일 철학이 몽땅 망쳐 버렸던 그들의 위대한 스승들보다 선호한다. 예를 들어 친애하는 텐은 헤겔에 의해 망쳐졌다.[66] 텐은 헤겔이 말하는 위대한 인간과 위대한 시기를 오해했으면서도 그에 대해 그에게 감사의 뜻을 표하기도 했다. 독일이 닿으면 문화가 부패한다. 전쟁이 그나마 프랑스에서 정신을 '구원'시켰다…. 나의 삶에서 가장 아름다운 우

---

66 텐(Hippolyte Adolphe Taine, 1828-1893)은 프랑스 출신의 철학자, 역사가, 비평가다. 무엇보다도 자연주의자들이 텐의 이론을 따랐다. 그는 인간을 법칙에 의거해 규정된 존재, 즉 규칙적으로 규정되어 있다고 보았다. 무엇보다 유전과 환경 그리고 역사적 상황에 의해 한정되어 있다고 본 것이다. 이런 사상을 고려하여 니체는 그를 문화 철학을 위한 선구자로 꼽았다. 니체는 그의 철학을 독일에서, 특히 문화 철학적 의미에서 파악했던 첫 번째 철학자가 된다는 것을 의미하기도 한다. 그는 또한 텐의 업적 중에서도 나폴레옹 1세에 대한 연구를 높이 평가했다. 하지만 텐이 헤겔의 '위대한 인간'과 '위대한 시기'를 어떻게 오해를 했는지에 대한 문제는 또 다른 숙제로 남아 있다.

연에 해당하는 인물은 스탕달이다. 그를 우연이라고 말하는 이유는 내 삶에서 신기원을 이루는 모든 것이 오로지 우연에 의해 내게 몰아댄 것이기 때문이다. 그러니까 결코 누군가의 권유에 의해서가 아니라는 얘기다. 그는 앞을 내다보는 심리학자의 눈과, 가장 위대한 사실적인 것과 가까이 있음을 상기시켜 주는, 말 그대로 사실을 파악하는 능력을 지닌 진정 귀중한 존재다(손톱을 보고 나폴레옹을 알아차린다). 마지막으로 그가 프랑스에서는 드물고 거의 발견되지 않는 유형의 정직한 무신론자라는 점도 간과할 수 없다. 프로스페르 메리메에게도 존경을 표한다…. 어쩌면 내가 스탕달을 질투하고 있는 것일까? 그는 내게서 최고의 무신론자 위트를 빼앗아 버렸다. "신의 유일한 변명은 그가 존재하지 않는다는 것이다."… 나 자신은 어디선가 말했다: 지금까지 실존에 반대하는 가장 큰 이의 제기는 무엇인가? 그것은 바로 신이다라고….

4.

서정 시인에 대한 최고의 개념을 내게 선사해 준 사람은 하인리히 하이네였다. 나는 수천 년에 걸친 모든 풍요로웠던 시대를 뒤져서 그와 같은 달콤하고도 열정적인 음악을 찾아보았지만 헛수고였다. 그는 신만이 가지고 있을 법한 악의를 지니고 있다. 이것이 없다면 나는 완전성이라는 것을 생각할 수 없다. 나는 인간과 종족의 가치를 평가할 때 그들이 얼마나 필연적으로 사티로스와 신을 분리시키지 않고 이해하는지에 따라 평가한다. 그리고 하이네가 독일어를 손에 쥐고 다루듯이! 사람들은 언젠가 그렇게 말을 하게 되리라. 하이네와 내가 독일어를 사용하는 최초의 예술가들이었다고. 우리는 범속한 독일인들이 독일어를 가지고 해 왔던 모든 것으로부터 상상도 할 수 없을 만큼 멀리 떨어져 있다. 나는 바이런의 만프레드와 많이 닮았다. 이 모든 심연을 나는 내 안에서 발견했다. 열세 살에 나는 이미 이 작품을 위해 성숙해 있었다. 만프레드가 언급되는 자리에서 감히 파우스트를 운운하려는 자들에게 나는 해 줄 말이 한마디도 없다. 한번 힐끗 쳐다볼 뿐이다. 독일인들은 위대함이란 개념에는 무능하다. 그 증거가 슈만이다. 나는 한번 이 감상적인 작센인에게 분노가 생겨 그의 「만프레드 서곡」에 대한 반대 서곡을 작곡한 일이 있다. 이 곡에 대해 한스 폰 뷜로는 말했다. 그와 같은 것을 단한 번도 본 적이 없다고, 또 에우테르페에 대한 강탈이라고.[67] 내가 세익스피어를 최고로 표현해 줄 만한 정식을 찾을 때면, 언제나 나는 그가 카이사르 유형을 구상해 냈다라는 정식만을 발견할 뿐이다. 그런 유형은 사람들이 추측해 낼 수 있는 것이 아니다. 그런 사람이거나 아니면 그런 사람이 아니거나 할 뿐이다. 위대한 시인은 오로

---

67 에우테르페(Euterpe)는 에우텔페(Eutelpe)라고도 불리며, 아홉 명의 뮤즈들 중의 한 명으로 소리 예술과 서정시를 대변하는 것으로 알려져 있다. 소리 예술과 관련한 뮤즈는 피리로 상징된다.

지 자기 자신의 현실성으로부터만 퍼내어 창조한다. 그가 나중에 자기의 작품을 더 이상 견뎌 내지 못할 지경이 될 때까지 말이다…. 내가 나의 『차라투스트라는 이렇게 말했다』에 눈길을 한번 던지면, 나는 참을 수 없을 정도의 발작적인 흐느낌을 극복하지 못한 채 반 시간가량 방 안에서 불안하게 움직이게 된다. 나는 셰익스피어보다 더 가슴을 찢어 대는 비통한 작품을 알지 못한다. 어릿광대여야 할 필요가 있었던 그 인간은 도대체 어떤 고통을 겪었단 말인가! 햄릿을 이해하는가? 의심이 아니라 확실성이 미치게 만든다…. 하지만 그렇게 느끼기 위해선, 깊이가 있어야 하고, 심연이어야 하며, 철학자여야 한다…. 우리 모두는 진실을 두려워한다…. 그리고 고백하거니와, 나는 베이컨 경이 이 가장 무서운 문학의 창시자며 자기 학대를 하는 자라는 점을 틀림없다고 본능적으로 확신한다. 미국의 정신 사나운 자들과 멍청이들이 떠들어 대는 가련한 수다가 도대체 나와 무슨 상관이 있단 말인가? 하지만 가장 강력한 현실성을 향한 비전의 힘은 행동으로, 그것도 무시무시한 행동으로, 더 나아가 범죄로 향한 가장 강력한 힘을 감당할 수 있어야 한다. 저것은 이것 자체를 전제한다…. 우리는 오랫동안 베이컨 경에 대해서 충분히 알지 못했다. 단어가 가진 모든 위대한 의미에서 첫 번째 현실주의자인 그가 무엇을 행했는지, 그가 무엇을 원했는지, 그가 무엇을 체험했는지를 알기 위해서는 충분하지 못했다…. 그리고 악마에게나 가라, 내 친애하는 비평가들이여! 내가 내 『차라투스트라는 이렇게 말했다』를 낯선 이름으로, 예를 들어 리하르트 바그너라는 이름으로 세례를 줬다고 생각한다면, 이천 년이 흘러간다 해도 그런 통찰력으로는 알아내지 못할 것이다. 『인간적인 너무나 인간적인』의 저자가 차라투스트라라는 비전을 가진 자와 동일 인물이라는 것을….

5.

　내가 나의 삶의 휴식에 관해 말하는 지금, 나를 가장 심도 있고도 마음속 깊이 휴식을 취하게 했던 것에 대해 한마디 감사의 표현을 해야 할 필요성을 느낀다. 그것은 의심의 여지없이 리하르트 바그너와의 아주 친밀했던 교제였다. 나머지 사람들과 맺은 나의 관계들은 허접한 것들일 뿐이다. 나는 어떤 대가를 받는다 하더라도 트립셴에서의 날들을 내 생애에서 삭제하고 싶지 않다. 그 신뢰와 쾌활과 숭고한 우연의 날들을. 그 심오한 순간들을…. 다른 사람들은 바그너에게서 무엇을 체험했는지 나는 모른다. 우리의 하늘에는 구름 한 점 지나간 적이 없다. 그리고 이 대목에서 나는 다시 한 번 프랑스 얘기로 되돌아가고자 한다. 나는 바그너와 닮았다고 여겨 그를 숭배한다고 믿는 바그너주의자와 그 무리들에게 반대할 이유는 없다. 그저 경멸의 조소를 지을 뿐…. 나의 심층적인 본능에서는 모든 독일적인 것이 낯설다. 그래서 단 한 명의 독일인이 옆에 있어도 이미 소화가 잘 안 된다. 그런 나에게 바그너와의 첫 접촉은 또한 나의 삶에서 처음으로 느껴 보는 안도의 한숨을 쉬게 했다. 나는 그를 모든 '독일적인 덕목들'에 맞서는 외국으로, 대립으로, 육화된 저항으로 느꼈고 존경했다. 50년대라는 습한 공기에서 어린 시절을 보내야 했던 우리는 '독일적'이라는 개념에 대해서 필연적으로 염세주의자가 될 수밖에 없다.[68] 우리는 혁명가 외에 다른 어떤 존재가 될 수 없다. 우리는 위선자가 위에 앉아 군림하는 그런 상황을 용납하

---

68 19세기 중반의 유럽 상황은 소위 귀족 세력과 시민 세력의 대립이 최고조에 달했던 때다. 19세기의 시작을 알렸던 프랑스대혁명(1789-1799)의 기운은 시민의 영웅 나폴레옹(Napoleon Bonaparte, 1769-1821)의 기세를 등에 업고 승승장구하는 듯했지만, 빈에서 오스트리아의 재상 메테르니히(Metternich, 1773-1859)가 등장하여 그를 제거하는 데 성공을 거둔다. 그는 영국, 러시아, 프로이센 등 각 열강들의 정상들을 모아서 나폴레옹의 문제를 놓고 회의(일명, 빈 회의Wiener Kongress, 1814/1815)를 주관했다. 영국의 장군 웰링턴(Wellington, 1769-1852)을 앞세워 워털루 전투에서 승리를 거둔 뒤 시민의 영웅을 남태평양의 세인트 헬레나 섬으로 멀리 유배를 보낸 메테르니히는 황제의 권력을 다시 수립하려는 복고정치를 펼친다. 1850년대의 독일 상황도 예외일 수 없었다. 프랑스의 황제 나폴레옹에게서 당한 수모를 기억하며 당시 독일 정치 세력들은 시민 정신에 대해 경계의 끈을 늦추지 않았다. 감시와 검열은 당연한 정책인 것처럼 여겨졌다. 카를 마르크스(Karl Marx, 1818-1883)의 『공산당 선언』 등으로 널리 알려진 1848년의 시민혁명조차 사회 구조를 근본적으로 뜯어고치기에는 역부족이었다. 그때 촉발되었던 저항 정신은 독일의 정세에까지 영향을 끼치던 메테르니히를 권좌에서 끌어내리는 데는 성공했지만 기득권 세력을 형성하며 사회와 문화를 주름잡던 귀족 계급 자체를 무너뜨리는 데는 실패하고 만다. 메테르니히가 펼쳤던 복고 정치는 다른 정치와 정치가의 이름으로 꾸준히 반복되고 있었다. 아니 오히려 더 강력한 수준으로 펼쳐지고 있었다. 그 정점에는, 물론 10여 년이 흐른 뒤 1862년에 프로이센의 재상이라는 권좌에 오르게 되는 비스마르크(Otto von Bismarck, 1815-1898)가 있다. 그는 황제의 편에서 국가를 강력하게 보위했다. 이런 정치 상황에 실망한 시민들은 염세주의 철학에 손을 뻗치게 된다. 위로를 받기 위해서였다. 다른 방식으로 희망을 맛보려 했던 것이다. 그때 마침내 헤겔의 위세에 밀려 있던 쇼펜하우어의 저서 『의지와 표상으로서의 세계』가 주목을 받게 된다. 낙천주의보다는 비관적인 염세주의 철학이 시대정신을 보다 잘 설명해 주는 사상으로 인식되었던 것이다. 그런 것이 혁명 세대의 마음을 녹여 주고 마음의 눈물을 닦아 주었던 것이다. 니체는 바로 이 50년대 세대에 속한다.

지 않는다. 그가 오늘 다른 색깔로 장난을 치고 있는지, 그가 진홍색 옷을 걸치고 있는지, 경비병 제복을 입고 있는지 내게는 아무런 상관이 없다…. 자, 보라! 바그너는 한 사람의 혁명가였다. 그는 독일인들로부터 도망을 쳤다…. 예술가의 고향은 유럽에서는 파리 외에는 그 어디에도 없었다. 바그너의 예술이 전제하고 있는 예술적인 모든 오감의 섬세함, 뉘앙스를 감지하는 손가락, 심리적 병증은 오로지 파리에서만 발견되었다. 형식 문제에서의 이런 정열, 연출에서의 이런 진지함은 다른 곳에서는 찾아볼 수가 없었다. 그것은 말 그대로 전형적인 파리인들의 진지함이다. 어떤 파리의 예술가의 영혼에 살아 있는 그 엄청난 야망에 대한 개념은 독일에 없었다. 독일인들은 선량하다. 하지만 바그너는 결코 선량하지 않다…. 바그너가 어디에 속하고, 자기와 가장 닮은 사람은 누군지에 대해서는 나는 이미 충분히 언급했었다(『선악의 저편』 256쪽 이하). 그것은 다름 아닌 프랑스의 후기 낭만파들이다. 이들은 들라크루아나 베를리오즈처럼 높은 창공을 날고 마음을 뒤흔들어 놓는 예술가 유형이지만, 모두가 어느 정도 병들고 그 본질상 치유 불가능한 자들이고, 또 모두가 다 표현의 광신자들일 뿐이며, 그런 면에서는 정말 철저한 거장들이다…. 도대체 누가 과연 최초의 지적인 바그너 숭배자였던가? 샤를 보들레르였다. 들라크루아를 제일 먼저 이해했던 그는 그 안에서 예술가라는 유형 전체를 다시 알아볼 수 있는 전형적인 데카당이다. 그는 어쩌면 최후의 데카당일지도 모른다…. 내가 바그너를 도저히 용서할 수 없는 점은 무엇인가? 그것은 그가 독일인들의 눈높이로 내려갔다는 것, 그러면서 그가 독일제국적으로 되었다는 점이다…. 독일이 닿으면 문화가 부패한다. ―

6.

모든 것을 고려해 보아도, 바그너의 음악이 없었더라면 나는 나의 청춘을 건더 내지 못했을 것이다. 왜냐하면 나는 독일인으로 살아야 할 것을 판결 받았기 때문이다. 견딜 수 없는 압박감에서 벗어나고자 한다면, 하시시가 필요한 법이다.[69] 그러니까 나에게는 바그너가 필요했던 것이다. 바그너는 소위 독일적인 것이라고 말할 수 있는 모든 것에 대한 항독소였다. 그도 독이었다는 사실, 이것에 나는 이의를 제기하지 않는다…. 멋진 폰 뷜로 지휘자가 『트리스탄』의 피아노 악보에 있는 것을 음악에 실어 주어졌던 순간부터 나는 바그너주의자가 되었다.[70] 바그너의 이전 작품들은 그저 내 발아래 있는

---

69 하시시(Haschisch)는 약초로서 마취제 효능이 있다고 한다. 일반적으로 대마초로 번역된다.

70 『트리스탄과 이졸데』는 1865년 6월 10일 뮌헨의 국립극장에서 초연되었다. 당시 지휘봉은 한스 폰 뷜로(Hans von Bülow, 1830-1894)가 잡았다. 공연 시간은 대략 3시간 50분이었다고 한다. 이때 니체는 21살 약관의 나이였다. 이제 겨우 슐포르타를 졸업하고 1864-65년 겨울학기 본(Bonn) 대학에서 신학과 고전문헌학 공부를 시작한 새내기였다. 이미 첫 학기에 『신약성서』에 대한 실망과 문헌학적 비판이 시작되고 있던 터였다. 중세의 무겁고 탁한 공기를 느끼고 있던 찰라 고대 신들의 세계에 대한 환상과 영감을 불러일으키는 바그너의 음악은 위로의 소리로 들렸을 게 분명하다. 마치 대마초를 피워 대며 맛보는 신세계라고나 할까. 니체는 그때의

것처럼 보았다. 이것들은 너무 저속하고 너무 '독일적'이었다…. 오늘도 나는 『트리스탄』이 보여 주었던 그 위험한 매혹과 소름끼치면서도 달콤한 무한성에 필적할 만한 작품을 찾으려, 하물며 모든 예술을 다 뒤져 보았지만 헛수고였다. 레오나르도 다 빈치의 온갖 진기함도 『트리스탄』의 첫 음이 울리면 그 미몽迷夢에서 깨어난다. 이 작품은 전적으로 바그너 최고의 작품이다. 그는 이 작품과 함께 『마이스터징어』와 『니벨룽겐의 반지』와 더불어 휴식을 취했다. 그러면서 점점 더 건강해졌다. 이것은 바그너 같은 본성의 소유자에게는 일종의 퇴보다…. 그 작품을 이해할 수 있을 정도의 성숙에 이르기 위한 적당한 시기에 살았고, 그것도 바로 독일인들 사이에서 살았다는 것을 나는 최고의 행운이라고 생각한다. 그만큼 내게서 심리학자의 호기심이 멀리 뻗어 나가고 있었다. 그런 '지옥의 열락'에 이를 만큼 한번도 충분히 병들어 보지 못한 자에게는 세상이 그저 빈약해 보일 뿐이다. 이것을 허락하고, 이것을 거의 명령까지 하는 것, 여기에 하나의 신비가-공식이 적용될 수 있다. 내가 생각하기에, 아니 그 어느 누구보다도 내가 더 잘 알고 있다. 바그너만이 할 수 있는 그 엄청난 일을. 오십 개의 세계들에 날개를 달아 주어 낯

그 맛을 잊지 못하고 있다. 광기의 세계로 넘어가기 하루, 이틀 혹은 사흘을 앞두고서 니체는 그 황홀했던 순간을 떠올리며 이 글을 쓰고 있다. 멘토를 찾아내는 순간, 삶의 모범을 발견하는 순간, 그 젊은이의 마음에 불이 붙었었다는 사실을 떠올리며 행복한 마음으로 이 글을 써 내려가고 있는 것이다.

선 황홀지경을 불러일으키고 있는 그 일은 바그너 외에 그 누구도 해낼 수 없다. 그리고 가장 의심스럽고도 가장 위험한 것조차도 장점이 되도록 이용할 수 있을 정도로 충분히 강하며, 또 그로 인해 더욱 강해지는 내가 되게 해 준 바그너를 나는 내 삶의 위대한 은인이라고 부른다. 우리가 서로 닮았다는 것은 우리가 이 시대의 다른 사람들보다 더 깊이 고통받았으며, 또한 우리가 서로에게도 고통받았다는 점에 있다. 이 점으로 인해 우리들의 이름은 영원토록 함께 거론될 것이다. 그리고 바그너가 독일인들 사이에서 그저 하나의 오해에 불과하다는 것이 확실하듯, 나 역시 하나의 오해인 것이 확실하고, 또 영원히 하나의 오해로 남게 될 것이다. 이백 년 동안 먼저 심리학적인 훈련과 예술적 훈련을 해 보아라, 나의 게르만 민족이여!… 그래도 그것을 풀어내지 못할 것이다. ―

7.

― 가장 정선된 귀를 위해 한마디 더 하겠다. 내가 음악에서 진정 무엇을 바라는지를. 음악은 시월의 오후처럼 청명하고 깊기를 바란다. 음악은 개성 있고 자유분방하며 부드럽기를, 상냥하고 애교가 넘치는 달콤한 어린 여자이기를 바란다…. 나는 음악이 무엇인지를 독일인이 알 수 있다는 것을 결코 인정하지 않는다. 독일 음악가라고 불리는 자들, 특히 가장 위대한 음악가들은 외국인들, 슬라브

인, 크로아티아인, 이탈리아인, 네덜란드인 혹은 유태인이다. 그렇지 않으면 하인리히 쉬츠, 바흐, 헨델과 같은 이미 소멸된 강한 종족의 독일인이다. 나 자신도 언제나 쇼팽에 저항하여 나머지 음악들을 다 희생시킬 정도로 충분히 폴란드인이다. 세 가지 이유 때문에 바그너의 지크프리트-목가는, 어쩌면 그 고귀한 오케스트라적 악센트가 모든 음악가보다 앞서는 리스트의 몇 작품도 예외로 한다. 마지막으로 알프스의 저편에서 성장한 모든 것, 이편도 예외로 한다….[71] 나는 로시니 없이 지낼 수는 없다. 음악에서의 나의 남쪽, 즉

---

71 니체가 말하는 이편과 저편, 이쪽과 저쪽의 의미는 상당히 복잡하다. "마지막으로 알프스의 저편에서 성장한 모든 것, 즉 이편도 예외로 한다"는 말이 전하는 메시지 또한 간단한 문제가 아니다. 니체는 종교적 발상에서 대전제가 되는 내세관을 철저히 부정한다. 그곳이 진짜라고, 그곳이 실존이라고, 그곳에서 진정한 삶이 펼쳐진다고 하는 주장에는 눈 하나 깜짝하지 않는다. 오히려 그는 우리가 발을 붙이고 사는 바로 이곳이 제대로 '성장한' 것의 결과물이기를 간절히 바라고 있다. 이곳이 그런 곳이라면 충분히 음악과 같은 영향력을 발휘할 수 있을 것이라고 믿는다. "새 신앙인의 천국은 물론 지상의 천국이어야 한다"(『반시대적 고찰』)에서 분명히 밝히고 있듯이, 니체는 오로지 '대지의 뜻'에 몰두하기를 바란다. 그런 뜻으로 충만한 존재가 바로 니체의 이상형인 초인의 모습이다('초인'이라는 개념에 대해서는 나중에 「왜 나는 이토록 좋은 책들을 쓰는지」의 1번 장에서 보다 심도 있게 다뤄질 것이다). "초인은 대지의 뜻이다."(『차라투스트라는 이렇게 말했다』) 하늘의 뜻에 몰두했던 것이 중세였다. 그 이후 세대인 근대인들, 즉 르네상스인들조차 교회의 이념으로부터 완전히 극복된 상태는 아니었다. 늘 기독교가 정해 준 틀 안에서 혁명을 꾀하고 있었을 뿐이었다. 이제 현대다. 니체는 현대 철학의 선봉에서 현대의 한계를 지적하고 또 미래라 불리는 그 현대 이후에 대해 철저히 준비를 시키고자 한다. 초인은 미래의 존재다. 아직 단 한 번도 존재한 적이 없다. 그는 우리에게 묻는다. 초인을 잉태할 준비가 되었냐고. 새 신앙인의 천국에서 이뤄져야 할 혼인과 잉태의 조건은 '자기를 뛰어넘어 자기를 세워야' 한다는 것이다. 그래서 그는 절실하게 묻는다. '아이를 원할 자격'(『차라투스트라는 이렇게 말했다』)이나 있냐고. 이편, 이쪽에 당당하게 설 수 있냐고. 지금과 이곳을 제대로 변호할 능력을 갖추었냐고. 니체는 다양한 목소리로 바로 이 질문을 지속적으로 반복해서 던지고 있을 뿐이다. 마지막으로 이 문제와 관련하여 앞서 인용했던 「질스마리아」라는 시의 한 대목을 다시 읽

내 베네치아의 거장인 피에트로 가스티의 음악 없이는 더더욱 그렇다. 그리고 내가 알프스의 저편이라고 말할 때는, 나는 오로지 베네치아를 말하고 있다. 내가 음악에 대한 다른 말을 찾는다면, 나는 언제나 베네치아라는 말을 발견하게 될 뿐이다. 나는 눈물과 음악의 차이를 모른다. 나는 행복과 남쪽을 공포의 전율 없이는 생각할 수 없다.

다리에 서 있었다

최근 갈색의 밤에.

멀리서 노랫소리 들려왔다

떨고 있는 수면 위로 떨어지던

황금빛 물방울인가

곤돌라, 등불, 음악 —

취하여 바깥 황혼 속으로 헤엄쳐 갔다…

어 보자. "여기 앉아 나는 기다리고 또 기다렸다 — 무를, / 선악의 저편에서, 빛도 즐기고 / 그림자도 즐기며, 모든 것은 유희일 뿐 / 모든 것은 호수이고 정오이고 목표 없는 시간일 뿐. / 그때 갑자기, 나의 여인이여, 하나가 둘이 되었다 — / — 그리고 차라투스트라가 내 곁을 지나갔다…" 이 시는 정말 이편과 저편의 복잡한 문제를 여는 열쇠와 같다. 선악에 대한 구별이 있는 곳은 내세관이다. 그런 세상의 반대편인 저편, 그곳은 바로 현세다. 이편, 이곳이다. 이곳에 제대로 위치해 있을 때 초인이 곁을 지나가는 체험을 할 것이다. 니체의 구원 사상이다. 무를 기다릴 수 있을 때만 현상으로 나타나 주는 그런 이념이다. 그 어떤 목표에도 얽매이지 않을 때 공과 무로 가득 채운 범종의 소리가 들려오는 것처럼.

나의 영혼이, 하나의 현악기가,

보이지 않는 손길에 닿아 노래를 불렀다

은밀하게 곤돌라도 가세했다

오색영롱한 행복감에 떨면서

— 누군가 그것을 귀 기울여 들었을까? …

8.

이 모든 것에서, 영양 섭취, 장소와 풍토, 휴식의 선택에서, 자기 방어 본능으로서 스스로를 가장 명료하게 드러내는 자기 보존 본능이 명령을 한다. 많은 것을 보지도, 듣지도, 자기에게 다가서도록 내버려 두지도 말라는 것, 이것은 첫째가는 현명함이자, 우연이 아니라 하나의 어쩔 수 없는 것이라는 점에 대한 첫째가는 증거이다. 이런 자기 방어 본능에 대한 관용적 표현은 취향이다. 이것은 '자기 자신이 배제된 것'이 긍정을 의미할 때는 부정하라는 명령을 내릴 뿐만 아니라, 가능한 한 부정하지 말라고도 명령한다.[72] 지속적으로 다

---

72 '가능한 한 부정하지 말라'는 명령에 귀를 기울여 보자. 즉 니체 철학의 핵심은 모든 인간은 부정할 만한 소지가 있다는 가정이다. 그래서 극복이 운명처럼 따라다닐 수밖에 없는 존재라는 얘기다. 인간은 누구나 다 더러운 존재다. 하지만 스스로 더러운 존재가 되지 않기 위해서는 더러움 자체가 되는 수밖에 없다. "실로, 사람은 더러운 강물이렷다. 몸을 더럽히지 않고 더러운 강물을 모두 받아들이려면 먼저 바다가 되어야 하리라. / 보라, 나 너희에게 초인을 가르치노라. 초인이야말로 너희의 크나큰 경멸이 가라앉을 수 있는 그런 바다다."(『차라투스트라는 이

시 부정을 필요로 하는 곳으로부터 스스로를 격리시키고 분리하라고 명령한다. 아주 작은 방어적 지출이라 하더라도 여기서는 규칙이 되고 습관이 되어 버린, 그래서 엄청나면서도 전적으로 불필요한 빈곤을 유발시킨다는 합리적 이유에서다. 우리의 큰 지출은 가장 흔하게 거듭되는 작은 지출들이다. 방어하는 것, 다가서지-못하게-하는 것은 하나의 지출이다. 여기서 혼동하지 말아야 할 것은, 그것이 부정적인 목적들에게 낭비되는 힘이라는 것이다. 방어를 해야 한다는 지속적인 필요만으로도 더 이상 자기 자신을 방어할 수 없을 정도로 약해질 수 있다. 이렇게 가정해 보자. 내가 집 밖으로 나왔는데 고요하고도 귀족적인 토리노가 아니라 독일의 작은 도시를 발견했다고. 그러면 나의 본능은 이 무미건조해지고 비겁한 세계로부터 닥쳐오는 그 모든 것을 되돌려 놓기 위해 스스로를 폐쇄할 것이 틀림없다. 또는 내가 독일의 대도시를, 축조된 악습이며 아무것도 성장하지 않고, 온갖 것들이, 그것이 선하든 악하든 간에 몽땅 밀수입된 곳을 발견했다고 가정해 보자. 내가 가시를 곤두세운 고슴도치처럼 되지 않을 수 있겠는가? 하지만 가시를 갖는다는 것도 일종의

렇게 말했다.) 감당이 되면 된다. 바다는 다 받아서 바다다. 바다가 받아들일 수 없는 것은 없다. 그런 존재가 초인이다. 인간적인 것이라면 가능한 한 부정의 소리로 비탄할 것이 아니라 긍정의 소리로 환영하라는 것이다. 감당이 되면 그 어떤 사람하고도 사랑이라는 기적을 일궈 낼 수 있는 법이다. 그 어떤 소리도 내치지 않고, 경멸의 소리조차 가라앉을 수 있는 그런 깊은 내면을 가진 존재라면 사랑의 기적은 멀리 있지 않을 것이다.

낭비이고, 가시가 아닌 열린 손들이 주어질 때에는 심지어 이중의 사치가 되는 것이다….

또 다른 현명함과 자기 방어는 가능한 한 드물게 반응한다는 것에, 그리고 자기의 '자유'를, 자기의 주도권을 이를테면 내게서 떼어 내어 그저 시험해 보듯 하는 상태와 조건들을 멀리하는 것에 있다. 이에 대한 비유로 책들을 대하는 법을 들어 보겠다. 그저 여러 책들을 '뒤져 가며' 조사하는 학자나 하루에 대략 이백 권 정도가 적당하다고 말하는 문헌학자는 결국 스스로 생각하는 능력을 완전히 잃어 버리고 말 것이다. 책을 뒤지지 않으면, 생각도 하지 않는다. 그는 하나의 자극(하나의 읽은 생각들)에만 대답한다. 그가 생각한다면, 그것은 결국 오로지 반응을 하나 더하는 것일 뿐이다. 학자는 긍정과 부정을 말하는 데만, 즉 이미 생각된 것에 대해 비판하는 데만 자기의 모든 힘을 쏟는다. 그는 더 이상 스스로 생각하지 않는다…. 그에게 있어 자기 방어 본능은 지칠 대로 지쳐 버렸다. 그렇지 않다면 그는 책들에 저항했을 것이다. 학자는 일종의 데카당이다. 그것을 나는 내 눈으로 직접 보았다. 천부적 소질을 지니고 있고, 풍요로우며 자유롭게 태어난 본성의 소유자들이 삼십대에 이미 스스로 '망가질 정도로 독서'했던 것을. 불이 붙기 위해서, '생각'을 하기 위해서, 그저 누군가가 그어 주어야만 하는 그런 성냥개비였던 것을.[73] 날이 밝

---

73 성냥개비 같은 존재는 지극히 의존적인 존재에 대한 비유다. 스스로는 불을 붙일 수 없는, 그

아오는 이른 아침부터, 그 모든 것이 신선한 그때, 자기 자신의 힘이 아침놀을 맞이할 때, 한 권의 책을 읽는다는 것, 이것을 나는 나쁜 습관이라고 부른다! - -

9.

- - 이 대목에서 어떤 변화를 겪어서 어떤 사람이 되었는지에 대한 질문에 진정한 대답을 하는 것을 더 이상 피할 수는 없다.[74] 그

래서 늘 외부의 영향을 기다리기만 하는 그런 존재로서 말이다. 생각하는 존재가 책, 즉 독서를 통해 위로와 휴식의 기회를 찾는 것은 어쩔 수 없는 일이라 하겠다. 하지만 삶 자체가 휴식을 목적으로 해서는 안 될 일이다. 생각하는 존재는 스스로 생각하는 존재로 거듭나야 마땅하다. 스스로 생각하기! 생각으로는 뭐든지 할 수 있다고 한다. 그렇다면 뭐든지 할 수 있는 그런 존재가 되어야 마땅하다. 그 어떤 것을 믿는다는 것은 스스로를 틀 속에 가둬 놓고 마는 우를 범하는 꼴이 되고 만다. "절대적 진리가 없는 것과 마찬가지로 영원한 사실도 없다."(『인간적인 너무나 인간적인』) 생각은 진리를 추구하고 사실을 알고자 한다. 그것은 생각에 주어진 필연성이라 할 수 있겠다. 하지만 그 진리와 사실은 시간과 공간을 달리하면서 다양할 수 있어야 한다. 그것에서 다양할 수 있는 기회조차 박탈하는 것은 생각에게서 자유라는 미덕을 빼앗는 꼴이 되고 만다. 생각의 자유, 그것은 생각하는 존재가 감당해야 할 최고의 덕목이기도 하다.

74 '어떤 변화를 겪어서 어떤 사람이 되었는지'는 부제목이기도 하다. 이것은 니체가 자서전을 쓰는 이념이다. 분명 변화는 있었고, 그런 변화의 결과가 니체라는 현상을 만들어 냈다. 모든 현상은 해석을 요구한다. 의미를 요구한다. 의미가 부여되고 해석되지 못한 모든 것은 우연이란 이름으로 삶을 괴롭힐 뿐이다. 알면 쉽다. 모르니까 어려운 것이다. 길을 알면 미궁 속에서도 놀이동산에서처럼 놀 수 있다. 아무리 복잡한 문제도 알면 식은 죽 먹기다. 모르면 아무리 간단한 문제도 골머리를 앓을 수밖에 없다. 스핑크스는 사람에게 정답이 사람인 질문을 했다. 아침에는 네 발로, 점심에는 두 발로, 저녁에는 세 발로 걷는 게 무엇인가? 사람이다. 그 질문을 사람한테 했다는 게 재밌다. 소크라테스는 아폴론 신전에 적혀 있었다는 '네 자신을 알라'라는 문구를 자기 철학의 대전제로 삼았다. 사람이 자기 자신을 알면 이런 말이 생겨날 이유가 없다. 싯다르타도 생로병사의 문제를 가슴에 품고 출가했다. 깨달음을 얻었을 때도 생로병사의

리고 이것으로 나는 자기 보존 기술의 걸작을 잠시 언급하게 된다. 즉 이기심을…. 그러나 만약 이 과제, 즉 과제의 예정된 목적과 운명이 평균적인 정도를 분명하게 넘어서 있다고 가정한다면, 자기 스스로 이 과제와 직면하는 것보다 더 큰 위험은 없을 것이다. 사람이 변화를 겪어서 어떤 사람이 되었다는 것은 자기가 누군지는 전혀 눈치채지 못하고 있다는 것을 전제한다. 이런 관점에서 보면 삶의 실수들조차, 예를 들어 가끔씩 옆길로 샌다든지, 잘못된 길로 접어든다든지, 망설인다든지, '겸손하게 대한다든지', 즉 이 과제와는 전혀 상관없는 과제들에 쏟아 내는 잘못된 진지함 등도 나름대로의 의미와 가치를 갖게 된다. 여기서 하나의 위대한 영리함이, 심지어 최고의 영리함이 모습을 '드러낼' 수 있다. 노스체 테 입숨Nosce te ipsum(너 자신을 알라)이 몰락을 향한 처방이 될 경우에는 자기 망각, 자기 오해, 자기 왜소화, 자기 협소화, 자기 평범화조차 이성적인 것이 된다. 도덕적으로 말하자면, 이웃 사랑, 즉 다른 사람들과 다른 것들을 위한 삶은 가장 강한 자아를 유지하기 위한 방어 조치일 수 있다. 이

이념을 인식했을 뿐이다. 태어나고 늙어 가고 병들고 죽는 게 깨달음의 진정한 대상이다. 그 간단한 것조차 모르고 사는 게 평범한 우리의 삶이라는 것이다. 니체는 여기에 도전장을 내민다. 그 삶에 대한 대답을 들려주고자 한다. 천국에서의 영생에 대한 이론이 아니다. 아무도 증명할 수 없는 허무한 생각이 아니다. 뜬 눈으로도 보지 못하는 삶의 현장을 인식시키려 할 뿐이다. 봄 여름 가을 겨울. 그 의미를 가르치고 싶을 뿐이다. 변화는 삶의 본질이다. 변화는 운명이다. 그것을 깨달을 때 우리 모두는 어떤 존재가 되어 있을까? 성자가 되어 있을까? 니체의 대답이라면 초인일 것이다.

것은 예외적인 경우로서, 이런 경우에 나는 나의 법칙과 확신에 반대하여 '자기 자신이 배제된' 충동을 따르는 정당의 편을 든다.[75] 이때 그 충동들은 이기심과 자기 도야라는 차원에서 봉사하며 일을 한다. 사람들은 의식의 모든 표면을, 의식은 표면이다, 그 어떤 위대한 명령들로부터도 순수하게 유지해야만 한다. 모든 위대한 말들과 모든 위대한 태도에 대해서 조심해야 한다! 본능이 너무 일찍 '스스로를 알아차리는' 것도 위험할 뿐이다. ― ― 그러는 사이에 조직하고 지배하도록 소명된 '이념'이 의식의 깊은 곳에서 자라고 또 자란다. 그것은 명령하기 시작하고, 그것은 서서히 옆길과 잘못된 길에서 되돌아오게 하며, 그것은 언젠가는 전체를 위한 수단으로서 필요 불가결한 것으로서 증명될 개별적인 성질들과 유능함을 준비하게 한다. 그것은 '목표', '목적', '의미' 등 어떤 지배적인 과제에 대해 무엇인가를 말하기 전에 거기에 봉사하게 될 모든 능력을 먼저 순차적

---

75 앞서 니체는 「나는 왜 이렇게 현명한지」의 1번 글에서 '정당의 자유'라는 개념을 언급한 적이 있다. 그때 정당은 삶을 위한 정당이었다. '인생 정당'이었다. 허무주의가 지향하는 정치 이념이었다. 그런데 자기 자신이 자기 자신의 모습을 상실하고 있을 때, 예를 들어 대중의 흐름 속에 섞여 유행따라 변해 가고 있을 뿐이라면, 그 모습을 스스로 거부할 수도 있어야 한다. 이런 상황에서 취할 수 있는 처방이라면 오히려 정반대의 이념을 지향하고 있는 정당, 즉 니체의 생철학적 허무주의 이념과는 정반대의 소리를 내뱉고 있는 정당, '자기 자신이 배제된' 충동을 지향하는 정당의 편을 따르는 것이다. 자기가 자기가 아니라면 과감하게 자기 자신을 버리고 이웃 사랑의 이념으로 살아 보는 것이다. 마치 괴테가 알프스를 넘으며 대자연의 위대함을 발견함과 동시에 질풍노도의 위기를 극복하고 균형과 조화라는 고전주의 이념으로 넘어가는 것과 같은 원리다. 자기 자신의 고통보다는 인류의 고통을 직시하면서 내면의 문제를 극복해 내는 그런 과정을 밟아 보는 것이다.

으로 형성하게 한다. ― 이런 측면에서 바라볼 때 나의 삶은 그저 기적과 같다.[76] 가치의 가치전도라는 과제를 위해서는 아마도 한 개인이 습관적으로 가지고 있는 것보다 더 많은 능력이, 무엇보다 서로를 방해하지도 파괴하지도 않는 능력들의 대립이 필요했을 것이다. 능력들의 등급을 정하는 것, 거리감을 유지하는 것, 적대시키지 않으면서도 분리하는 기술, 아무것도 아무렇게나 섞어 놓지 않고, 아무것도 대충 '화해시키지' 않는 기술, 어마어마한 다양성이지만 그럼에도 불구하고 카오스와는 반대되는 것, 이것이야말로 본능의 전제 조건이자, 오랫동안의 비밀스러운 작업이자 예술가적인 수완이었다.[77] 나의 본능의 고등한 보호책은 어떤 경우에도 내 안에 무엇이

---

76 자기 삶에 대한 긍정적 인식은 허무주의 철학의 대전제다. 부정은 긍정을 전제할 때에만 의미를 부여받는다. 파괴는 창조를 전제할 때에만 의미가 있는 것이다. 삶에 대한 극단적인 긍정이 바로 디오니소스적 긍정이며, 그런 긍정의식이야말로 니체 철학의 뿌리를 이루는 이념이다. 사랑하니까 증오할 수 있는 것이다. 사랑하니까 싸움도 할 수 있는 것이다. 좋으니까 더 좋게 해 보려고 애를 쓰는 것이다. 좋아한다면 무관심하게 내버려 둘 수는 없다. 좋아하면서도 무관심할 수 있다? 이런 말장난은 좀 그만하자. 삶을 사랑한다면 삶에 대해 치열해질 수밖에 없다. 가끔 허무주의 철학을 일상생활에서 실천해 보고자 한다면 금방 눈치챌 것이다. 거의 불가능한 것을 요구하고 있다는 사실을. 마치 "항상 기뻐하라 쉬지 말고 기도하라 범사에 감사하라"(데살로니가전서5:16-18)는 성경 구절처럼 오로지 삶에 대해서만 그렇게 생각하고 고민하라는 것이다. 항상 그럴 수 있는가? 쉬지 않고 그럴 수 있는가? 매사에 그럴 수 있는가? 이 말이다. 극단에는 천국에서 이루어질 영생을 향한 동경이 있다면, 또 다른 극단에 오로지 대지의 뜻으로 충만한 허무주의적인 동경이 있다. 지금과 여기에 대해서 절대적인 확신과 긍지로 대하는 그런 결단 말이다.

77 니체는 자기 삶을 예술적으로 살아 달라고 호소한다. 그에게 있어 예술적인 삶이란 창조적으로 사는 것을 의미한다. 없던 삶. 혹은 없는 삶은 무엇이고 또 없던 것이 창조되어 실제로 존재하게 된 삶은 무엇인지에 대해 고민하지 않을 수 없다. 예술가가 된다는 것은 자기 자신에게 수많은 능력을 요구하는 삶이나 다름없다. 진정한 창조는 기존의 것을 모두 부정할 수 있

자라고 있는지 결코 예감조차 하지 않을 만큼 강력했다. 나의 모든 능력은 갑자기 성숙해졌다. 그것은 궁극적인 완성의 형태로 하루아침에 튀어나왔다. 내 기억에는 내가 뭔가 하려고 애를 써 본 적이 없는 것 같다. 나의 삶에서는 어떤 투쟁의 특징도 증명될 수 없다. 나는 영웅적인 본성과는 반대된다. 어떤 것을 '원하고', 어떤 것을 '추구하며', 하나의 '목적'과 하나의 '소망'을 주목하는 것, 이 모든 것을 나는 나의 경험상으로는 알지 못한다. 지금 이 순간에도 나는 나의 미래를 바라보고 있다. 마치 매끈한 바다에서 솟아오르는 하나의 광대한 미래를![78] 어떤 욕망도 그 바다 위에 잔물결을 일으키지 않는

을 때 실현된다. 과거의 것을 조금이라도 받아들일 경우, 그것은 결코 창조된 것이라고 말할 수 없다. 오히려 그것은 그저 일종의 모방된 것의 결과물에 지나지 않을 뿐이다. 자기 삶을 예술적으로 산다는 것은 그래서 힘든 것이다. 아무나 해낼 수 있는 그런 삶이 아니다. 스스로 몰락의 길을 걸을 수 있는 용기 있는 자의 것이다. 파괴를 감당할 수 있는 강심장을 가진 자의 몫이다. 신으로부터 버려지는 운명까지도 견뎌 낼 수 있는 자의 것이다. 임마누엘(Immanuel. 신이 우리 곁에 있다)이라는 말을 하면서도 자기 곁에서 오로지 자기 자신만을 확인할 수밖에 없는 황량한 고독을 인정할 수 있는 자의 것이다. 그런 자에게 주어지는 것은 운명적으로 주어진 길뿐이다. 결코 쓰러지거나 굴복해서는 안 되는 그런 길이다. 끝까지 견디며 걸어가야 할 길이다. 오로지 자기 자신만이 걸어갈 수 있는, 자기 자신만의 길이기 때문이다.

78 바다에서 솟아오르는 미래는 태양을 나타내는 비유다. 니체가 태양을 바라볼 때 어떤 생각을 했을까? 니체의 시선으로 태양을 한번 바라보자. 그리고 미래라는 단어를 떠올려 보자. 『차라투스트라는 이렇게 말했다』를 시작하는 첫 번째 장에서 니체는 태양의 몰락을 언급했었다. 빛이 없는 곳에 빛을 주러 가는 그런 태양의 존재처럼 자기 자신도 몰락하고 싶다는 의지를 밝혔다. 그런 몰락이라면 운명처럼 당연하게 받아들이겠다는 것이다. 일몰과 함께 시작했던 그의 작품은 일출과 함께 마감한다. 마지막 말이다. "나의 아침이다. 나의 낮의 시작이다. 솟아올라라, 솟아올라라, 너, 위대한 정오여!" 그런 태양이 떠오르고 있다. 새로운 미래를 알리고 있다. 새로운 가능성의 바다가 곁에 있다. "네 곁에는 대양이 있다."(『즐거운 학문』) 이제는 모험 여행을 떠날 시간이 되었다. 주눅 들고 기죽어 있을 때가 아니다. 바람으로 가득 채운 돛처럼 가슴속에 신선한 바람을 채우고서 전진할 때가 된 것이다.

다. 나는 사소한 것에서도 어떤 것이 자기의 모습과 다르게 되는 것을 원하지 않는다. 나 자신도 다르게 변하고 싶지 않다. 언제나 나는 그렇게 살아왔다. 나는 어떤 소망도 가져 본 적이 없다. 44년을 살고 나서도 자기 자신이 결코 명예와 여자와 돈 때문에 애를 써 본 적이 단 한 번도 없었다고 말할 수 있는 사람이다! 그것이 내게 결여되지 않아서가 아니었다…. 예를 들어 나는 한때 대학교수이기도 했다. 나는 그렇게 되리라고 단 한 번도 생각해 보지 않았다. 게다가 내 나이 그때 겨우 스물네 살이었기 때문이다. 그리고 그보다 2년 전에는 나는 한때 문헌학자였다. 어떤 의미로든 나의 시작을 의미했던, 나의 첫 번째 문헌학적 논문이 나의 스승인 리츨에 의해 그의 잡지 『라이니셰스 무제움Rheinisches Museum』에 게재가 요청되었다는 것도 예상치 못했다(리츨에게 경의를 표하는 바이다. 그는 내가 오늘날까지 대면했던 학자들 중에서 유일하게 천재적인 학자였다. 그는 우리 튀링겐 사람들에게서 특징적이고 심지어는 어떤 독일인도 공감하는 그런 기분 좋은 타락을 자기 안에 품고 있었다. 우리 자신은 진리에 이르기 위해 뒷길을 더 선호한다.[79] 이런

___

79 타락과 뒷길은 자유의 전유물이다. 스스로 타락할 수 있다는 것, 모두가 다 아는 길을 가기보다는 오히려 뒷길을 선택하여 갈 수 있다는 것은 강한 정신의 특징이다. 니체는 자신이 '좋아하는 것'을 시의 형식으로 고백한 바 있다. 즉 그것은 "나를 잠시나마 잊고 / 아름다운 옆길로 빠져 생각에 잠기는 것 / 이윽고 나를 먼 곳에서 집으로 불러들이는 것 / 나 자신을 자기 자신에게로 유혹하는 것"(『즐거운 학문』)이라고. 잠시 옆길로 가 보는 것도 나쁠 것은 없다. 오히려 그때 새로운 인식이 주어질 수 있기 때문이다. 차라투스트라는 말한다. "참된 웃음을 웃는 자, 성급하지 않은 자, 무조건적이지 않은 자, 도약과 탈선을 좋아하는 자"(『비극의 탄생』)가 바로 자기 자신이라고. 그래서 니체는 초인의 현상으로 춤을 자주 언급했던 것이다. 춤을 출 수 있어

말을 한다고 해서 내가 나와 가까운 동향인인 영리한 레오폴트 폰 랑케를 평가

절하하고 싶어 하는 것은 결코 아니다…).[80]

10.

— 사람들은 내가 왜 이 모든 사소한 것들과 인습적인 판단으로
는 별로 중요하지 않은 사항들에 대해 이야기했는지 묻게 될 것이
다. 만약 내가 위대한 과제를 대변하도록 운명 지어져 있다고 한다
면 나는 더욱 나 자신에게 해를 입히게 될 것이다. 이 모든 사소한
것들, 그러니까 영양 섭취, 장소, 기후, 휴식, 이기심에 대한 해석 전

야 한다. 틀에 박힌 행동을 반복하는 것이 아니라, 모든 것에서 벗어나 황홀한 춤을 출 수 있
어야 한다. 그때 마침내 삶의 의미가 주어질 것이기 때문이다.

80 프리드리히 리츨(Friedrich Ritschl, 1806~1876)는 독일의 문헌학자다. 그는 고전 문헌학으로 본
(Bonn) 대학을 중심으로 하는 학파를 설립했다. 그가 세운 이 본 학파가 주력했던 부분은 무엇
보다도 텍스트 비평(Textkritik)이었다. 리츨은 개신교 목사의 아들로서 마르틴 루터가 수도사
로 있었던 에어푸르트(Erfurt)와 그의 95개조의 반박문을 공개함으로써 종교개혁의 시발점을
알렸던 비텐베르크(Wittenberg)에서 김나지움을 나왔고, 1825년부터 라이프치히 대학의 문헌
학과에서 공부했다. 1839년 본 대학의 교수가 된 그는 거기서 약 26년 동안 고전 문헌학을 가
르쳤다. 본 대학 시절의 거의 막판에, 1865년에 그는 니체라는 애제자를 맞이하게 된다. 교수
직과 관련하여 정치권의 개입이 노골적으로 드러났던 사건, 즉 '본 대학의 문헌학자들의 전쟁
(Bonner Philologenkrieg)'이라 불렸던 학과 내의 갈등을 피해 라이프치히(Leipzig) 대학으로 옮
겨 갈 때에도 니체는 그를 따라갔다. 이때부터 리츨은 니체의 학문적 후견인이 되어 스위스
바젤(Basel) 대학의 문헌학과에 첫 번째 교수가 되도록 물심양면으로 도와준다. 리츨은 라이프
치히 대학에서 1875년까지 강의를 했고, 그곳에서 70세의 나이로 영면에 든다. 그가 모아 놓
았던 자료들, 특히 고대와 관련한 6천여 편에 달하는 논문들은 1878년 영국의 케임브리지 대
학 도서관으로 기증되었고, 이로 인해 그곳에 '리츨 컬렉션(Ritschl Collection)'이 형성될 수 있
는 계기가 마련되었다.

부는 사람들이 지금까지 중요하다고 간주했던 모든 것보다 상상을 초월할 정도로 훨씬 중요하다. 바로 여기서 사람들은 다르게 배우는 일을 시작해야만 한다. 인류가 지금까지 진지하게 숙고해 왔던 것, 그것은 단 한 번도 현실이 아니었다. 그것은 그저 상상이었다. 엄격하게 말하자면 병들고 가장 심각한 의미에서 해로운 본성의 나쁜 본능들에서 나온 거짓들이었다. '신', '영혼', '덕', '죄', '피안', '진리', '영생' 등과 같은 모든 개념이…. 그러나 사람들은 바로 그런 것들에서 인간 본성의 위대함과 '신성'을 추구했던 것이다…. 가장 해로운 인간들이 위대한 인간이라고 받아들여지고, 또 바로 그 '사소한' 것들이 삶의 근본적인 문제 자체임을 말하기보다 오히려 경멸하라고 가르쳐지는 것에 의해 정치, 사회 질서, 교육 등과 같은 모든 문제가 그 근본과 토대에 이르기까지 완전히 위조되고 말았다…. 현재 우리가 직면하고 있는 문화는 비할 수 없을 만큼 애매하다…. 독일의 황제는 마치 교황이 삶에 대한 불구대천의 증오를 대변하는 자가 아니라는 듯이 교황과 타협하고 있다! … 오늘 지어진 것은 3년만 지나도 더 이상 존속하지 않게 될 것이다. 내 뒤에 따라올 혁명이나 그 비할 바 없는 건축에 대해서는 말하지 않더라도, 내가 무엇을 할 수 있는가에 의거해서만 나를 측정해 보더라도, 위대함이라는 단어에 대해 그 어떤 죽어 가는 인간보다 내가 더 많은 요구를 하고 있다는 게 사실이다. 지금까지 최고의 인간이라고 존경받아 왔던 자들과 나를 비교해 보면 그 차이는 손에 잡힐 만큼 분명해진다.

나는 소위 말하는 '최고의' 인간들을 오히려 인간도 아니라고 평가하는 바이다. 나에게 있어 그들은 인류의 쓰레기이며, 질병과 복수욕에 불타는 본능에서 나온 나쁜 소산물이다. 그들은 그저 치유 불가능한 자들이다. 근본적으로 치유가 불가능한 비인간들이다. 그들은 삶에 대해 복수를 꾀하고자 할 뿐이다…. 나는 이런 자들에 대항하는 대립자이기를 자처한다. 나의 특권은 건강한 본능의 모든 표시를 감지해 내는 최고의 섬세함을 갖추고 있다는 것이다. 나에게는 모든 병적인 특징이 결여되어 있다. 나는 심각하게 아팠을 때조차 병들지 않았다. 나의 본질에서 어떤 광신주의와 같은 특징을 찾으려 하는 것은 부질없는 짓이다. 사람들은 나의 삶의 어떤 순간으로부터도 주제넘게 우쭐대거나 격앙된 어떤 태도를 입증해 낼 수 없을 것이다. 격앙된 태도는 위대함에 속하지 않는다. 누군가 어떤 태도를 필요로 한다면 그는 가짜다…. 모든 피토레스크한 인간들을 주의하라![81] — 내게 삶은 가벼워졌다. 삶이 내게 가장 어려운 것을

---

81 피토레스크(pittoresk)는 '그림처럼 아름다운(malerisch schön)'이란 뜻이다. 어원은 라틴어의 픽토르(pictor)이고, 그 의미는 화가(Maler), 즉 그림을 그리는 사람을 뜻한다. 여기서 니체가 말하는 '피토레스크한 인간들'은 말 그대로 '그림처럼 아름다운 인간들'이다. 그들은 신비로울 정도로 아름답지만 비현실적일 뿐이다. 현실성이 결여된 인간들이다. 그것을 두고 아름답다고 말하는 사람들은 모두 비현실적인 것에 매료되어 있을 뿐이다. 바로 여기에 허무주의 철학이 직면한 심각한 문제가 도사리고 있다. 눈에 보이는 것을 인정하는 것이 그토록 어렵다는 말이 되기도 하기 때문이다. 눈에 보이는 것은 생로병사처럼 받아들이기 힘든 것들이다. 불교에서는 우리가 사는 이 세상을 '사바세계'라고 한다. 참고 견디는 세계 혹은 참고 견뎌야 하는 세계란 뜻이다. 생로병사는 참고 견뎌 내야 할 대상에 해당한다. 누구나 흰 머리카락을 새치로 간주하고 싶고, 늘어나는 주름살은 수술을 해서라도 감추고 싶어 한다. 이 '누구나'가 가질 법한

요구했을 때 삶은 내게 가장 가벼워졌다. 이 가을의 칠십일 동안 나를 봐 왔던 사람은 내게서 그 어떤 긴장의 기미도 느끼지 못했을 것이다. 오히려 흘러 넘치는 상쾌함과 쾌활함만을 느꼈을 것이다. 왜냐하면 나는 그동안 어떤 인간도 흉내 내지 못할, 또는 시범도 보이지 못할, 순전히 오직 최고 단계의 것들만을 중단 없이 만들어 왔기 때문이다. 그것도 내 다음의 모든 세기에 대한 책임감으로 임해 왔다. 나는 더 좋은 기분으로 식사를 해 본 적이 단 한 번도 없다. 나는 더 잘 잔 적도 결코 없다. 나는 위대한 과제를 대하는 방법으로 놀이보다 더 좋은 것을 알지 못한다.[82] 이것이야말로 바로 위대함의 징표이자, 본질적인 전제 조건이다. 경미한 압박감, 우울한 표정, 거친

이 감정에 맞설 수 있는가? 신은 있을 것만 같다. 천국은 온갖 좋은 상상력이 동원되어 화려하기만 하다. 그런데 니체는 묻고 있는 것이다. 신 없이 살 수 있냐고. 신 대신 스스로 신이 될 수 있냐고. 천국 대신 대지에 몰두할 수 있냐고. 하나님의 뜻 대신 대지의 뜻에 귀를 기울일 수 있냐고. 피토레스크, 즉 그림처럼 아름다운 환상을 생각할 수 있는 이성적 존재가 목숨을 걸고 싸워야 할 대목은 바로 현실이다. 신적인 존재를 생각해 낼 수 있는 존재가 그것이 망상에 불과하다는 인식을 받아들일 수 있느냐의 문제다. 신은 있을 것만 같다. 없다고 말하는 게 더 잔인한 거짓말 같기도 하다. 허무주의 철학은 진정 잔인한 철학이다. 하지만 자기 자신을 찾게 해 주고, 그 자기 자신을 신으로 만들 수 있는 비결까지 알려 주는 인간적인 복음의 철학이다.

82 니체에게 있어서 놀이는 삶에 대한 지혜다. 놀 수만 있다면 삶은 아무 문제없다. 놀 수 없을 때 답답함과 불안감은 고조된다. 놀이는 재미가 동반되어야 가능하다. 재미가 없으면 놀 수 없다. 무엇이 됐든 간에 재미가 있으려면 그것을 잘 해낼 수 있어야 한다. 잘 할 수 없으면 재미가 있을 수 없다. 그렇다면 삶에 대한 놀이는 과연 어떤 현상일까? 삶을 어렵다고 말하는 자에게 재미는 없을 것이고, 재미가 없다면 놀 수도 없다. 살아도 사는 게 아닌 그런 삶이 펼쳐질 것이다. 생지옥이 따로 없다. 니체는 이런 삶을 지양해 보고자 허무주의 철학을 펼치고 있는 것이다. 놀이라는 이 개념 하나로 이미 니체는 많은 것을 말하고 있다.

목소리, 이런 것들은 모두 한 인간에 대한 이의 제기이다. 그리고 그의 작업에 대해서는 훨씬 더 강한 이의 제기가 된다! … 신경을 써서는 안 된다….[83] 고독 때문에 괴로워하는 것 역시 하나의 이의 제기다. 나는 언제나 오로지 '다수' 때문에 괴로워했다….[84] 말도 안 될 정도로 아주 이른 시기에, 거우 일곱 살이 되었을 때, 나는 이미 알고 있었다. 인간적인 말은 한마디도 내게 결코 와닿지 않으리라는 점

---

83 쇼펜하우어는 "근육은 쓰면 쓸수록 더욱 강해지지만 신경은 반대로 많이 쓸수록 점점 약해진다"는 명언을 남겼다. 근육은 사용 횟수와 정비례하지만, 신경은 반비례한다는 것을 아는 것도 지혜. 생철학은 삶에 대한 지혜를 얻는 데 목적을 둔다. 철학을 하는 이유는 잘 사는 데 있는 것이다. 여기서 말하는 잘 사는 것의 이념을 깨닫는 게 철학의 목적인 셈이다.

84 사실 독일어로 읽으면 비교가 확실하게 보인다. 고독은 아인잠카이트(Einsamkeit)를, 다수는 필잠카이트(Vielsamkeit)를 번역한 것이다. 아인잠카이트는 이미 있는 말이지만, 필잠카이트는 니체가 만들어 낸 말, 즉 조어(造語)에 해당한다. 접두어 아인(ein)은 하나란 뜻이고, 필(viel)은 많다는 뜻이다. 그러니까 아인잠카이트가 고독의 뜻이라면, 필잠카이트는 분명 고독의 반대말이 되는 것이다. 고독의 반대말? 그것이 무엇일까? 의역하면 다수의 개인으로 이루어진 군중이 될 수도 있다. 니체가 즐겨 인용했던 디오게네스라는 광인의 철학자가 기억난다. 그는 냉소주의 철학자로서 대낮에 등불을 들고 시장에서 사람을 찾았다고 한다. 모순이다. 대낮에 등불은 필요 없다. 사람들로 가득 찬 시장에서 사람을 찾는 것도 웃기는 일이다. 하지만 그가 찾는 사람은 누굴까? 이게 핵심이다. 니체는 미래의 인간을 찾고 있다. 단 한 번도 존재한 적이 없는 초인이라는 인간을. 그를 위해 우리는 등불이 필요할 뿐이다. "현대의 디오게네스 — 인간을 찾기 전에 등불을 찾아 두어야만 한다. — 그것이 키닉 학파의 등불이어야만 할까?"(『인간적인 너무나 인간적인』) 초인은 현대 이후의 인간상이다. 현대인은 아직 감도 잡지 못하는 실정이다. 현대를 극복할 생각조차 하지 못하는 사람들이 많다. 현대의 틀에 갇혀 옴짝달싹을 하지 못한다. 오히려 현대를 변호하기까지 한다. 자기 자신은, 즉 현대인은 문제가 없다고 외쳐 댄다. 하지만 니체는 현대의 한계를 보았다. 그래서 현대가 정상이라면 결국 비정상을 택할 수밖에 없다. 현대가 인간적이라면 비인간적인 길을 걷겠다고 다짐한다. 창조의 길은 이런 길이다. 인정하기보다는 부정하면서 자기만의 길을 걸어갈 용기가 요구되는 삶이다. 예술의 길이다. 모든 예술이 비이성에서 시작하여 이성으로 인정받게 되는 것처럼, 니체는 비인간적인 것에서 출발하고자 한다. 그러면서 결국 그것이 인간적인 것임을 증명하고자 한다.

을. 그렇다고 해서 내가 우울해하는 것을 단 한 번이라도 보았는가? 나는 오늘도 모든 사람에 저항해 똑같이 상냥하게 대하고 있다.[85] 나 스스로는 가장 미천한 자들까지도 충분히 영예롭게 만든다. 이 모든 일에 교만도 은밀한 경멸도 들어 있지 않다. 내가 누군가를 경멸하면, 그는 내가 경멸한다는 것을 알아차릴 것이다. 나는 몸에 나쁜 피를 지니고 있는 모든 것에 대해 오로지 내 현존재로만 반항한다…. 인간의 위대함에 대한 나의 공식은 아모르 파티amor fati(운명을 사랑하라)이다.[86] 이것은 앞으로도, 뒤로도, 영원토록 다른 것은 결코

---

85 니체가 사는 방법이다. 공자의 『논어(論語)』「자로(子路)」 편에 나오는 화이부동(和而不同)의 정석이다. 차라투스트라도 끊임없이 만남과 이별을 반복한다. 만날 땐 미궁 속으로 들어가듯이 용감해야 한다. 어떤 우연을 마주하더라도 당황하거나 주눅 들어서는 안 된다. 우연이란 용(龍)을 때려잡을 요량으로 다가서야 한다. 그리고 떠날 땐, 설혹 그것이 자기 인생이라 하더라도 축제하는 마음으로 떠나야 한다. "사람들은 오디세우스가 나우시카와 이별했을 때처럼, 그렇게 삶과 이별해야만 한다. — 연연하기보다는 축복하면서."(『선악의 저편』) 만남과 이별은 삶의 흐름을 알려 주는 현상이다. 그것에 임할 때는 그저 진실한 마음을 필요로 할 뿐이다. 가식적으로, 누구의 눈치를 보면서 사는 것을 요구하는 게 결코 아니다. 핑계를 대는 것은 니체가 원하는 삶이 아니다. 그런 상황에서조차 그 필연성을 찾아내는 지혜가 요구될 뿐이다.

86 니체 철학이 도달하는 마지막 지점이다. 한계에 도달해서 넘어설 것인가 인정할 것인가의 문제이다. 그것이 한계로 인식되지 않는다면 넘어서야 마땅하다. 그때 한 걸음조차 위대함이 실릴 것이다. 하지만 더 이상 넘어설 수 없을 때, 그것은 운명이 된다. 운명과 마주했을 때는 주저앉아 굴복하며 비탄에 젖을 일이 아니라, 끌어안고 사랑을 해 주라는 것이다. 즉 니체 철학은 극복의 이념과 아모르 파티의 이념이 마치 동양의 음양 사상처럼 서로가 서로를 필요로 하며 돌고 돈다. 한쪽에서는 계속해서 넘어서라고 윽박지르고, 다른 한쪽에서는 사랑이라는 말로 위로를 해 준다. 극복하고 넘어설 힘이 있다면 하루에도 열 번씩 극복하라! "낮 동안 너는 열 번 네 자신을 극복해야 한다."(『차라투스트라는 이렇게 말했다』) 하지만 더 이상 넘어설 수 없을 때는 그것이 자기 자신의 운명인 줄 알고 사랑을 실천해야 할 때다. 예를 들어 삶은 물론이고 죽음까지도 싫어하거나 증오의 대상으로 여기지 말고 오로지 진심으로 사랑하고 품어 주어야 할 대상으로 간주해 달라는 것이다.

갖고 싶어 하지 않는다는 것을 의미한다. 필연적인 것을 단순히 견
뎌 내기만 하는 것이 아니라, 오히려 그것을 사랑하는 것을. 그것을
숨기는 짓은 더더욱 하지 않으며, 모든 이상주의는 필연적인 것 앞
에서는 그저 허위일 뿐이니까….

왜 나는
이토록 좋은 책들을 쓰는지

1.

하나는 나 자신이고, 다른 하나는 나의 글들이다. 이 글들에 대해 말하기 전에 여기서 나는 먼저 이것들이 이해되고 있다는, 혹은 이것들이 이해되고 있지 않다는 문제를 다뤄 보고자 한다. 하지만 나는 이것을 그저 적당할 정도로만 소홀히 다룰 것이다. 왜냐하면 이 문제를 다루기에는 아직 때가 무르익지 않았기 때문이다. 나 자신의 때도 아직 오지 않았다. 몇몇 사람들은 죽은 후에 태어나기도 한다. ─ 언젠가는 내가 살았던 삶과 가르침대로 사람들에게 살도록 하고 그렇게 가르치게 될 기관들이 필요하게 될 것이다. 어쩌면 심지어 『차라투스트라는 이렇게 말했다』를 해석해 내는 일에만 종사하는 교수직들도 만들어질 것이다. 하지만 오늘 벌써 내가 나의 진리들을 위한 귀와 손들을 기대한다면, 그것은 나와는 완전히 모순되는 일이리라.[87] 오늘날 사람들은 내 말을 듣지 않는다. 오늘날 사람들은 내게서 뭔가를 받아들일 줄 모른다. 이것은 당연한 일일 뿐 아

---

87 몇 줄 아래에 다시 한번 '손'에 대한 비유가 반복해서 등장한다. 니체는 여기서 자신의 책을 손에 들고 독서에 임하는 그런 상황을 염두에 두고 있다. 귀와 손들. 그것은 자신의 책을 읽으며 자신의 음성을 들어주는 이상적인 상황을 두고 하는 말이다. 아무리 좋은 책이라 하더라도 손에 들리지 않고 읽히지 않는다면 아무 소용없다. 일단 손에 들고 읽어야 한다. 설혹 니체가 그토록 경계하라고 하는 성경까지도. 다만 성경을 읽을 때는 장갑을 끼라고 권고할 뿐이다. "『신약성서』를 읽을 때는 장갑을 끼는 게 좋다."(『안티크리스트』)는 것이다. 성경만 견뎌 낼 수 있다면 그 어떤 것도 견뎌 낼 수 없는 게 없다고도 말한다. "『신약성서』를 읽고 나면 온갖 책이 다 깨끗해 보인다."(『안티크리스트』)

니라, 내가 보기에는 정당한 것 같기도 하다. 나는 혼동되고 싶지 않다. 이 말 속에는 나도 나 자신을 혼동하고 싶지 않다는 의도도 포함되어 있다. 다시 한 번 말하지만, 나의 삶에서 '악의'는 거의 입증될 수 없다. 문학적인 '악의'에 대해서라고 하더라도 나는 어떤 경우에서든 결단코 이야기할 줄 모른다. 그와는 반대로 순수한 바보에 대해서는 할 말이 너무도 많다…. [88] 누군가가 내 책 한 권을 손에 든다

---

[88] 니체에게 있어서 '순수한 바보'는 신을 믿는 그런 신앙을 가진 자를 지칭한다. 믿는다는 행위 자체는 이미 다른 가능성들을 모두 배제하는 배타적인 태도임을 입증하는 것이다. 즉 다른 것은 모른다는 얘기다. 알아도 감당할 수도 없다. 차라리 모르는 게 낫다. 이런 게 신앙을 가진 자들의 태도다. 다른 어떤 것도 인정한다면 그것은 진정으로 믿는 게 아니다. 오로지 신만을 사랑한다고 고백하는 혹은 그렇게 고백할 수 있는 자는 신에게 귀의할 수 있다. 수도원으로 들어가 결혼도 마다하는, 쵤리바트(Zölibat)라 하는 그런 삶을 영위할 수 있다. 속세가 감당이 안 되는 자가 속세를 떠난다. 여자가 감당 안 되는 자가 여자를 혐오한다. 징벌을 견뎌 낼 수 없는 자가 벌 받으며 억울해 한다. 모두 바보이다. 믿어야만 살 수 있는 자들은 진짜 바보들이다. 믿음을 통해서만 확신을 얻을 수 있는 자들은 진정 순수한 바보들 말이다. 믿음을 극복하면 어떤 상황이 벌어질까? 이성적 존재에게는 크나큰 위기의 순간이 아닐 수 없다. 왜냐하면 이성은 끊임없이 진리를, 정답을, 이상을, 옳은 길을 종국에는 신을 추구하기 때문이다. 즉 이성은 그런 것들의 존재를 전제하고 있다. 이성의 한계. 이성적 존재의 한계. 인간의 운명적 한계. 바로 이 한계에 도전장을 내미는 게 허무주의 철학이다. 준비된 자에게는 기회가 될 것이요, 준비되지 못한 자에게는 치명적인 철학이 될 것이다. 모든 것을 바쳐 사랑했던 그 존재 자체를 제거하는 실로 잔인한 철학이기 때문이다. 대충 봐주지도 않는다. 잊어야 할 때는 한 치의 망설임도 없이 돌아선다. 차라투스트라는 말한다. "나를 떠나라. 그리고 차라투스트라에 맞서라! 더욱 바람직한 것은: 그의 존재를 부끄러워하는 일이다! 그가 너희를 속였을지도 모르니까. / 인식하는 인간은 자신의 적을 사랑할 뿐만 아니라, 자신의 벗을 미워할 줄도 알아야 한다. / 영원히 제자로만 머문다면 선생에 대한 도리가 아니다. … / 이제 너희에게 말하노니, 나를 버리고 너희를 찾도록 해라; 그리고 너희가 모두 나를 부인할 때에야 나는 너희에게 돌아오리라. …"(『차라투스트라는 이렇게 말했다』) 허무주의 철학에서 영원한 것은 없다. 영원한 진리는 없다. 모든 생각된 것들은 우상이 될 때가 있다. 허물이 될 때가 있다. 우상을 망치로 깨듯이 철학하는 것, 뱀이 허물을 벗듯이 철학하는 것, 이것이 바로 니체가 살고자 했고 또 가르쳤던 것이다. 순수한 바보는 스스로 우상을 만들고 있으면서도 그것 자체를 인식하지

는 것, 이것은 이미 사람들이 증명할 수 있는 가장 진귀한 존경 표시의 하나라고 나는 생각한다. 그는 이런 표시를 하기 위해 신발도 벗을 것이라는 생각이 든다. 군용 장화는 말할 것도 없고…. 언젠가 하인리히 폰 슈타인 박사가 솔직한 심정으로 내 『차라투스트라는 이렇게 말했다』의 말은 단 한마디도 이해할 수 없다고 불평을 토로했을 때, 나는 그에게 그게 당연한 일이라고 말해 주었다. 이 책으로부터 여섯 문장을 이해했다는 것은 그 문장을 체험했다는 것이고, '현대적인' 인간이 도달할 수 있었던 것보다 더 높은 단계, 죽어야 할 사람들의 단계에까지 이르렀다는 것을 의미한다.[89] 이런 거리감을

못하는 자이다. 그는 스스로 허물이면서도 그것을 벗으려 하지 않을 뿐만 아니라 그것을 멋진 옷이라 착각하고 사는 그런 자이다. 마치 현대인처럼. 현대인은 스스로 현대인이라는 사실에 대해 어떤 부끄러움도 갖지 못하는 자이다. 스스로 현대인이니 그 현대 이후에 대해서는 감도 못 잡는다. 실로 순수한 바보가 따로 없다.

89 죽음이 또다시 언급되고 있다. 죽음을 넘어, 즉 죽은 후에도 살고자 하는 영생에의 욕망이 아니라. 죽음을 인정하고 받아들이려는 것이 허무주의의 이념이다. 죽음은 삶의 이면인 동시에 동지이며, 또 어쩌면 삶의 자식이기도 하다. 죽음이 없다면 삶도 없을 것이고, 삶이 없다면 죽음도 없을 것이다. 죽음이 없다면 인문학도 의미 없고, 삶이 없다면 공부도 소용없을 것이다. 무한성에 대한 욕망보다는 유한성에 대한 인식이 더 절실하다. 이것이야말로 허무주의가 당면한 현실 인식이다. 죽음으로 생을 마감해야 할 인간이 도달할 수 있는 최고의 단계는 어떤 곳일까? 그곳에 서면 세상이 어떤 모습으로 보일까? 또 자기 자신은? 초인의 눈에는 사물이 어떻게 보일까? 우리는 모두 아직 현대인이라서 꿈도 못 꾸는 경지다. 현대의 한계를 넘어선 자만이 가질 수 있는 시선이다. '삶의 광학'(『비극의 탄생』)으로 세상을 바라볼 수만 있다면 모든 게 다 아름다울 것이라고 니체는 확신하고 있다. 그래서 삶의 현장은 대지의 뜻에 따라 그저 아름답다고 인정할 때에만 의미가 있는 것이라고 주장하는 것이다. "세계의 실존은 오로지 미적 현상으로만 정당화된다."(『비극의 탄생』) 삶의 광학이 자신의 눈에 주어진다면 죽음조차 현실의 의미를 유지한 채 아름답게 보일 것이다. 그 순간을 맞이해서조차 축제의 의미를 되새기며 생의 마지막을 장식하게 될 것이다. 이것이야말로 죽어야 할 운명에 처해 있는 인간이 도달할 수 있는 최고의 경지가 아닐까.

느끼고 있는데, 내가 알고 있는 이런 '현대인들'에 의해 어찌 내가 읽히기를 바랄 수 있단 말인가! ─ 나의 승리는 쇼펜하우어가 거두었던 것과는 정반대다.[90] 나는 "나는 읽히지 않는다. 나는 읽히지 않을 것이다"라고 말한다.[91] 나의 작품들에 대해 부정을 말하는 그 어처구니없는 순진함이 내게 여러 번 주었던 즐거움을 과소평가하고

90 니체 철학과 쇼펜하우어 철학은 정반대의 목소리를 낸다. 그것을 인식해 내야 한다. 허무주의 철학과 염세주의 철학은 정반대의 이념을 품고 있다. 그것을 독자는 깨달아야 한다. 쇼펜하우어의 철학은 별이 되기를 바랐다. 은하수 얘기까지 끌어들였던 게 그의 철학이다. 그는 진리를 북극성 삼아 좌고우면하지 않고 나아가고자 했다. 그의 길은 밤하늘 외에는 그 어디에도 없다. 그의 철학의 목적지는 오로지 별들로 충만하고 은하수가 흐르는 밤하늘이었다. 결국 또 하늘이었다. 꿈 같은 낭만주의의 이념이 이어지고 있을 뿐이었다. 니체는 이런 철학은 나약한 것이라 경고한다. 그는 '강한 염세주의'(『비극의 탄생』)를 염원한다. 모든 것을 부정하면서도 이 대지를 포기하지 않을 수 있는 그런 철학을 요구했다. 오로지 대지의 뜻에 따를 것을 주문했다. 그것이 초인의 철학이다. 허무를 품고도 하늘을 날지만 오직 대지를 향하는 시선으로 사는 그런 존재. 삶의 현장을 무대의 공연 현장쯤으로 여기고 바라볼 수 있는 여유 있는 시선으로 사는 그런 존재. 삶이 자기 자신조차 미궁처럼 여겨질 때에도 주눅 들거나 뒷걸음질치는 게 아니라 오히려 용기를 내서 그 안으로 발을 들여놓는 강한 존재. 미궁 안에 산다는 그 괴물을 맞닥뜨리고도 눈 하나 깜짝하지 않고 맞짱을 뜨는 그런 용감한 존재다.

91 니체가 굳이 이 말을 해야만 했던 이유는 쇼펜하우어는 끊임없이 자신이 읽히기를 바랐기 때문이다. 그는 자신의 대표작 『의지와 표상으로서의 세계』 서문에서 '두 번 읽히기'를 바랐다. 그것도 간절히. "이 책을 두 번 읽는 것 말고는 다른 도리가 없다"는 말에는 그의 진심이 담겨 있다. 염세주의 철학이 이토록 읽히기를 열망했던 이유는 어쩌면 '해탈'이라는 이념 때문이 아닐까. 마치 아이들이 '하나님이 누구예요?' '예수님이 누구예요?' '천국이 뭐예요?' 하고 묻는 것이나 다름없기 때문이다. 이런 질문에 어떤 대답을 내놓아도 만족할 수가 없다. 돌아설 때는 막연함과 막막함을 숨길 수가 없다. 꼬리에 꼬리를 물고 늘어지는 게 이런 질문이다. 하지만 니체는 대지를 향하고자 한다. 하늘이 아니라 땅을 바라보고자 한다. 신이 아니라 인간을 바라보고자 한다. 신성이 아니라 인간성을 느껴 보고자 한다. 신적인 너무나 신적인 것이 아니라 인간적인 너무나 인간적인 것을 요구할 뿐이다. 하늘을 바라보는 광학으로는 절대 읽힐 수 없는 현실성을 내포하고자 했다. 그런 자들에게는 결단코 읽히고 싶지 않았다. 오히려 그들로부터는 꽁꽁 숨기고 싶었다. 그들 스스로가 깨달을 때까지 그저 기다려 주는 마음으로. 그들 스스로가 자신의 때를 깨닫고 무르익어 줄 때까지.

싶지 않다. 무게 있는, 너무나 무게 있는 나의 작품들 때문에 나머지 모든 이들의 작품들과 이루고 있던 평형 상태를 깨버릴 수 있었던 이 여름, 이 시기에도 베를린 대학의 한 교수는 그런 것은 아무도 읽지 않는다며 내가 다른 형식을 사용해야 한다고 내가 납득할 수 있도록 좋은 의도로 말해 주기까지 했다. — 결국에는 독일이 아니라 스위스가 두 개의 가장 극단적인 사례들을 전해 주었다. 『분트』지에 실린 비트만 박사가 『선악의 저편』에 대해 쓴 「니체의 위험한 책」이라는 제목의 논문 한 편과 마찬가지로 칼 슈피텔러 씨가 『분트』지에 게재한 나의 책들에 대해 내놓은 총체적 서평이 그것이다. 이것들은 나의 삶에서 최대치이다. 무엇에 관한 최대치인지에 대해서는 말하지 않는 게 더 나을 것 같다…. 슈피텔러의 서평은 예를 들자면 나의 『차라투스트라는 이렇게 말했다』를 '고도의 문체 연습'이라고 간주했다. 게다가 내가 나중에는 그 내용에까지도 신경을 써 주면 좋겠다는 바람을 표명하기도 했다. 비트만 박사는 내가 모든 단정하고 품위 있는 감정을 제거하려고 무진 애를 쓰고 있다고 말하며, 그런 나의 용기에 대해 경의를 표명하기까지 했다. 그의 글에 담긴 모든 문장은 우연에 대해 약간 장난을 쳐서 진리가 거꾸로 뒤집혀 머리로 서 있는 꼴이다. 그것도 철두철미 논리적으로 일관성 있게 그랬다는 것에 대해 나는 놀라움을 금치 못한다. 내 머리를 바늘로 찌르는 대신, 내 정곡을 바늘로 찌르고 싶다면, 사람들은 근본적으로 모든 '가치의 전환' 외에, 그것도 눈길을 끌 정도로 주목할 만한 방식으로 바꿔 놓는 것 외에 아무것도 할 일이 없다…. 그래서 나는 더욱더 설명하려고 애를 쓰고 있는 것이다. — 결국 어느 누구도 책을 포함하여 그 어떤 다른 사물들에서도 자기가 이미 알고 있는 것보다 더 많이 얻어들을 수 없는 법이다. 체험을 통해 출입구를 스스로 알아내지 못한 것에 대해서는, 그것을 들을 귀도 가질 수 없는 법이다. 가장 극단적인 경우를 생각해 보자. 그것은 흔하든 혹은 드물든 그런 경험의 가능성에서 완전히 벗어나 있는, 그러니까 완전히 새로운 경험들에 대해서만 말하고 있는 한 권의 책이 있다는 것이다. 즉 그것은 일련의 새로운 경험들에 대한 첫 번째 언어가 되는 셈이다. 이런 경우에는 전혀 아무것도 들리지 않는다. 아무것도 들리지 않는 곳에 아무것도 없다고 말하는 것은 청각적 기만에 불과하다…. 이것이 결국 내가 경험한 평균적인 보기들이며, 원한다면 내 경험의 독창적인 면이라고 불러도 좋겠다. 나에 대해 무언가를 이해했다고 믿었던 자는, 나에게서 그저 자기 자신의 형상에 맞는 그런 무언가를 찾아냈을 뿐이다. 예를 들어 그런 자들이 드물지 않게 찾아냈던 것은 나와는 정반대되는 것, 즉 '이상주의자'였다. 내게서 아무것도 이해하지 못했던 자는 내가 전혀 고려할 만한 대상도 아니라고 딱 잘라 말한다. — '초인'이라는 말은 최고로 잘 되어 있는 인간 유형에 대한 명칭이며, '현대적' 인간, '선한' 인간, 기독교인과 다른 허무주의자들과는 정반대되는 말이다.[92] 도덕의 파괴자인 차라투스트라의 입에서 이 말이 나오면, 아주 심사숙고할 만한 말이 된다. 그런데 거의 모든 곳에서 어처구니없는 순진함이 드러난다.

92 '초인'으로 번역한 원어는 위버멘쉬(Übermensch)이다. 요즘 대세는 이두 형식으로, 즉 발음을 소리나는 대로 한글로 옮겨 놓는 것이다. 외래어가 주는 멋스러움은 분명 있다. 하지만 여기서는 그런 방식을 지양하고 우리말을 선택하기로 한다. 위버멘쉬를 초인으로 번역한다. 이유는 간단하다. 접두어 위버는 '넘어선' 혹은 '넘어서는'이란 뜻이고, 명사 멘쉬는 '인간'을 의미한다. '넘어선 인간' 혹은 '넘어서는 인간'이 이 말의 뜻이다. 말 그대로 뭔가를 초월한 존재, 즉 초인이 되는 셈이다. 그러나 초월적인 존재의 의미와 그에 대한 해석 때문에 초인이라는 번역이 불편해진다고 말하는 이들이 많다. 대부분 초월이라 하면 현실에서 벗어난 존재, 내세적 존재라는 식으로 생각을 펼쳐 가기 때문이다. 하지만 그것은 내용에 지나지 않는다. 내용은 새롭게 만들어 넣으면 그만인 것이다. 니체가 말하고 싶었던 내용은 정반대의 것일 뿐이다. 그동안 우리는 형이상학적으로 형성되고 구성된 생각의 틀에서 너무 단정하게만 살아왔다. 오로지 이성적인 것만을 위해서 살아왔다. 현실을 무시하는 행위에서도 전혀 양심의 가책조차 갖지 않았다. 하늘나라에 간다는 말을 하는 것이 당연한 것처럼 여겨졌다. 하나님을 찾는 것이 지극히 도덕적인 발언이요 행위인 양 그렇게 간주되어 왔던 것이다. 하나님은 선이요, 악마는 악이다. 이런 이분법적 사고로 세상을 편 가르기 식으로 갈라놓았다. 이백 년 가까이 유럽인들은 신의 편에 서서 악을 처단하겠다면서 십자군 원정을 떠났다. 사람을 죽이면서도 일말의 양심의 가책도 느끼지 않았다. 오히려 천국 가리라는 확신만이 더욱 강해졌을 뿐이다. 가장 이성적인 인간이 가장 잔인해질 수 있는 위기의 순간이 발생한다. 가장 논리적인 인간이 가장 위험해질 수 있는 이성적 존재의 한계 상황이다. 니체는 이런 잔인한 이분법에서 벗어나고자 애를 쓴다. 그는 음양 이론처럼 선과 악이 공존하며 서로 경쟁할 수 있는 그런 세상을 꿈꾼다. 해님이 좋을 때도 있고 달님이 좋을 때도 있다. 대낮이 좋을 때도 있고 칠흑 같은 암흑이 좋을 때도 있다. 어느 하나의 제사만을 의롭다고, 그래서 옳다고 선언하고 그것만을 인정하는 신은 갈등의 원인이 될 뿐이다. 카인이 아벨을 죽인 원인을 이렇게 해석했던 자가 바로 "내 책상 위에는 니체가 몇 권 놓여 있었다"고 고백했던 헤세였다. 그는 카인의 행동을 낳은 원인을 의로운 제사를 말하는 신의 판결에서 찾았다. "왜냐하면 카인이 옳고 아벨이 옳지 않다고 믿는다면 그 결과는 신이 오류를 범했다는 것이다."(『데미안』) 헤세는 사물을 다르게 해석할 수도 있다는 가능성 앞에 서 있었다. 그가 선택한 주인공 이름은 '데미안'이었다. 정령도 되지만 극단적으로 번역하면 악마도 된다. 악마를 책 제목으로 선택할 수 있는 것도 용기에 해당할 것이다. 그리고 그가 선택한 신의 이름은 '아브락삭스'다. 선도 악도 모두 공유하고 있는 신이다. "새는 알에서 나오려 한다. 알은 세계이다. 태어나려 하는 자는 하나의 세계를 깨뜨려야 한다. 새는 신에게로 날아간다. 신은 아브락삭스이다."(『데미안』) 제1차 세계대전의 잔혹한 현상을 경험했던 헤세는 선과 악을 모두 포용하는 그런 신의 이념을 지향하게 된다. 마치 음양 혹은 태극 이론처럼 서로 극단적인 힘들이 서로를 위해 공존하는 그런 논리다. 만약 우리가 하늘을 날 수 있는 새라면, 알을 깨고 나와야 본성을 드러낼 수 있다. 우리가 진정 이성적 존재라면 온갖 편견과 선

그 말의 가치가 차라투스트라의 형상에서 드러나는 것과는 정반대의 의미로 이해되고 있기 때문이다. 말하자면 반은 '성자'고 반은 '천재'인, 좀 더 고급한 인간의 '이상적인' 유형으로서 말이다…. 또 다른 어떤 공부 좀 했다는 멍청한 학자는 자기 마음대로 나를 다윈주의자가 아닌가 의심하기도 한다.[93] 게다가 내가 그토록 악의에 차

입견으로부터 자유로워질 수 있어야 한다. 자유라 불리는 그 경지에 도달하면 선도 악도 그저 우연의 얼굴처럼 보일 뿐이다. 해님과 달님처럼 그렇게 밝고 고운 얼굴로 보일 것이다. 한쪽은 무한 신뢰로 또 다른 한쪽은 극단적인 혐오로 바라보지 않아도 될 것이다. 니체가 말하는 초인은 이런 경우를 두고 한 말이다. 선할 수도 악할 수도 있는 그런 존재다. 산비탈에서 나뭇가지 하나를 선택하고서 또 그것을 붙들고서 떨어질까 벌벌 떠는 그런 존재가 아니다. 누구는 미끄러져 넘어질까 벌벌 떨게 하는 얼음판도, 누구에게는 춤을 출 수 있는 무대가 된다. 누구는 숨도 쉴 수 없다며 트라우마를 일으키는 물도, 누구에게는 수영을 즐기며 때로는 금메달을 딸 수 있는 기회의 장이 되기도 한다. 누구는 독사의 맹독이라고 손사래 치지만, 누구에게는 예방주사쯤으로 간주하고 감사하게 받아들인다. 이 세상 이 땅에서 버려져야 할, 그렇게 규정된 사물은 하나도 존재하지 않는다. 하물며 먼지 구덩이 진흙탕조차 연꽃에게는 꽃을 피울 터전이 된다. 구더기조차 생명을 이어 가는 연결 고리 역할을 담당할 뿐이다. 모든 것을 극복해 낸 초인에게는 그저 우연이라는 현상과 직면하고 있을 뿐이다. 선과 악이라 불리는 필연적인 두 개의 틀이 아니라, 바로 그런 선악의 저편, 선악을 넘어선 곳에 있는 존재일 뿐이다. 초월적 존재? 그 말도 맞는 말이다. 내용을 다르게 이해할 수 있다면 이름은 어떻게 불려도 상관없다. 어디에서 어디로 초월했다는 말인가? 이 질문에 분명하게 대답해 줄 수 있다면 이름 정도는 아무래도 상관없다. 설혹 이름을 바꿔 개명까지 해 놓는다 하더라도 그 사람이 누군지를 알 사람은 안다.

93 니체는 그의 두 번째 책 『반시대적 고찰』에서 이미 다윈을 언급했을 정도로 그의 책을 숙지하고 있었던 게 틀림없다. 하지만 생존 경쟁 식으로 세상을 바라보는 시각에는 동조하지 않는다. 다윈의 진화론은 말 그대로 동물적인 측면만을 고려한 처사일 뿐이다. "다윈에 의하면 인간은 정말 철저하게 자연 존재이며, 전혀 다른 법칙에 따라 인간의 높이까지 발전해 오지 않았는가. 다시 말하면 인간은 똑같은 종류의 다른 존재들도 마찬가지의 권리를 갖는다는 사실을 매 순간 잊고, 그러면서 스스로를 더 강한 자로 느끼고 더 약한 기질을 가진 다른 표본의 몰락을 점차 초래함으로써 발전해 온 것이다."(『반시대적 고찰』) 강자에게만 유리한 이론, 약자에겐 지극히 원망스럽기만 한 논리, 강자에겐 마음 편한 양심을, 약자에겐 마음 불편한 양심을 야기하는 것은 니체가 원하는 바가 아니다. 니체의 근본 사상은 첫 작품 『비극의 탄생』에서부터 이미 비춰

서 거부했던 '영웅숭배주의'를, 나의 지식과 의지에는 정반대의 현상만 보이는 저 칼라일이라는 위대한 위조된 화폐를 심지어 『차라투스트라는 이렇게 말했다』에서 다시 발견하기조차 한다.[94] 내가 파르지팔 같은 자를 찾기보다 차라리 케사레 보르자 같은 자를 찾아야 한다고 속삭였을 때, 그 말을 들은 사람은 자기의 귀를 믿지 못했다.[95] ― 내가 내 책들에 대한 서평들, 특히 특별한 뉴스랍시고 신문에 게재된 서평들에 대해, 그 어떤 호기심도 갖고 있지 않다는 것에 대해 양해해 주지 않으면 안 된다. 나의 친구들, 즉 나의 발행인들은 내가 이런 사람이라는 사실을 안다. 그래서 그들은 내게 그와 같은

졌듯이 '축제'의 이념으로 나아간다. 그것이 제사로 불리고 있어서 혼란스러울 뿐이다. 그 제사는 디오니소스를 위한 것이라는 사실까지도 낯설다. 하지만 이 축제의 이념은 또 다시 그의 극복의 이념과 맞물리면서 영원회귀의 사상을 낳게 된다. 극복에 극복을 거치면서 더 높은 인간이 되고, 그 정점에 초인이 있는 것이다. 이런 초인들이 모이고 모여 이룬 사회, 그것이 니체가 꿈꾸는 이상향이다. 건강한 개인들이 모여 함께 디오니소스 축제를 벌이는, 말 그대로 사랑으로 충만한 이상 국가이다.

94 토마스 칼라일(Thomas Carlyle, 1795-1881)은 스코틀랜드 출신의 에세이 작가이자 역사가다. 대표작으로는 1841년에 출간된 『영웅숭배론(On Heroes and Hero Worship and the Heroic in History)』이 있다. 그의 철학적 이념은 종교적 확신과 교묘하게 어울린 힘의 숭배 이론 속에 담겨 있다. 그가 영웅으로 꼽은 인물들은 대부분 역사적 인물들이었다. 예언자 마호메트, 단테와 셰익스피어, 루터와 녹스, 존스와 번스, 크롬웰과 나폴레옹 등이 이들이다. 니체는 이런 식으로 결과를 놓고 이론을 펼쳐 가는 영웅론에는 동조할 의사가 없었던 것이다. 그것은 말 그대로 자신의 지식과 의지와는 정반대의 이론일 뿐이었다. 종교적 확신은 어떤 형태로든 니체에게 있어서는 노예의 특징에 불과했기 때문이다.

95 체사레 보르자(Cesare Borgia, 1475/1476-1507)는 이탈리아 르네상스 시대에 로마그나(Romagna) 지역을 지배했던 선제후다. 그는 무엇보다 비도덕적인 미학을 추구했다. 그는 비록 냉정한 권력형 인간이라 할지라도 미학적 위대함을 품을 수 있는 그런 인간상을 이상으로 간주했다. 니체가 인정했던 시각이 바로 이런 것이었으리라.

것들에 대해 말하지 않는다. 나의 책들 중 단 한 권의 책『선악의 저편』에 대해 어떤 해코지가 범해지고 있었는지를 단번에 직면할 수 있었던 것은 특별한 경우일 뿐이다. 나는 그것에 대해 형식을 갖춘 점잖은 보고문을 내놓을 수도 있었다. 「나치오날차이퉁」이, 나의 외국 독자들을 위해 부연 설명을 좀 덧붙이자면 이것은 프로이센 신문이고, 미안하지만 나는 「주르날 데 데바」 외에는 읽지 않는다, 아주 진지하게『선악의 저편』을 '시대의 징후'라고, 또 「크로이츠차이퉁」은 그저 용기를 내지 못했던 진정한 버릇없는 젊은이의 철학이라고 이해했다는 사실을 믿을 수 있겠는가?[96] …

96 「나치오날차이퉁(*Nationalzeitung*)」은 프로이센(독일의 옛 이름, 특히 국왕이 집권하던 시대를 일컬음)의 수도 베를린에서 1848년부터 1910년까지 출간된 소위 보수 세력의 신문이다. 「크로이츠차이퉁(*Kreuzzeitung*)」 또한 베를린에서 1848년부터 1939년까지 프로이센 시대를 지나 독일제국 시대에 걸쳐 출간되었던 일종의 공식적인 국가 기관지처럼 간주되었던 신문. 특히 이 신문은 국가의 상징에 해당했던 철십자상을 전면에 내세움으로써 국가의 이념을 직접 대변하기도 했다. 또 신문 제목 밑에는 늘 "국왕과 조국을 위해 신과 함께 전진하라(Vorwärts mit Gott für König und Vaterland)"는 글귀를 새겨 놓으며 노골적으로 애국심을 조장하기도 했다. 니체 철학은 국가 이념 측면에서 보면 지극히 위험하게 보일 수밖에 없다. 늘 극복의 이념으로 일상을 대하기를 원하기 때문이다. 극복은 기존에 있는 것에 대한 혐오감 내지 반감을 전제할 수밖에 없다. 기득권 세력의 입장에서는 정말 용납이 안 되는 철학인 것이다. 정부 입장에서는 정면으로 도전을 해 오는 철학으로 느꼈을지도 모른다. 예술 이념과 애국심은 늘 정반대의 원리로 나아갈 수밖에 없다. 한쪽은 깨고 새롭게 창조하려는 의지로, 또 다른 한쪽에서는 전통을 고수하며 국가를 유지하려는 의지로 나아가기 때문이다. 그리고 '버릇없는 젊은이의 철학'으로 번역한 원어는 '융커-철학(Junker-Philosophie)'이다. 여기서 융커는 경멸적 의미로, 즉 비하의 의미로 사용되는 개념으로 속칭 땅 부자 귀족을 가리킨다. 벼락부자가 된 교양 없는 귀족이라고나 할까. 기득권 입장에서 보면 니체 철학은 전통과 체제를 무시하는, 그런 막말을 일삼는 버릇없는 철학임에는 틀림없다. 그래서 니체는 자신을 이해하려면 모든 가치의 전도가 전제되지 않고서는 불가능하다고 외쳐 대고 있는 것이다. 관점을 바꿔 놓을 능력이 없다면 니체의 음성은 결코 들리지 않을 것이라는 얘기다.

2.

이것은 독일인들을 위해 한 말이었다. 하지만 나는 그 밖의 수많은 곳에서 독자들을 갖고 있다. 이들은 모두 선택된 지성인들이다. 이들은 높은 위치와 의무 속에서 교육받은 특성들을 가지고 있다. 나의 독자들 중에는 심지어 진짜 천재들도 있다. 빈, 상트페테르부르크, 스톡홀름, 코펜하겐, 파리와 뉴욕, 도처에서 나는 발견되었다. 나는 유럽에서도 납작한 땅에 해당하는 이 독일이라는 나라에서만 발견될 수 있는 그런 존재가 아니다…. 그리고 사실 나는 고백하거니와 내 이름뿐만 아니라, 철학이라는 말조차도 들어 보지 못한 나의 비독자들이 나를 더욱 기쁘게 한다. 하지만 내가 어디를 가든, 예를 들어 이곳 토리노와 같은 곳에서는 내 눈길만 닿아도 모든 얼굴이 명랑해지고 즐거워한다. 지금까지 나를 가장 기분 좋게 했던 것은 늙은 노점상 여인네들이 자신들이 가지고 있던 포도들 중에서 가장 달콤한 것을 찾아내기 전까지 마음이 편치 못했던 일이다. 철학자라면 이 정도는 되어야 한다…. 폴란드인이 슬라브족의 프랑스인이라고 불리는 데는 다 이유가 있다. 매력적인 러시아 여인이라면 내가 어디에 속하는지를 오해의 여지없이 한눈에 알아차릴 것이다. 나는 예의를 갖춰 격식을 차리는 일에는 능숙하지 못하다. 잘해봐야 그것을 곤란에 빠뜨릴 뿐이다…. 내가 모든 것을 할 수 있다고는 하지만, 독일적으로 생각하고, 독일적으로 느끼는 것, 이것만은 내 역량의 한계를 넘어선다…. 나의 옛 스승 리츨까지도 내가 문헌학적 논문들마저 파리의 소설가들처럼 부조리할 정도로 긴장감을 일으키는 형식으로, 즉 내 멋대로 구상해 낸다고 주장했었다. 파리에서조차 텐 선생님의 표현으로 말하자면 '나의 모든 대담함과 섬세함'은 경악을 불러일으켰다. 사람들이 내게서, 심지어는 송가의 최고 형식에서마저도 결코 우둔하게 되지 않도록 하는, 즉 '독일적'으로 되지 않게 하는 에스프리라는 소금이 쳐져 있다고 느끼지 않을까 두렵다…. 나는 어쩔 수 없다. 신이여 도와주소서! 아멘.[97] ― 우리 모두는 알고 있다. 게다가 몇몇 사람들조차 경험으로 알고 있다. 귀가 길다는 것이 무엇을 의미하는지를.[98] 그렇다면 좋다, 나는 이제

---

97 '나는 어쩔 수 없다. 신이여 도와주소서! 아멘(Ich kann nicht anders. Gott helfe mir! Amen).' 이 표현은 사실 종교개혁을 이끌었던 마르틴 루터가 1521년 4월 17일 보름스 제국회의에 서서 재판을 받을 때 한 말이다. 그가 한 말의 원문은 다음과 같다: "여기 제가 서 있습니다. 어쩔 도리가 없습니다. 신이여 도와주소서, 아멘(Hier stehe ich, ich kann nicht anders. Gott helfe mir. Amen)." 독일에서는 너무도 유명한 말이다. 특히 자기 양심에 거스르지 않고 행동으로 옮길 때 격언처럼 사용되는 말이다. 루터는 이 말과 함께 종교개혁을 이끌었다. 니체는 이 말과 함께 또 다른 종교개혁을 이끌고 있는 것이다. 루터는 이 말과 함께 구교로부터 독립하는 신교를 이끌었다. 니체는 이 말과 함께 신과 교회의 권력으로부터 자유로운 정신을 이끌고 있는 것이다. 니체는 자신의 소명을 잘 알고 있다. 그는 인간적인 너무나 인간적인 목소리를 위해 태어났으며, 그것을 위해 목숨을 바쳐야 한다는 사실을. "그렇다! 나는 내가 어디에서 왔는지 안다! / 불꽃처럼 탐욕스럽게 / 빛을 내며 스스로를 집어삼킨다. / 내가 손대는 모든 것은 빛이 되고 / 내가 버리는 모든 것은 숯이 되니 / 나는 불꽃임에 틀림없다."(『즐거운 학문』)「이 사람을 보라」라는 시의 전문이다. 니체는 스스로를 희생하며 세상을 밝히는 불꽃이라고 생각한다. 스스로 불태워야 하는 고통은 자신의 운명이라고 판단하고 있는 것이다. '어쩔 수 없다'는 말에는 이런 필연적인 상황이 전제되어 있다.

98 '귀가 길다'는 표현은 비유다. '랑오르(Langohr)'를 의역한 말이다. 직역하면 '긴 귀'가 된다. 그런데 형용사와 명사로 나누지 않고 하나의 단어로 합쳐 놓았으니, '긴귀'라고 해야 가장 직역

내가 가장 작은 귀를 갖고 있다고 감히 주장하고자 한다. 이것에 대해 여자들은 적잖은 흥미를 느낀다. 여자들은 자신들이 나에 대해서 더 잘 이해한다고 느끼는 것처럼 보인다! … 나는 탁월한 안티당나귀다. 그래서 나는 세계사적 괴물이다. 그리스 말로는, 아니 비단 그리스 말로만도 아니다, 나는 안티크리스트이다….[99]

에 가까운 번역일 것이다. 니체가 이런 표현을 가지고 전하고자 하는 메시지는 분명하다. 소위 남의 말을 잘 듣는 노예, 혹은 그런 종류의 바보 같은 존재를 비판적으로 일컫는 말이다. 초인의 이념은 남의 말에 기인하는 게 아니라 오로지 자기 자신의 양심에만 귀를 기울이는 그런 존재일 뿐이다. 그것을 대지의 뜻으로 설명하든, 영원회귀의 이념으로 설명하든 상관없다. 온 신경을 바깥으로 향하게 하는 이성의 힘에 대항하고 저항하는 또 다른 이성의 혁명을 꾀하고 있을 뿐이다.

99 니체가 자기 자신의 동일성을 표현하는 개념으로 '안티에젤(Antiesel)'과 '안티크리스트(Antichrist)'를 언급하고 있다. 에젤은 당나귀로 앞의 긴 귀를 가진 동물과 같은 선상에서 이해될 수 있다. 당나귀는 일꾼의 이미지가 강하다. 그는 늘 주인의 말을 들으려는 긴장감으로 살아가는 존재이다. 니체는 여기서 동물이면서도 동물도 아니라는 의미로 '운티어(Untier)'를 사용했다. 티어(Tier)는 동물을 뜻하고, 그리고 운(un)은 부정을 의미하는 접두어다. 흔히 이 말은 괴물로 혹은 괴수로 번역된다. 말하자면 사람이면서도 사람도 아닌 그런 괴물 같은 사람이 있다는 것이다. 지금까지는 말 잘 듣는 사람을 진정한 사람으로 간주해 왔다면 이제 니체는 사람이 되기보다 괴물이 되고자 한다. 남의 말이라면 귀를 닫고 싶은 것이다. 헤세의 말로 하자면 '자기 안에서 솟아 나오려는 것'에 귀를 기울이고 싶을 뿐이다. 귀를 닫고 귀를 열고 싶다고나 할까. 그리고 '안티크리스트'는 『이 사람을 보라』와 함께 동시다발적으로 집필되는 책들 중 한 권의 책 제목이기도 하다. 이 책은 1888년 늦여름에서부터 가을까지 집필되었지만, 미완성으로 머물고 말았다. 그럼에도 불구하고 이 책은 1894년 니체의 의지와는 상관없이 출판되고 만다. 그는 여기서 신적인 너무나 신적인 판단에만 의존하려는 생각과 행동, 즉 비인간적인 생각과 행동을 탄핵하고 그것에 법적인 처벌을 가능하게 하기 위해 「기독교 반대법」을 제정하기도 했다. 그는 여기서, 특히 제2조에서 구교보다는 신교가 더 큰 잘못을 저지르고 있다고 지적하기도 한다. 그래서 번역도 그리스도교보다는 기독교가 더 어울린다. 특히 '안티크리스트'는 성경에서 '적그리스도'로 번역되었다. 이 개념이 처음 등장하는 곳은 요한일서 2장 18절이다. "아이들아 지금은 마지막 때라 적그리스도가 오리라는 말을 너희가 들은 것과 같이 지금도 많은 적그리스도가 일어났으니 그러므로 우리가 마지막 때인 줄 아노라." 적그리스도의 등장은 세상의 마지막 때, 곧 세상의 종말을 의미한다. 니체는 이 반대법으로 지금까지 진행되어 왔던

3.

나는 작가로서 나에게 주어진 특권에 대해 어느 정도는 알고 있다. 또한 몇몇 개별적 경우들에서 나의 글들에 익숙해지는 것이 얼마나 많은 취향을 '망쳐 버리는지'도 확인했다. 그냥 다른 책들은 더이상 견뎌 낼 수 없게 된다. 철학적인 책들이 가장 심하다. 고상하고도 좋은 맛을 내는 나의 세계 안으로 발을 들여놓는 것 자체가 이미 그 무엇과도 비교할 수 없는 최고의 영예가 된다. 그것을 위해서는 절대 독일인이어서는 안 된다. 그러나 궁극적으로 그 영예는 누구든지 다 얻어 내야만 하는 것이다. 욕망의 높이가 나와 비슷한 자는 배움을 통해 도달할 수 있는 진정한 무아지경을 체험할 것이다. 왜냐하면 나는 어떤 새도 결코 성공하지 못한 높이에서 왔고, 또 어떤 발도 길을 잃어 보지 못한 심연을 알고 있기 때문이다.[100] 사람들

세상의 논리를 끝장내고, 전혀 다른 세상을 펼치고 싶은 것이다. 진리나 신이 우위를 차지하는 세상이 아니라, 인간이 모든 가치의 정점에 서 있는 그런 세상을 만들고 싶은 것이다. 그래서 니체는 또한 이 법이 제정되었던 날짜를 1888년 9월 30일로 밝히고, 이날을 AD[아노 도미니(Anno Domini), '신의 해'라는 뜻]처럼 새로운 계산법으로 연도를 계산하려고 시도했던 것이다.

100 니체 철학은 독수리의 눈과 같은 높이와 미궁과 같은 심연을 동시에 보여 준다. 늘 한없이 높이 올라갈 준비를 하고 있어야 하고, 또 동시에 한없이 깊은 곳으로 추락할 준비도 하고 있어야 한다. 오르고 내려가는 행위 속에서 배움으로 충만한 삶이 진행된다. 그래서 니체는 차라투스트라의 입을 통해 "나의 독수리와 뱀이 없었더라면"(『차라투스트라는 이렇게 말했다』) 삶의 여정 속에서 아무것도 못 했을 것이며 그 소중한 삶을 직면하고서도 어처구니없을 정도로 지쳐 버렸을 것이라고 고백한다. 삶 속에서 뭔가를 해내려 하면 또 결코 지치지 않으려면 끊임없이 오르고 내려가는 과정 속에 임할 줄 알아야 한다. 욕망이 이끄는 그 높이와 깊이에 대해

은 나에게 말했다. 나의 책들 중 어느 한 권이라도 잡으면 그것을 손에서 내려놓는 것이 결코 가능하지가 않다고, 그래서 내가 밤의 휴식마저 방해한다고…. 더 긍지에 차 있고 동시에 더 세련된 종류의 책들은 절대 없을 것이다. 이 책들은 여기저기서 지상에서 도달할 수 있는 최고의 높이에, 즉 냉소주의에 이른다.[101] 이 책들은 가장 부드러운 손가락과 가장 용감한 주먹을 가지고 정복해야 한다. 영혼이 처할 수 있는 온갖 종류의 부서지기 쉬움은 여기서 배제되었다. 온갖 종류의 소화불량도 낄 자리가 전혀 없다. 신경은 튼튼해야 하

모든 문을 열어 놓는 자세로 허무주의에 임해야 삶의 여정 속에서 체험하고 경험할 수 있는 진정한 무아지경, 황홀지경, 물아일체, 물아일여, 정적의 날들, 뭐라고 일컫든 상관없는 최고의 희열을 느끼게 될 것이다.

101 냉소주의로 번역한 개념은 '취니스무스(Zynismus)'이다. 이 학파의 대표 인물로 니체는 디오게네스를 자주 언급했다. 니체와 디오게네스, 둘은 사뭇 닮았다. 기성 가치를 무시하는 것에서 가장 닮았다. 기성 도덕이나 관습에 대해 부끄러움을 모르고 경멸적인 태도를 취하기도 한다. 그리고 둘은 서로 미친 철학자라고 알려져 있다. 일명 광기의 철학자라고. 하지만 그 광기의 경지는 수수께끼다. 니체가 말하고 있듯이 이 세상에서 도달할 수 있는 최고의 경지이기 때문이다. 가 보지 않고 함부로 말하는 것은 실례다. 독수리 같은 시선으로 세상을 내려다보지 못한 자는 입을 다물어야 한다. 뱀 같은 시선으로 대지의 뜻에 충실해 보지 못한 자는 함부로 판단하려 들어서는 안 된다. 자기는 이성적이라고, 그래서 자기는 결코 미치지 않았다고 말하는 것은 동시에 무지를 폭로하는 것이나 다름없다. 늘 이성의 틀에 갇혀 있으면서도 스스로를 단정한 그래서 모범적인 시민이라고 말하는 것이나 다름없기 때문이다. 창조적인 삶은 늘 정도에서 벗어나는 일탈과 규정에서 벗어나는 비이성적인 행위를 통해서만 실현될 뿐이다. 기성의 것을 조금이라도 물려받았다면 그것은 진정한 창조가 아니다. 오히려 그런 것은 모방에 가까울 뿐이다. 남이 가지 않은 길을 가려면 신경이 예민해서는 안 된다. 예민한 신경은 끊길 위험이 있기 때문이다. 강심장이 필요하다. 아무리 높이 올라가도 너무 높다는 인식이 없어야 한다. 아무리 깊은 심연에 빠져도 길이 없어 답답하다는 인식도 없어야 한다. 니체의 허무주의는 허무 자체를 감당해 주기를 간절히 바랄 뿐이다. 진정으로 무(無)를 기다릴 수 있을 때 차라투스트라의 이념은 도래할 것이다.

고, 즐거운 아랫배를 가지고 있어야 한다. 영혼의 빈곤이나 엉터리 공기도 배제되었다. 더 나아가 비겁함, 불결함, 내장 속에 들어 있는 비밀스러운 복수욕까지도 낄 자리는 없다. 나의 말 한마디가 모든 나쁜 본능들을 직면하게 한다. 내가 알고 있는 사람들에게는 나의 글들에 대한 여러 다양한 반응들을, 특히 아주 교훈적인 다양한 반응들을 알게 해 주는 여러 마리의 실험용 동물 같은 면이 있다. 그 글들의 내용에 휘둘리고 싶지 않은 자들, 예를 들어 소위 말하는 내 친구들은 거기서 '비개인적'이 된다.[102] 다시 '그토록 멀리' 가 있는 나에게 사람들은 행운을 빌어 주기도 한다.[103] 명랑하게 좀 더 커진 어

---

102 이것은 니체가 말하는 독서방법론에 해당한다. 니체는 개인적으로 안다는 입장을 경계하라고 가르친다. 이미 알고 있는 것이 독서를 방해한다는 것이다. 책의 내용이 방해를 하는 듯한 그런 기분으로는 절대로 책의 이념을 제대로 파악해 내지 못한다. 니체는 믿고 따라 주기를 바란다. 독수리처럼 높이 올라가면 그 시선을 거침없이 따라가고, 또 뱀처럼 낮은 자세로 대지로 가까워질 때도 겁먹지 말고 따라가 보라고. 그래야 니체의 목소리가 들린다고.

103 '그토록 멀리' 가 있는 니체, 그를 알아볼 자가 누굴까? 이것이 걱정되어 니체는 이 자서전을 쓰고 있는 것이다. 이제 며칠이 지나면, 그것도 하루 이틀 혹은 길어 봐야 사흘 뒤에 니체는 인류에게 해결하기 가장 어려운 철학적 요구를 해야 하기 때문이다. '인류에게 제시된 요구들 중에서 가장 어려운 요구'는 여전히 수수께끼다. 그렇게 멀리 가 본 자가 없기 때문이다. 이성과 비이성을 넘나들 수 있는 자유로운 정신은 아직 탄생하지 않았다. 하지만 니체는 확신한다. 자신의 글들을 읽어 준 독자들은 행운을 빌어 줄 것이라고. 그토록 멀리 간 정신을 향해 행운을 빌어 줄 것이라고. 그들은 알아줄 것이라고. 그것이 결코 후퇴가 아니라 하나의 진보를 의미한다고. 미치고 싶은 미침의 경지에 도달한 거라고. "사랑 속에는 얼마간의 광기가 있기 마련이다. 광기 속에는 얼마간의 이성이 있기 마련이고."(『차라투스트라는 이렇게 말했다』) 미쳐야 사랑이다. 이성이 있어야 광기도 가능하다. 발을 붙일 수 있는 무대가 있어야 황홀한 춤도 출 수 있는 법이다. '그토록 멀리' 간 니체를 알아보는 것은 이제 우리의 몫이 되었다. 최소한 이 유언처럼 남겨진 자서전을 읽으며 우리는 그의 진정한 모습을 찾아내고 그의 음성을 들어야 한다.

조로 하나의 진보를 실현해 냈다며…. 완벽하게 악습에 빠져 있는 '정신들', 철저하게 허위뿐인 '아름다운 영혼들'은 이 책들을 가지고 무엇을 시작해야 하는지조차 전혀 알지 못한다. 그러면서도 그들은 이 책들이 자기 발아래에 있다고 얕잡아 본다. 이런 일은 모든 '아름다운 영혼들'이 보여 주는 한결같은 그런 아름다운 결말이다. 내가 알고 있는 사람들 중에 멍청이들, 실례를 무릅쓰고 말하자면 이들은 그저 독일인들뿐인데, 그들은 사람들이 항상 나와 같은 의견은 아닐 거라고 말한다. 어떤 경우에는 그런 의견이기도 하다면서도…. 『차라투스트라는 이렇게 말했다』에 대해서조차 이런 말을 하는 것을 나는 들었다…. 마찬가지로 사람들 안에 있는, 물론 남자들 안에 있는 모든 '페미니즘'도 나를 위한 문을 닫아 버린다. 그것은 모험을 일삼는 인식의 미궁 속으로 결코 들어갈 수 없게 한다. 그저 단단하기만 한 진리들 속에서 기분 좋게 그리고 명랑하게 있고 싶으면 사람들은 너무 조심하지 말아야 하며, 자기 습관의 단단함도 유지해야 한다. 완벽한 독자의 상을 떠올리면, 언제나 용기와 호기심이 한데 어우러진 하나의 괴물이 생각난다. 게다가 그는 잘 구부러지는 어떤 존재이며 꾀가 많을 뿐만 아니라 신중하기도 하며, 타고난 모험가인 동시에 발견자이기도 하다. 결론적으로 말하자면, 도대체 누구에게만 내가 말을 하고 있는지에 대해, 차라투스트라가 말한 것보다 더 잘 말할 수 있는 방법을 나는 모른다는 것이다: 그는 누구에게만 자신의 수수께끼를 이야기하고자 하는가?

너희, 대담한 탐험가, 모험가들. 그리고 언젠가 영리한 돛을 달고 무서운 바다로 항해한 적이 있는 자들에게

너희, 수수께끼에 취해 있는 자들, 애매모호한 것을 즐기는 자들, 피리 소리로도 온갖 방황의 목구멍 속으로 끌려 들어가는 그런 영혼의 소유자들에게

— 그것은 너희가 한 가닥의 실조차도 겁먹은 손으로는 찾아보려 하지 않기 때문이다. 그리고 너희가 **수수께끼를 풀 수 있는 곳에서는 추론하는 것 자체를** 증오하기 때문이다…. [104]

4.

내가 사용하는 문체의 기술에 대해서도 대략 한마디 해 보려 한다. [105] 기호의 속도를 포함해서 그 기호를 통한 파토스의 내적 긴장

---

104 『차라투스트라는 이렇게 말했다』 제3부 「곡두와 수수께끼에 대하여」 중에서.
105 문체에 대한 고민은 일찍부터 시작되었다. "찾은 문제 — 발견된 문제는 찾은 문제를 사랑하는 사람에게는 하나의 모욕이다."(『인간적인 너무나 인간적인』) "문제를 개선하는 것은 — 사상을 향상시키는 것 이상의 아무것도 아니다!"(『인간적인 너무나 인간적인』) 이런 문구들을 읽을 때마다 드는 의혹은 이런 것이다. 도대체 니체는 '문제'라는 개념을 어떻게 생각하고 있는 것일까? 문제, 그것은 생각하는 존재가 찾아내야 하는 것이다. 이미 발견된 문제를 따라 해 보고 흉내 내 보는 것은 배움의 과정 중에서는 필요한 일일지 몰라도 스스로 생각하는 존재가 되고 싶다면 그것으로 만족해서는 안 된다는 메시지가 담겨 있다. 그렇다면 니체가 추구했던 문체는 무엇일까? 디오니소스의 이념을 말하는 곳에서 일을 해야 하는 "이 새로운 영혼은 노래했어야 했다"(『비극의 탄생』)는 자기비판의 목소리에 귀를 기울여 보자. "내가 그때 말해야 했던 것을 과감하게 시인으로서 표현하지 못한 것은 얼마나 유감스러운가."(『비극의 탄생』) 노래하지

상태를 전달하고 공유하는 것, 이것이 이 문체의 의미이다. 그리고 나의 내적 상태들이 특이할 정도로 다양하다는 점을 고려한다면, 내게는 문체와 관련한 수많은 가능성들이 있다는 것을 알 수 있다. 지금까지 사람들이 사용할 수 있었던 것 중에서 가장 다종다양한 문체의 기술들 말이다. 내적 상태를 정말로 전달하면서도 그 기호 자체, 그 기호의 속도와 몸짓, 복합문의 모든 규칙들은 몸짓의 기술이다. 이런 것들을 넘어서서 무언가를 파악하게 하는 일은 절대 없는 그런 문체는 좋은 것이다. 나의 본능은 여기서 실수를 범하지 않는다. 좋은 문체 그 자체, 이것은 정말 순진한 우매함이며 '이상주의'에 불과하다. 그것은 '아름다움 그 자체'나 '선 그 자체' 혹은 '사물 그 자체'와 같은 것에 지나지 않는다…. 언제나 전제되는 것은 들을 귀가 있다는 것, 그와 동일한 파토스를 가질 능력이 있고 또 그럴 자격이 있다는 것, 또 자기 자신에 대해 전달해도 되는 자들이 있다는 것이다. 예를 들어 나의 차라투스트라도 우선 그런 자들을 찾고 있다. ― 아아! 그는 아주 오랫동안 찾게 될 것이다! ― 사람들이 그를 시험할 수 있는 자격을 갖출 때까지…. 그때까지 여기에 적용된 기

못하고 시인이 되어 표현하지도 못했던 과거의 글을 앞에 두고 반성의 시간을 갖고 있는 철학자의 모습에서 우리는 그가 추구했던 문체에 대한 답을 구할 수 있지 않을까. 문체는 개선해야 할 일이다. 그것은 생각의 틀과 내용을 함께 향상시키는 일이다. 늘 새로운 문체에 도전하는 마음으로 살아야 할 일이다. 삶 속에서 정해져 있는 것은 지나간 것일 뿐이다. 우리 모두는 앞으로도 살아가야 한다. 그래서 새로운 것을 찾으려는 의지를 불태우며 살아야 하는 것이다. 늘 정신의 모험 여행을 떠날 준비를 하고 살아야 하는 것이다.

술을 이해하는 자는 아무도 없을 것이고, 그래서 그것은 누구에게도 주어지지 않을 것이다. 새롭고, 단 한 번도 들어 본 적이 없는, 그래서 오로지 그것만을 위해 창조된 기술들보다 더 많은 것을 적용해 본 사람은 아무도 없다. 이런 종류의 기술이 바로 독일어로 가능했다는 것은 아직 증명되어야 할 사항으로 남아 있다. 나 스스로도 예전에는 그런 것을 아주 강력하게 거부했었다. 나 이전에 사람들은 독일어로 무엇을 할 수 있는지를, 하물며 언어 자체를 가지고 도대체 무엇을 할 수 있는지를 알지 못했다.[106] 위대한 리듬 기술, 복합문의 위대한 문체는 오로지 나에 의해서만 발견되었다. 숭고하고도 초인간적인 열정의 엄청난 상승과 하락을 표현하는 문체가. 『차라

---

106 그러니까 니체 철학은 언어로 과연 무엇을 할 수 있는지 보여 주는 철학이기도 하다. 이성적 인간은 말하는 존재다. 그 말로 생각하는 존재다. 그 생각으로 인간은 과연 무엇을 할 수 있을까? 인식 그 자체? 생각의 범주를 그렇게 한정하기에는 너무 비좁다. 이성의 한계는 결코 아는 것 속에서만 머물지 않는다. 니체는 그 이성의 틀을 넘어서면 무엇이 보이는지를 보여 주고자 한다. 새로운 세계, 소위 말하는 신세계가 펼쳐질 수 있다는 것을 말하고 싶은 것이다. 듣도 보도 못한 세상이 펼쳐질 수 있다. 귀를 닫을 때 들려오는 소리, 눈을 감을 때 보이는 세상, 그것을 뭐라고 말할 수 있을까. 그런 것을 듣고 보는 사람을 미쳤다고 말해도 되는 것일까. 이것이야말로 현대인을 향해 니체가 던지는 마지막 수수께끼인 것이다. 왜냐하면 아무도 그가 가르쳐 준 대로 제대로 미쳐 본 자가 없기 때문이다. "너희를 혀로 핥을 번갯불은 어디에 있는가? 너희에게 접종했어야 할 광기는 어디에 있는가? / 보라, 나 너희에게 초인을 가르치노라. 그가 바로 번갯불이요 광기다!"(『차라투스트라는 이렇게 말했다』) 아직도 먹구름은 충분히 모이지 않았다. 아직도 번개를 잉태할 능력이 부족하다. 광기를 염원하는 차라투스트라의 안타까운 심정은 현대 이후가 되어서야 해결될 것이다. 번개, 그것은 현대인이 스스로 한계를 인식하고 그것을 극복의 의지로 용감하게 넘어설 때 가시화될 것이다. 그러고도 수많은 세월이 흘러야 번개가 낳은 소리를 듣게 될 것이다. 초인은 미래의 존재일 뿐이다. 과거에서 모범을 찾으려는 발상으로는 도저히 알 수 없는 그런 존재다.

투스트라는 이렇게 말했다』 제3부의 마지막 장인 「일곱 개의 봉인」
이라는 표제의 송가를 통해 나는 지금까지 시라고 불러 온 것을 넘
어 수천 마일이나 멀리 날아올랐다.

5.

— 나의 글들에서 비교할 만한 상대가 없는 그런 한 명의 심리학
자가 말하고 있다는 것, 이것은 어쩌면 좋은 독자가 얻을 수 있는 첫
번째 통찰일 것이다. 마치 좋은 옛 문헌학자가 자신의 호라티우스
를 읽어 내듯이 나를 읽어 내는, 그래서 내가 가질 만한 그런 독자가
말이다. 통속 철학자들이나 도덕주의자들이나 여타의 속이 텅 빈
요강 같은 자들이나 바보들은 말할 것도 없고, 근본적으로 온 세상
이 동의하는 그런 명제들조차 나에게서는 실수로 저질러진 순진함
으로 드러난다. '비이기적'과 '이기적'이 서로 대립되는 반대들이라
는 이런 믿음이 그런 예이다.[107] 자아 자체가 이미 하나의 '고등 사기'

---

107 여기에 니체의 독특한 시각이 스며 있다. 비이기적과 이기적은 대립되는 사물이 아니라는 것.
    그것은 니체의 핵심 이념이기도 하다. 이기적이라 해서 다 부정적이고, 비이기적이라 해서 다
    긍정적이라는 식의 이분법은 순진한 발상에 지나지 않는다. 그것은 판단의 실수일 뿐이다. 니
    체는 인간 자체가 이기적인 존재임을 인정한다. 가장 인간적인 측면을 바로 이기심에서 찾고
    있다고 말해도 상관없다. 다만 진정한 이기심이 있는 반면 부정적 의미의 이기심도 있다는 식
    의 해석이 니체의 주장이며 입장이다. "진정, 이처럼 베푸는 사랑은 모든 가치를 강탈해 내
    는 자가 되어야 한다. 나 이런 이기심을 건전하며 거룩한 것으로 기리는 바이다. / 또 다른 유
    형의 이기심이 있으니 단지 훔치려고만 덤벼드는, 너무나도 가난하여 굶주린, 곧 병든 자들

이며 하나의 '이상'일 뿐이니까 말이다…. 그래서 이기적 행동도 없을 뿐만 아니라, 비이기적인 행동도 없다. 두 개념 모두 심리적인 자가당착이다. 혹은 '인간은 행복을 추구한다'는 명제…. 혹은 '행복은 덕에 대한 보상이다'는 명제…. 혹은 '쾌와 불쾌는 반대다'는 명제도 마찬가지다…. 인류의 키르케인 도덕이 모든 심리적인 것들을 철저히 왜곡해 버렸다.[108] 도덕화시켜 버린 것이다. 사랑이 어떤 '비이기적'인 것이어야 한다는 섬뜩한 허튼 소리에 이르기까지 말이다….

의 이기심이 바로 그것이다."(『차라투스트라는 이렇게 말했다』) 가치는 객관적으로 존재하는 그런 사물이 아니다. 가치는 인간적인 사유의 산물일 뿐이다. 인간은 가치의 주인이 되어야 마땅하다. 신의 계명처럼 간주되는 그런 가치에 지배를 받기보다는 그런 가치의 우상을 파괴하고 그 우상으로부터 그런 가치를 강탈해 내는 것이 니체 철학이 고민하는 부분이다. 인간은 가치마저 잉태할 수 있는 존재다. "이상적인 이기심. — 임신한 상태보다 더 신성한 상태가 있을까?"(『아침놀』) 최고의 이기심은 임신한 상태다. 가치가 세상에 나올 때까지 몸조심해야 한다. 신중해야 한다. 먹는 것조차 가려 가며 조심해야 한다. 섭생도 자처해야 한다. 이기적인 행동은 자기 자신을 위한 행동일 뿐이다. 하지만 가장 자기중심적인 그런 이기적인 행동이 인류를 위한 가장 위대한 가치의 원인이 된다는 이런 발상이야말로 인간적인 것을 변호하는 허무주의 철학의 핵심 메시지인 것이다.

108 키르케(Kirke)는 그리스 신화에 나오는 마녀이다. 호메로스의 『오디세이아』에서 그녀는 아이아이아(Aiaia)라는 섬에 거주하고 있는 것으로 묘사된다. 이 섬의 이름은 하데스에게 떨어진 영혼이 외쳐 대는 비명을 의미한다. 그녀는 그곳을 방문하는 모든 사람들을 동물로 변신시켰다고 한다. 니체는 바로 이런 인물을 도덕의 이름으로 선택한다. 즉 도덕은 인간을 인간답지 못하게 만드는 힘을 가진 것으로 보는 것이다. 하나의 도덕이 형성되고 나면 정신은 그것을 자기 자신의 가치보다 더 위에 두고자 한다. 일종의 영원한 가치가 생겨나고 마는 것이다. 이런 도덕에 의해 인간은 동물처럼 변질되고 만다. 도덕이 있고 인간이 있다는 식의 발상이 인정되고 나면 창조론조차 가능해지고 만다. 하지만 니체는 이런 발상에 망치를 들고 덤벼든다. 인간이 있고 도덕이 있다는 발상을 세상에 알리고자 한다. 도덕은 인간이 사는 무대가 되어야지, 무대 위의 모든 내용을 아우르는 가치가 되어서는 안 된다는 것이다. 도덕이 모든 가치의 주인이 아니라, 인간이 그 주인이 되어야 한다는 것이다.

사람들은 단호하게 자기 자신 위에 앉아 있어야만 한다. 사람들은 더 용감하게 자신의 두 다리로 서 있어야만 한다. 그렇지 않으면 결코 사랑할 수 없다. 여성들은 이 점을 너무나 잘 알고 있다. 그들은 자기 자신이 배제된, 그래서 오로지 객관적이기만 한 남자들의 사랑에는 악마처럼 군다…. 이 대목에서 내가 여성들을 알고 있다는 추측을 감히 말해도 될까? 이것은 나의 디오니소스적 지참금에 속한다. 어쩌면 내가 영원한 여성성에 대한 최초의 심리학자일지 누가 알겠는가?[109] 여성들은 모두 나를 사랑한다. 옛말에 아이를 낳을 도구가 퇴장해 버린, 소위 '해방된' 여성들, 이런 쓸모없는 여성들은 제외하고 말이다. ─ 다행스럽게도 나는 의도한 것은 아니지만, 나를 찢어 버리도록 내버려 둔다. 완전한 여성이 사랑하면 그녀는 찢어 버린다…[110] 나는 이런 사랑스러운 매나데들을 알고 있다…[111] 아아,

---

109 '영원한 여성성'을 구원의 원리로 설명한 자는 괴테다. 그는 『파우스트』의 마지막 구절에서 이런 말을 남겼다. "영원한 여성성이 / 우리를 인도한다"고. 파우스트가 구원되는 것으로 작품은 마감한다. 신의 이름은 영원한 여성성이다. 그는 끊임없이 받아들인다. 바다와 같은 존재다. 받아들여 다른 존재로 거듭나게 한다. 궁극적인 중생(重生)을 가능하게 한다. 하지만 그러기 위해 끊임없이 남성성으로 살아야 하기도 한다. 구원의 정반대의 원리로 말이다. 거기에 괴테는 "인간은 노력하는 동안 방황한다"는 말로 이념을 구축한다. 노력은 구원의 원인이 된다. 노력하지 않는 자는 신도 어쩔 수 없다. 살아서 방황하지 않는 자는 산 것도 아니다. 삶은 구원의 기회다. 그 기회를 최대한 사용하지 않은 자는 구원의 대상이 되지 못한다. 파우스트는 자신의 모든 욕망에 충실했다. 끊임없이 방황을 거듭했다. 어떤 상황에서도 만족을 몰랐다. 이것이야말로 악마를 이기는 힘이었다. 인간의 욕망은 한계를 모르고 자라난다. 오로지 죽음만이 그것을 완성시킬 뿐이다. 파우스트는 끝까지 가본 자이다. 그 끝에서 또한 구원을 받게 된 자이다. 니체는 자신이 바로 이 '영원한 여성성'을 심리적으로 다가선 철학자임을 잘 알고 있었다.

이 얼마나 위험스러운, 지하세계를 살금살금 기어 다니는 작은 맹수란 말인가! 그러면서도 이 어찌 마음에 드는지! … 하지만 복수에

110 "완전한 여성 — 완전한 여성은 완전한 남성보다 더 높은 인간 유형이다: 또한 훨씬 더 드문 그 무엇이다"(『인간적인 너무나 인간적인』). 중요한 문구다. 완전한 여성은 완전한 남성보다 더 높은 인간 유형이라는 이 말은 니체의 여성성을 인식하게 하는 잣대가 된다. 그가 말하는 진정한 여성은 창조와 관련한다. 없던 것을 있는 것으로 만들어 낼 수 있는 존재 형식이다. 아무리 강한 남자라도 그것만은 해낼 수 없다. 잉태와 출산은 여성의 전유물일 뿐이다. 삶을 창조적으로 살아야 한다는 말은 달리 표현하면 끊임없이 여성성을 지향하며 살아야 한다는 뜻이되기도 한다. 남성은 여성의 마음에 들도록 행동해야 한다. 여성의 마음을 얻기란 쉬운 일이아니다. 지혜의 신을 아테나로, 즉 여성으로 상상해 낸 고대인들의 생각도 이런 측면에서 이해하면 어떨까. 그녀를 상징하는 물건들은 투구, 창, 방패, 갑옷 등이다. 여자인데 싸울 준비를 마친 존재처럼 보인다. 함부로 다가섰다가는 혼쭐이 날 것 같다. 그 어떤 공격도 다 막을 것만 같은 방패도 갖고 있다. 대충 얕잡아 보고 달려들었다가는 그 날카로운 창에 찔려 치명적인 상처를 입을 것 같기도 하다. 지혜를 얻고 싶다고? 그러면 목숨을 걸어라! 뭐 이런 소리를 들려주는 것 같기도 하다. 여성의 마음을 얻고 싶다고? 그래서 창조적으로 삶을 살고 싶다고? 그러면 '훨씬 더 드문 그 무엇'을 얻으려는 마음으로 다가서야 할 일이다. 아무에게나 주어지지 않는 그 무엇을 향해 도전하는 모험 정신도 요구된다.

111 매나데(Mänade)는 그리스 신화에 나오는 인물로서 디오니소스를 추종하는 여성을 일컫는다. 그리스어로는 마이나데스(mainades)라고 하고, 일반적으로 복수형으로 매나덴(Mänaden)으로 쓰이지만 번역은 단수형으로 선택했다. 디오니소스를 추종하는 남성 그룹으로는 사티로스(Sátyros)가 있다. 이들은 디오니소스의 축제를 이끄는 중심인물들이다. 그들은 무리를 이루며 광기의 세계를 연출해 낸다. 특히 신화에서 매나데들은 오르페우스를 찢어 버린 사건으로 유명하다. 오르페우스는 연인 에우리디케를 살려 내려고 지하 세계에까지 내려가서 하데스의 마음까지 돌려놓을 정도로 노래를 잘 불렀다고 한다. 노래 하나로 차갑기만 한 하데스의 마음까지 돌려놓은 것이다. 오르페우스는 뮤즈의 도움을 받아 노래를 불렀다고 한다. 그러니까 그는 아폴론 신과 가깝게 지냈다고 보아도 된다. 왜냐하면 뮤즈는 아폴론의 예술 원리를 따르며 함께 즐겁게 지냈기 때문이다. 하지만 문제는 디오니소스와 가깝게 지내지 않았다는 것이다. 여기서 추측될 수 있는 것은 오르페우스의 노래가 디오니소스적인 광기의 노래가 아니라 아폴론적인, 즉 신탁이 내려질 수 있는 그런 해석이 가능한 노래였다는 것이다. 개와 고양이의 관계라고나 할까. 매나데들은 오르페우스의 노래를 견뎌 내지 못했다. 한 여성만을 노래하는 오르페우스를 견뎌 내지 못했던 것이다. 모두가 모여 함께 축제를 벌이는 그런 모습은 오르페우스에게서 찾을 수 없었다. 광기에 휩싸인 매나데는 결국 그를 찢어 버리고 만다. 하지만 오히려 이 사건을 통해 오르페우스는 영원한 가수가 된다. 진정으로 노래하는 시인이 되고

불타는 작은 여성은 운명에게까지 달려가 넘어뜨려 버린다. 여성은 남성보다 말할 수 없을 정도로 더 악하다. 물론 더 영리하기도 하다. 여자들에 대한 친절은 이미 퇴화의 한 형태인 것이다…. 소위 말하는 '아름다운 영혼' 전부에게는 근본적으로 생리적 폐해가 있다. 그 모든 것을 다 말하지는 않겠다. 그렇지 않으면 나는 냉소적인 의학자처럼 되어 버릴 것이다. 게다가 똑같은 권리에 대한 투쟁도 질병의 한 징후이다. 모든 의사가 그것을 알고 있다. 더 여성다운 여성일수록 손과 발을 휘저어 가면서까지 그런 권리들에 대항할 것이다. 자연 상태, 양쪽 성 사이의 영원한 싸움은 여성에게 전적으로 우위를 부여한다. 사랑에 대한 내 정의를 들을 만한 귀를 갖고 있었는가? 이 유일한 사랑만이 철학자에게 가치가 있다. 사랑, 그 수단은 싸움이고, 그 근본은 성에 대한 죽음까지 불사하는 불구대천의 증오이다. 여성을 어떻게 치유하는가, 즉 '구원하는가?'라는 질문에 대한 나의 대답을 들어나 봤는가? 아이를 갖게 한다는 것이 나의 대답이다. 여성은 자식들을 필요로 하고, 남성은 언제나 그저 수단일 뿐이

자 했던 릴케는 자신의 생애 마지막 시집의 제목을 『오르페우스에게 바치는 소네트』로 정하기도 했다. 오르페우스는 고통을 통해 열반에 드는 존재라고나 할까. 아폴론적인 것과 디오니소스적인 것은 동양의 음양 이론처럼 서로가 서로를 싸고돈다. 서로가 서로를 필요로 하는 예술 원리다. 좋고 나쁜 것으로 서로 대립을 일삼는 그런 서양의 이분법적 사고로는 도저히 이해할 수 없는 원리다. 니체의 예술 원리는 또 다른 이분법적 사고를 요구한다. 니체는 아폴론적인 것과 디오니소스적인 것이 합일을 이룰 때, 즉 이들 둘의 원리가 서로 '짝짓기'(『비극의 탄생』)를 할 때 진정한 예술이 탄생한다고 주장했다.

다. 이렇게 차라투스트라는 말했다. '여성들의 해방', 이것은 여성으로서는 실패작이 되어 버린, 즉 아이를 잘 낳는 여성들에 대한 아이를 낳을 능력이 없는 여성들의 본능적인 증오이다. '남자'에 대한 싸움은 언제나 수단이고 구실이며 작전일 뿐이다. 여성 해방론자들은 스스로를 '여성 그 자체', '더 고등한 여성', 여성의 '이상주의자'로 끌어올리려 하지만, 결국 그들은 여성의 일반적 수준을 끌어내리고 있을 뿐이다. 그것을 위해서는 고등학교 교육, 바지 입기, 정치적 참여를 허용하는 투표권보다 더 확실한 수단은 없다. 근본적으로 해방된 여성들은 '영원한 여성성'의 세계에서는 무정부주의자들이다. 그들은 늘 나쁜 길을 걸어온 자들이고, 그래서 그들의 가장 깊은 곳에 숨어 있는 본능은 복수일 뿐이다…. 가장 악의에 차 있는 '이상주의'의 족속 전체, 그런데 이런 것은 남자들에게서도 등장하는데, 그 대표적인 예가 전형적인 노처녀 헨릭 입센이다. 이런 족속의 목표는 성생활과 관련한 사랑 속에 스며 있는 좋은 양심, 그 자연적인 부분에 독을 타는 것이다…. 그렇다고 해서 이런 고찰에 있어서의 나의 점잖으면서도 엄격한 생각에 어떤 의심의 여지를 남기고 싶지는 않다. 그래서 나는 나의 도덕 법전으로부터 악덕에 반대하는 한 조항을 읊어 보려 한다.[112] 악덕이란 말로 나는 온갖 종류의 반자연에 대항하여 싸움을 벌인다. 아름다운 말을 더 좋아한다면, 이상주의가

---

112 『안티크리스트』의 마지막 부분에 수록되어 있는 「기독교 반대법」 제4조를 일컫는다.

바로 그것이다. 이 조항은 다음과 같다: "순결에 대한 설교는 반자연으로의 공공연한 도발이다. 성생활에 대한 모든 경멸, 성생활을 '불결하다'는 개념으로 더럽히는 것은 모두 삶에 대한 범죄 자체다. 삶의 성령에 대한 바로 그 진정한 죄이다." —

6.

나를 심리학자로서 이해시키기 위해 나는 『선악의 저편』에 나오는 심리학과 관련한 진기한 부분 하나를 인용하고자 한다. 하지만 그 대목에서 내가 누구를 두고 한 말인지에 대한 모든 추측은 금하는 바이다.[113] "저 위대한 은둔자가 지니고 있는 심정의 천재, 유혹

---

113 '심정의 천재'로 번역한 원문은 '다스 제니 데스 헤르첸스(Das Genie des Herzens)'이다. 마음의 천재라고 번역해도 된다. 즉 심리학자를 의미하는 것으로 보면 된다. 하지만 『선악의 저편』의 장 전체 문맥으로 보면 '심정의 천재'는 디오니소스를 의미한다. 그러나 여기서 니체는 디오니소스와 관련한 부분을 제거하고 오로지 심정의 천재가 누구인지 설명하는 부분만을 인용해 놓았다. 그러면서 심정의 천재가 곧 자기 자신, 즉 니체라는 공식을 밝히고자 했던 것이다. 그렇다 치더라도 시각을 좀 더 넓혀 이해해도 괜찮은 것 같다. 물론 좀 더 복잡해지기는 하지만 말이다. 말하자면 심정의 천재는 니체고, 니체는 심리학자이며, 그는 다시 초인인 동시에 디오니소스가 된다는 그런 공식으로 말이다. 니체의 마지막 작품들 중의 하나인 『디오니소스 송가』는 이런 의미에서 복합적인 의미를 품게 된다. 니체가 디오니소스를 찬양하는 노래이기도 하면서 동시에 자기 자신을 위한 노래라고. "나는 너의 진리다"(『디오니소스 송가』)라고 말할 때 나와 너의 관계는 일인칭과 이인칭의 그것이 아니다. "나는 너의 미로다"(『디오니소스 송가』)라고 말할 때도 같은 논리가 적용된다. 나는 곧 너이고, 너는 곧 나이다. 최고의 인식의 순간에 내뱉는 말이라는 "타트 트밤 아지(Tat tvam asi)"를 닮아 있다. 힌두교에서 하는 말이다. 굳이 번역하자면, '이게 바로 너'란 뜻이다. 이것을 우리는 '물아일체(物我一體)'니 '물아일여(物我一如)'니 하는 말로 번역하고 있을 뿐이다. 쉽게 말하면 너가 나이고, 내가 너란 논리가 확립되

자-신이자 양심이라는 쥐를 잡는 타고난 사냥꾼, 그의 목소리는 모든 영혼의 지하 세계에까지 내려갈 줄 알지만, 말 한마디 하지 않고, 눈길 하나 주지 않으며, 뒤를 돌아보지도 않으며, 유혹하는 표정 하나 짓지도 않는다. 그럼에도 불구하고 그는 자신의 모습을 드러내는 방식을 이해하고 있는 대가이다. 그는 자신이 누군지를 드러내지 않으면서도, 그를 따르는 사람들에게 더욱 그에게 다가오도록 강요한다. 그는 더욱 내면적으로 철저하게 그를 따르도록 하기 위해 스스로를 더욱 압박하는 자이다…. 심정의 천재, 그는 모든 시끄럽고 자만한 자들을 침묵하게 만들고 경청하는 법을 가르친다. 거친 영혼을 잔잔하게 하고 새로운 갈망을 맛보게 한다. 그리고 마치 깊은 하늘이 그 위에 비쳐지는 그런 거울처럼 조용히 누워 있게 한다…. 심정의 천재, 그는 우둔하고 성급한 손을 주저하게 만들고 좀 더 우아하게 붙잡는 법을 가르친다. 그것은 흐리고 두꺼운 얼음 밑에서 숨겨지고 잊혀졌던 보물과 선의와 달콤한 정신성의 물방울을 찾아낸다. 그는 긴 세월 많은 진흙이나 모래의 감옥 속에 파묻혀 있던 모든 황금 낱알을 찾아내는 마법 지팡이다…. 심정의 천재, 그가

는 순간이다. 니체의 말로 표현하자면 '스스로 신이 된 자'가 아닐까. "그런 행위를 할 자격이 있으려면 우리 스스로가 신이 되어야 하는 것이 아닐까?"(『즐거운 학문』) 이것은 니체의 예술론에도 적용된다. "그는 스스로를 신으로 느끼며, 마치 꿈속에서 신들이 소요하는 것을 본 것처럼 그 자신도 황홀해지고 고양되어 돌아다닌다. 인간은 더 이상 예술가가 아니다. 그는 예술 작품이 되어 버린 것이다. 근원적 일자의 최고의 환희를 위하여 전체 자연의 예술적 힘은 여기 도취의 소나기 아래서 스스로 나타난다."(『비극의 탄생』)

한번 어루만져 주면 모두 풍요로워져서 길을 떠난다. 그러나 은총을 받은 것도 아니고 놀란 것도 아니다. 낯선 선물에 의해 행복해지거나 부담을 느끼고 있는 것도 아니다. 그의 풍요로워짐은 오로지 자기 자신 때문이다. 자기 자신이 어느 때보다 더 새로워져 있을 뿐이다. 그는 마음을 활짝 열어 놓는다. 따뜻한 바람이 불어와 그의 비밀을 엿듣게 한다. 그는 더욱 불확실해지고 더욱 부드러워지며 더욱 깨지기 쉽고 부서진 것이 되지만, 아직 이름조차 갖고 있지 않은 희망으로 가득 차 있다. 새로운 욕망과 흐름으로, 새로운 불만과 역류로….".[114]

114 『선악의 저편』의 잠언 295번 중에서.

비극의 탄생

1.

『비극의 탄생』(1872)에 대해 공정을 기하기 위해서는 몇 가지를 잊어버려야만 한다. 이 책이 끼친 영향과 심지어 이 책의 매혹도 바로 이 책이 부족해서 생긴 것이다. 즉 이 책 자체가 마치 바그너 짓거리에 대한 사용 설명서나 되는 것처럼, 마치 그것에 대한 상승의 징후라도 되는 것처럼 취급되고 있다. 바로 이런 점들 때문에 이 작품은 바그너의 삶에서는 하나의 사건이 되고 말았다. 그때부터 바그너라는 이름에 비로소 커다란 희망이 부여된 것이다. 오늘날에도 여전히 사람들은 나를 『파르지팔』과 관련해서 기억해 내곤 한다. 이 운동의 문화적 가치에 대한 그렇게 높은 평가가 이뤄지고 있다는 점에 대해 내가 얼마나 양심을 느끼고 있는지 하고 말이다. ― 나는 이 책을 "음악의 정신으로부터의 비극의 재탄생"이라고 여러 번 인용했다. 그럼에도 불구하고 사람들은 오로지 바그너의 예술과 의도 그리고 과제의 새로운 형식만을 위한 귀를 가지고 있을 뿐이었다. 이 책이 품고 있는 근본적으로 가치 있는 점은 흘려듣고 말았다. '그리스 정신과 염세주의', 이것이야말로 이 책에 대한 좀 더 명료한 제목이었을지도 모르겠다.[115] 말하자면 그리스인들이 염세주의를 어떻게 해결했는지, 무엇을 가지고 그들이 이것을 극복했는지를 알려 주는 최초의 가르침으로서 말이다···. 비극이야말로 그리스인들이 염세주의자가 아니었다는 점에 대한 증거이다. 쇼펜하우어가 모든 점에서 실수를 범했던 것처럼, 여기서도 실수를 범했다. 어느 정도 중립성을 유지할 수만 있다면, 『비극의 탄생』은 실로 반시대적으로 보일 것이다. 이 책이 뵈르트 전투의 포화 속에서 쓰이기 시작했다는 것을 사람들은 꿈도 꾸지 못하리라. 나는 이런 문제들을 메츠의 성

---

115 니체는 27살의 문헌학 교수의 입장에서 출간하게 되는 자신의 첫 작품 『비극의 탄생』의 부제목에 대해 고민을 많이 했던 것 같다. 1872년 초판이 나올 때는 부제목으로 「그리스 정신과 염세주의」라고 붙였다. 1874년에 재판이 나오고, 그리고 또 다시 14년이 흐른 시점, 즉 1886년에 새롭게 개편된 책이 출간된다. 이때 우리가 지금 알고 있는 부제목 「음악의 정신으로부터의 비극의 탄생」이 전면에 나선다. 그런데 1886년을 생각하면 여간 복잡한 사안이 아니다. 이 때는 이미 자신의 대표작으로 꼽히는 『차라투스트라는 이렇게 말했다』(1883-1885)는 출판이 완료된 상황이고, 이제부터 자신이 평생 어떤 철학을 펼쳤는지 설명하려는 의도로 집필되는 후기철학의 첫 번째 책 『선악의 저편』(1886)이 집필되고 있던 시점이다. 14년이라는 세월이 흐른 뒤에 니체의 모습은 많은 점에서 달라져 있었다. 게다가 니체의 계산으로는 '16년'(『비극의 탄생』)이라고 한다. 아마 출판연도가 아니라 집필되던 시점을 고려해서 계산한 듯하다. 어쨌든 이 시점에 그는 이미 염세주의를 넘어섰고, 허무주의라는 이념이 길을 밝혀 주고 있을 뿐이었다. 여기에 니체는 또 하나의 서문으로 「자기비판의 시도」를 첨가한다. 초판에 실어 놓았던 서문 「리하르트 바그너에게 바치는 서문」으로는 오해의 여지가 너무 많기 때문이었다. 그런데 이 문제를 또 다시 1889년에 꺼내든다. 광기의 세계로 접어들기 직전에. 마음이 복잡하다. 부제목을 또 다시 번복해 처음의 그것으로 했더라면 하고, 후회가 섞인 음성이 들리기도 한다.

벽 앞에서, 차가운 9월의 밤들 속에서, 의무병으로 복무하던 중에 곰곰이 생각했었다. 사람들은 이 책이 벌써 50살이나 되었다고 말하면 더 쉽게 믿을 수 있지 않을까. 이 책은 정치와는 무관하다. 그래서 요즈음 말로 하자면 '비독일적'이라고 할 수도 있다. 이 책은 불쾌한 헤겔적 냄새를 풍기고 있다. 이 책은 몇 가지 정식들에서는 쇼펜하우어의 시체 썩는 냄새와 결합되어 있다. 거기서는 하나의 '이념'이, 디오니소스적과 아폴론적이라는 대립이, 형이상학적인 것으로 옮겨졌다. 역사 자체가 이 '이념'의 발전 과정이라고, 비극 속에서 그 대립이 통일을 향해 지양되었다고 말이다. 이러한 광학 하에서 이전에는 결코 마주친 적도 없었던 것들이 갑자기 대립되었고, 서로를 조명하였으며, 또 파악되었다…. 예를 들어 오페라와 혁명이라는 대립이…. 이 책에는 결정적으로 두 가지의 새로운 점들이 있다. 그 하나는 그리스인들에게서의 디오니소스적 현상에 대한 이해이다. 이 책은 그것에 대한 최초의 심리학이다. 이 책은 그 현상을 그리스 예술 전체에 대한 한 가지 유일한 뿌리로 본다. 또 다른 하나는 소크라테스주의에 대한 이해이다. 이 책은 최초로 소크라테스를 그리스를 와해시킨 도구로, 전형적인 데카당으로 파악했다. '이성' 대 본능. '이성'이라고 하는 것은 그것이 무엇이 되었든 간에 위험하고도 삶을 매장해 버리는 폭력적인 힘이다! — 이 책 전체에는 기독교에 대한 뿌리 깊은 적대적 침묵이 흐른다. 기독교는 아폴론적이지도 않고 디오니소스적이지도 않다. 기독교는 모든 미적 가치를, 즉

『비극의 탄생』이 인정하는 유일한 가치를 부정한다. 기독교는 가장 심층적인 의미에서 허무적이다.[116] 디오니소스적 상징 안에서는 긍정이 그 궁극적인 한계점에까지 이르게 되는 반면에 말이다. 이 책은 한차례 기독교의 사제들을 '지하 세계'의 '음험한 난쟁이 족속'이라고 넌지시 암시하기도 했다….

2.

이런 출발은 어떤 척도에서 보아도 진기하다 할 것이다. 나는 나의 가장 내적인 경험에 대해 역사를 이룰 만한 유일한 비유이자 짝을 찾아냈다. 그렇게 해서 디오니소스적이라는 놀라운 현상을 최초로 파악하게 되었다. 동시에 소크라테스를 데카당으로 인식하

---

116 기독교의 구원론은 내세관이다. 앞으로 올 세상에 대한 믿음으로 일관한다. 신이 다시 와서 복수해 주고 모든 것을 다시 재정립해 준다는 그런 믿음으로 말이다. "그러나 먼저 된 자로서 나중 되고 나중 된 자로서 먼저 될 자가 많으니라."(마태복음19:30) 인생역전이다. 구원은 모든 것을 새롭게 만든다. 세상 종말은 와 줘야 한다. "여호와는 보복의 하나님이시니 반드시 보응하시리로다."(예레미야51:56) 이런 확신이 기독교를 바로 세우고 있을 뿐이다. 바꿔 말하면 현세에 대한 해석이 너무도 폄하되었다. 니체는 바로 이것을 파악한 철학자다. 그는 이 대지의 뜻에 권리를 되찾아 주고 싶은 것이다. 기독교가 현세에 대해 허무한 감정을 숨기지 못하는 것처럼, 니체는 이런 이상주의적 발상에 허무한 감정을 숨기지 못할 뿐이다. 그는 허무에는 허무로 맞선다. 니체의 허무주의 앞에 허무하지 않을 수 없는 것은 하나도 없다. 모든 것은 변화하며, 모든 것은 우연이라는 이름으로 앞에 서 있을 뿐이다. 이 길로 갈까 저 길로 갈까, 인간은 늘 선택의 귀로에 서 있을 뿐이다. 그것이 인생이다. 늘 선택하지 못한 길에 대한 후회와 안타까움으로 살아야 한다. 그것이 이성적 존재의 한계다. 그렇다고 인생이 부정적이어야 할까? 니체는 아니라고 말한다. 오로지 긍정의 이념만이 디오니소스적인 것임을 주장한다.

게 되었다. 이렇게 해서 나는 도덕적 성질이 아무리 특별하다 해도 내가 심리적으로 확실하게 파악하는 것은 별로 위험해지지 않는다는 점에 대해 완전하고도 명백한 증거를 갖게 되었다. — 도덕 자체가 데카당의 징후라는 것은 인식의 역사에서도 최고의 단계에 해당하는 혁신이며 유일성이다. 이 두 가지 인식을 가지고 나는 저 가련한 바보들이 낙관주의 대 염세주의라면서 지껄여 대는 수다를 얼마나 높이 뛰어 넘어섰던가! — 진정한 대립을 본 것은 내가 최초다. 그것은 지옥에서나 있을 법한 복수욕을 가지고 삶에 저항하는 퇴화하는 본능(예를 들면, 기독교, 쇼펜하우어의 철학, 어떤 의미로는 이미 플라톤 철학도 마찬가지이고, 모든 이상주의가 그 전형적 형식들이다) 대 충만함과 흘러넘침에서 탄생한 최고의 긍정이라는 형식, 즉 고통 자체, 죄 자체, 삶의 모든 의문스럽고도 낯선 것들 자체에 대한 아무런 유보 없는 긍정이라는 형식의 대립을 말이다…. 삶에 대한 궁극적이고, 가장 즐거우며, 넘칠 정도로 충일하면서도 극단적인 용기로 충만한 긍정은 최고의 통찰일 뿐만 아니라, 그것은 또한 진리와 학문에 의해 가장 엄격하게 확인되고 유지되는 가장 심오한 통찰이기도 하다. 존재하는 것에서 빼도 되는 것은 하나도 없으며, 없어도 되는 것은 하나도 없다. — 기독교인과 다른 허무주의자들에 의해 거절당했던 삶의 측면조차 그 데카당스 본능이 승인하고, 승인해도 되었던 것들보다 서열에 있어서 무한히 더 높은 가치를 취한다. 이 점을 파악하려면 용기가 필요하다.[117] 그리고 그 용기의 조건으로서 흘

러넘치는 힘이 필요하다. 왜냐하면 용기가 과감히 전진하도록 허락

117   니체는 자신의 철학을 이해하려면 용기가 필요하다고 끊임없이 반복해서 말하고 있다. 물론 용기를 철학적으로 다룬 사람이 니체가 처음은 아니다. 가장 대표적인 예로는 칸트(Immanuel Kant, 1724-1804)의 계몽주의 철학일 것이다. 그는 「계몽주의란 무엇인가」(1784)라는 논문의 첫 단락에서 다음과 같이 말한 바 있다: "계몽주의란 인간이 자기 자신에게 죄가 있는 무능함으로부터 빠져나가는 것이다. 무능함이란 타인의 개입 없이 스스로 자신의 오성을 사용할 줄 모르는 무능력이다. 만약 그 원인이 오성의 부족이 아니라 타인의 개입 없이 스스로 자신의 오성을 사용할 결단과 용기가 부족해서라면, 이 무능함은 자기 자신에게 죄가 있는 것이다. 자페레 아우데(Sapere aude)! 네 자신의 오성을 사용할 용기를 가져라! 이것이 그러니까 계몽주의의 모토이다." 칸트가 계몽주의 철학의 모토, 즉 좌우명으로 선택한 미덕은 인간이 스스로 자신의 오성을 사용할 결단과 용기였다. 자페레 아우데는 로마 시대의 시인 호라티우스(Horatius)가 한 말이지만, 이것을 철학의 개념으로 사용함으로써 유명하게 만든 장본인이 칸트였다. 그가 이 말로 전하고자 했던 메시지는 타인이 가르쳐 주는 대로 생각하고 행동하는 것이 아니라, 자기 자신의 목소리에 귀를 기울이고 또 자기 자신의 생각에 따라 충실하는 것이었다. 이것이야말로 계몽주의의 가르침이었다. 타인의 의지대로 생각하지도 행동하지도 말라는 것이 말이다. 이 대목만 보면 니체가 요구하는 용기와 별반 다를 바 없어 보인다. 칸트의 철학은 지극히 개인적인 것이 입법의 원리로 나아갈 수 있다는, 소위 '정언명법'의 신념 하에서 자신의 철학을 이끌어 갔다. 하지만 니체는 지금까지 인정받고 있던 모든 가치관에 맞설 용기를 부르짖는다. 바로 이 점이 칸트와 니체가 서로 다른 목소리를 내는 부분이다. 전체에 부합할 진정한 부분을 찾으라는 목소리가 칸트의 것이라면, 전체처럼 보이는 우상이나 허상을 깨고 그것에 길들여져서 습관처럼 살아왔던 모습을 버리고 진정한 모습을 되찾으라는 목소리가 니체의 것이다. 그는 지금까지 인정받던 가치들에 대해 허무함을 느낄 뿐만 아니라 망치로 깨 버리고 또 과감하게 버릴 것을 가르친다. 그러기 위해서 용기가 필요한 것이다. 모든 것을 바쳐 믿었던 대상을 버리기 위한 용기 말이다. 니체가 요구하는 용기의 내용은 영원을 포기하고 한계를 받아들일 용기, 영생을 포기하고 죽음으로 한계가 운명적으로 정해져 있는 삶을 인정할 용기, '수고하고 무거운 짐 진 자들'(마태복음11:28)의 노고를 대신 져 줄 이에게 맡기기보다는 스스로 자기 자신의 삶이 힘들다는 것을 있는 그대로 받아들일 용기, 신을 포기하고 자기 자신을 선택할 용기, 천국을 포기하고 대지를 선택할 용기 등으로 요약될 수 있다. 니체의 허무주의는 절망으로 이끌고 간다. 하지만 바로 그 절망의 순간에 희망의 끈을 손에 쥐어 주는 반전의 묘미가 스며 있는 철학이다. 니체는 삶의 현장 혹은 자기 자신까지도 미궁으로 비유할 때가 많다. 그 안에는 미노타우로스라 불리는 괴물이 산다고도 한다. 무서운 곳이다. 괴물의 습격을 당해 죽을 수도 있다. 들어가려면 목숨을 걸어야 한다. 또 빠져나오는 일도 만만치 않다. 미궁이라서 그렇다. 그렇다고 물러서거나 뒤로 돌아설 수도 없다. 자기 자신의 삶이기 때문이다. 자기 자신이기 때문이다. 자기를 찾고 싶으면 자기 자신과 싸워야 한다. 모

하는 꼭 그만큼, 힘이 있는 정확히 그 정도만큼, 사람들은 진리를 향해 가깝게 다가가기 때문이다. 현실에 대한 긍정이라는 이 인식은 강자에게는 하나의 필연이다. 현실에 대한 비겁과 도망이, 즉 '이상'이 약함의 영감에 취해 있는 약자에게 하나의 필연이듯…. 이들에게 인식은 자유롭지 못하다. 왜냐하면 데카당들은 거짓을 필요로 하기 때문이며, 거짓은 데카당의 보존 조건 중의 하나이기 때문이다. — '디오니소스적'이란 단어 자체를 이해할 뿐만 아니라, 자기 자신까지도 '디오니소스적'이란 단어로 이해하는 자는 플라톤이나 기독교 혹은 쇼펜하우어에 대항할 그 어떤 반박도 필요하지 않다. 그는 이미 이들에게서 썩은 냄새를 맡았기 때문이다….

3.

내가 어느 정도로 '비극적'이란 개념을, 즉 비극의 심리학이 무엇

든 희망의 끈을 끊어 놓으면서도 또 다른 희망의 끈은 손에 거머쥐고 싸워야 한다. 버려야 할 희망은 무엇인지 취해야 할 희망은 무엇인지, 그것만 알고 나면 니체는 친구처럼 느껴질 수도 있다. 그가 보여 주는 세상은 결코 지옥이 아니다. 천국이다. 새로운 의미의 천국이다. 그의 말로 하자면, '지상천국'이다. "새 신앙인의 천국은 물론 지상의 천국이어야 한다."(『반시대적 고찰』) '천 년 왕국'(참고. 요한계시록20:1-6)이 아니라 '청년 왕국'이다. "왜냐하면 그렇게 되면 젊은 이의 왕국이 도래할 것이기 때문이다."(『반시대적 고찰』) 그리고 니체는 이 용기의 조건으로 힘을 강조했다. 결국 힘이다. 용기가 본질의 영역을 담당한다면 힘은 현상의 영역을 담당한다. 하지만 이 힘이 결국 모든 것을 감당할 수 있게 하는 원인이 된다. 그의 미완성 작품의 제목처럼 '힘에의 의지' 내지 '권력에의 의지'가 결론이다. 허무주의 철학이 도달한 마지막 종착역이라고나 할까.

인지에 대한 결정적인 인식을 발견했는지에 대해서는 최근에 『우상의 황혼』에서도 언급한 바 있다. "가장 낯설고 가장 가혹한 문제들에 직면해서도 삶을 긍정하는 것 자체, 이것이 바로 삶에의 의지이다. 즉 자신에게 있어서 최상의 모습을 희생시키면서도 자기 고유의 것에 대해 지칠 줄 모르고 환희를 느끼는 것, 이것을 나는 디오니소스적이라고 불렀다. 또 나는 이것을 비극적인 시인의 심리에 이르는 다리로 이해했다.[118] 공포와 동정에서 벗어나기 위해서가 아니다. 즉 감정을 격렬하게 방출시켜서 그 위험한 감정으로부터 자기 자신을 정화시키기 위해서가 아니다. 아리스토텔레스는 그것을 이런 식으로 오해하고 있었다. 그것은 오히려 공포와 동정을 넘어서서 변화의 영원한 욕구 자체가 되기 위한 것이다. 이 욕구는 게다가

---

118 비극과 디오니소스의 관계는 복잡 미묘하다. 비극은 디오니소스 축제의 핵심이다. 그런데 그 비극 공연 중에는 디오니소스가 단 한 번도 등장하지 않는다. 비극 공연 자체는 디오니소스 신을 위한 제전으로 불렸다. 마치 제사를 지내는 것과 같다. 밥상을 차려 놓고 절을 올리기는 하지만 그 온갖 행사를 받을 선조는 보이지 않는 것과 같은 이치이다. 여기에 반드시 이해하고 넘어가야 할 심리적인 문제가 스며 있다. 왜 고대인들은 디오니소스 축제를 위해 비극이라는 도구를 선택했을까? 이것이야말로 허무주의 철학의 핵심을 이루는 문제가 된다. 니체는 삶을 인정하고자 하는 생철학의 일환으로 허무주의를 택했다. 삶은 힘들고 비극적이다. 이것만큼은 피할 수 없는 필연이다. 맑은 하늘을 바라보면서도 눈물을 흘릴 수 있는 게 인간이다. 비극은 사람 사는 이야기다. 하지만 그것을 견뎌 내고 나면 디오니소스 축제라는 반전을 경험할 수 있다. 비극은 결국 망아의 축제를 위한 다리 역할을 하고 있을 뿐이다. 마치 참고 견뎌야 할 사바세계를 진정으로 극복하고 나면 열반을 약속하는 불교의 이론과 같다고나 할까. 이것이 바로 니체가 요구했던 '강한 염세주의'(『비극의 탄생』)의 이념이다. 삶이 준비하고 있는 생로병사는 회피의 대상이 아니다. 그것은 인식을 위한 전제가 될 뿐이다. 죽음으로 끝나는 삶이라 해도 진정 자기 것이기에 사랑하는 마음으로 끌어안아 줘야 한다.

자기 자신을 파괴할 수 있는 욕구까지도 포함하고 있다…."[119] 이런 의미에서 나는 나 자신을 최초의 비극적 철학자로 이해할 권리가 있다. 말하자면 염세적 철학자에 대한 극단적인 대립이자 대척자로서 말이다. 나 이전에는 디오니소스적인 것을 이렇게 철학적 파토스로 변형시키는 일은 존재한 적이 없다. 한마디로 비극적 지혜가 결여되어 있었다. 나는 소크라테스 이전의 두 세기에 걸쳐 위대한 그리스 철학자들에게서 그런 것에 대한 징후를 찾아보았지만 헛수고였다. 헤라클레이토스에게서만큼은 약간의 의문점이 남아 있기는 하다. 왜냐하면 그 어떤 다른 곳에서보다 그의 곁에서 더 따뜻하고 또 더 좋은 기분을 느끼기 때문이다. 디오니소스적 철학에서 결정적인 것에 해당하는 것, 즉 무상하게 사라지는 것과 폐기되어 없어지는 것에 대한 긍정, 대립과 싸움에 대한 긍정, 그리고 '존재'라는 개념에

---

119 니체에게 있어서 자기 파괴 욕구는 자기 형성 욕구와 맞물린다. 창조가 파괴를 전제하듯이. 진정으로 자기 자신을 찾고 싶다면 지금까지 믿어 왔던 자기 자신으로부터 벗어날 줄 알아야 한다. 지금까지 태양을 향해 맹목적인 삶을 살아왔다면, 그 태양으로부터 등을 돌려 그림자와도 맞설 줄 알아야 한다. 하지만 그림자와의 대화는 그다음을 위한 행동일 뿐이다. 또 다시 등을 돌려 태양을 향해야 한다. 그것을 감당할 수 있어야 한다. 돌아섬을 반복하면서 삶은 끊임없이 중생(重生)을, 즉 거듭 다시 태어남을 경험하게 되는 것이다. 떠나고 돌아옴을 자유자재로 실천해 낼 때 끊임없는 극복의 달인이라 할 수 있는 초인의 이념은 실현되는 것이다. 예를 들어 밤이 되면 눈을 감고 잠을 청할 줄도 알아야 한다. "그러니 잠을 잘 이루지 못하고 뜬눈으로 밤을 새는 사람들을 멀리하라!"(『차라투스트라는 이렇게 말했다』) 늘 지나친 것은 금물이다. 이럴 수도 있고 저럴 수도 있어야 한다. 삶은 그 균형을 잘 잡아 줄 때 이상적인 것이 된다. 그래서 니체는 "나는 춤을 출 줄 아는 신만을 믿으리라"(『차라투스트라는 이렇게 말했다』)며, 춤을 출 줄 아는 자를 신으로 부르기도 했던 것이다. 균형을 잡을 줄 아는 달인으로 말이다.

대한 극단적인 거부까지 포함하고 있는 변화, 이런 것들 속에서 나는 무엇보다도 지금까지 생각될 수 있었던 것들 중에서도 나와 가장 유사한 것을 인정하지 않을 수 없다. '영원회귀'에 대한, 즉 무조건적이고도 무한히 반복되는 모든 사물들의 순환에 대한 가르침, 이 차라투스트라의 가르침은 이미 헤라클레이토스에 의해 먼저 가르쳐졌을 수도 있다. 거의 모든 근본적인 생각들을 헤라클레이토스로부터 유산으로 물려받았던 스토아학파는 적어도 그것에 대한 흔적을 갖고 있다. ―

4.

이 책에서는 엄청난 희망이 이야기되고 있다.[120] 결국 나는 음악의 디오니소스적 미래에 대해 거는 희망을 거둬들일 이유가 없다. 백 년만 앞을 내다보자, 그리고 자연에 거역하고 인간에 해코지를 해 온 2천 년에 대한 나의 암살 행위가 성공했다고 하자. 그런 상황

---

120 『비극의 탄생』은 희망의 메시지로 충만해 있음을 밝히고 있다. 이 제목 때문에 독자는 자주 혼란스러워 할 때가 많다. 비극을 그저 슬픈 이야기로 간주할 때 이런 실수가 벌어지고 만다. 니체가 비극을 설명하고자 하는 이유가 바로 여기에 있다. 비극은 삶의 근본이다. 비극이 없다면 삶도 아니다. 삶이 있는 곳에는 여지없이 비극이 있다. 비극을 이해하면 삶도 보인다. 그래서 비극의 탄생은 삶의 탄생이기도 하다. 잃어버렸던 삶은 무엇인가? 그런 와중에 삶이라고 간주해 왔던 삶은 또 무엇인가? 이런 시각으로 다가서면 『비극의 탄생』은 충분히 희망의 복음서로 읽어 낼 수 있을 것이다.

이 벌어질 수만 있다면 삶을 새로운 방식으로 편드는 인생 정당이 대지 위를 다시 삶으로 충만하게 해 줄 수 있을 것이다. 이 정당이 떠맡아야 할 모든 과제들 중에서 가장 위대한 과제는 인류를 더 높이 사육시키는 일을 착수하는 것이며, 동시에 모든 퇴화하고 있는 자들과 기생충과 같은 자들을 가차 없이 제거하는 일이다. 나는 하나의 비극적인 시대를 약속하는 바이다. 만약 인류가 가장 혹독하고 가장 필연적인 전쟁들에 대한 의식을 극복해 냈다면, 게다가 그 것에 대해 전혀 고통도 느끼지 않았다면, 이 시대에는 삶을 긍정하는 데는 최고의 예술이라 할 수 있는 비극이 다시 탄생하게 될 것이다….[121] 어떤 심리학자는 여기서 다음과 같은 것들을 덧붙일 수 있다. 내가 젊었을 때 바그너의 음악에서 들었던 것은 바그너와는 전혀 상관도 없다는 것, 또 내가 디오니소스적인 음악에 대해 기술했을 때 오로지 내가 들었던 그것만을 기술했다는 것, 그리고 내가 내 안에 지니고 있는 그 모든 것을 본능적으로 그러한 새로운 정신 속으로 옮겨 놓고 변형시켜야만 했다는 것을. 그에 대한 아주 결정적이라고 말할 수 있는 증거는 바로 「바이로이트의 바그너」라는 제목

---

121 비극이 다시 탄생할 수 있는 문화적·정치적 여건을 만들어 주는 것이 니체의 철학적 열망이 자 목적이다. 그는 삶 자체를 이념으로 전면에 내세우고 삶을 양심적으로 편들어 주기를 바란다. 그는 대지 위에 진정한 삶으로 충만해지기를 적극적으로 바란다. 비극은 삶을 긍정하는 최고의 예술이다. 고대 페리클레스 시대에 민주주의와 비극 문화가 공존한 것처럼. 바로 이런 이유 때문에 니체는 '비극의 탄생'을 그토록 염원하는 것이다.

의 나의 글이다.[122] 이 글에서 심리학적으로 결정적인 부분은 오로지 나에 관한 이야기뿐이다. 이 텍스트에서 바그너라는 단어가 나오면, 그것을 아무 생각 없이 나의 이름이나 '차라투스트라'라는 단어로 바꿔 놓아도 된다.[123] 디오니소스 송가를 불러 대는 예술가의 전체적인 형상은 차라투스트라라는 선재적인 시인의 형상이다.[124] 그

---

122 모두 4권으로 이루어져 있는 『반시대적 고찰』(1873-1876)의 제4권을 일컫는다. 제1권 「고백자이며 저술가인 다비드 슈트라우스」, 제2권 「삶을 위한 역사의 유용성과 부작용」, 제3권 「교육자로서 쇼펜하우어」, 제4권 「바이로이트의 리하르트 바그너」.

123 이를 두고 니체 철학의 '삼위일체'라고 말하면 어떨까. 니체와 차라투스트라 그리고 디오니소스는 하나라고. 왜냐하면 니체는 무(無)를 기다리다가 차라투스트라의 영감을 얻었고, 그의 영혼을 통해 철학을 했고, 또 그는 디오니소스의 제자이기를 자처했을 뿐만 아니라 그의 아들일 수도 있다고 고백하기 때문이다. 차라투스트라가 말한 것은 모두가 니체의 철학을 이룬다. 그의 철학은 오로지 디오니소스적 광기와 도취에 의해 의미를 찾을 수 있을 뿐이다.

124 선재적으로 번역된 독일어는 프래엑시스텐트(präexistent)이다. 프래라는 접두어와 엑시스텐트가 결합된 단어다. 말 그대로 '미리 존재하는'이란 뜻이다. 차라투스트라의 이념은 미리 존재했었다. 그것을 두고 차라투스트라라고 명명하는 것은 그 이후의 일일 뿐이다. 마찬가지로 디오니소스적인 현상은 고대의 그 어느 시점부터 이미 존재해 왔다. 그것을 두고 디오니소스적이라고 부르는 것은 그 이후의 일이다. 이는 마치 "태초에 말씀이 계시니라 이 말씀이 하나님과 함께 계셨으니 이 말씀은 곧 하나님이시니라"(요한복음1:1) 하는 것과 같은 논리가 아닐까. 태초에 말씀이 있었지만 그것이 있을 때 이미 하나님이 있었다는 그런 논리 말이다. "디오니소스 송가를 불러 대는 예술가의 전체적인 형상은 차라투스트라라는 선재적인 시인의 형상"이라는 이 말은 곧 디튀람보스를 불러 대는 예술가들, 즉 디오니소스적 이념을 예술로 승화시켜 내는 자들 모두가 이미 차라투스트라의 이념과 동일하게 맞물린다는 뜻이기도 하다. 이들의 영혼은 깊이를 알 수 없는 심연 속으로 몰락하기도 하고, 또 비극적인 상황 속에서도 아름다움을 찾아내는 독수리의 시선을 갖고 있기도 하다. 또 높이를 모를 정도로 아찔한 경지까지 도달했다가 또다시 필연적으로 가장 성스러운 귀결로 몰락을 감수하기도 한다. 마치 파도처럼 영원히 오고 간다. 그것만이 생동하는 삶의 현상일 뿐이다. 도처에 돌발적인 우연이 도사리고 있지만 그것조차 아름답다고 말할 때 가치를 인정받게 되는 것이다. "세계의 실존은 오로지 미적 현상으로만 정당화된다."(『비극의 탄생』) 세계의 정당성을 변호하고자 하는 것이 니체 철학의 이념이다. 이 세계만이 실존임을 주장하는 것이 니체의 음성이다.

모습은 심연과 같은 깊이로 그려져 있고, 바그너적 현실성은 한순간도 건드리지 않는다. 바그너 자신도 이런 점을 알고 있었다. 즉 그는 이 글에서 자기 자신을 다시 발견하지 못했다. ― 이와 같이 '바이로이트의 사상'은 나의 『차라투스트라는 이렇게 말했다』를 알고 있는 사람들에게는 수수께끼 개념이 아닌 어떤 것으로 변형되었다. 즉 그것은 가장 정선된 사람들이 모든 과제들 중에서 가장 위대한 과제를 위해 헌신하는 저 위대한 정오로 변형되었다.[125] ― 누가 알겠는가? 내가 체험하게 될 하나의 축제에 대한 비전을…. 이 글의 첫 페이지들에 나오는 파토스는 세계사적이다. 거기서 이야기되고 있는 시선은 진정한 차라투스트라의 시선이다. 바그너, 바이로이트, 아주 작은 독일적 비참함은 모두 미래에 대한 무한한 신기루가 반영되어 있는 하나의 구름이다.[126] 심리학적으로도 내 고유한 본성의 결정

---

125 '위대한 정오'는 특히 '차라투스트라'의 입에서 나온 마지막 말이며 동시에 『차라투스트라는 이렇게 말했다』의 대미를 장식하는 구절이다. "'이것은 나의 아침이며, 나의 낮이 시작되고 있다. 이제 솟아올라라, 솟아올라라, 너 위대한 정오여!' ― ― / 차라투스트라는 이렇게 말하고는 그의 동굴을 떠났다. 빛을 발하며 그리고 강력한 모습으로, 마치 어두운 산에서 밖으로 나오는 아침 태양처럼."(『차라투스트라는 이렇게 말했다』) 차라투스트라는 태양의 모습을 하고 있다. 어두운 세상에 빛을 주기 위해 태양처럼 몰락하고자 했던 첫 장면의 의지와 맞물린다. 물론 하산하고 입산하는 그 반복은 끊임없는 순환의 고리 형상을 띠고 있을 뿐이다. '차라투스트라가 이렇게 말한' 내용은 마치 태초와 종말의 형식으로 닫힌 이야기, 즉 시작이 있고 끝이 있는 그런 이야기가 아니다. 죽을 때까지 욕망의 불을 태움으로써 구원을 받는 파우스트의 이념처럼. 차라투스트라는 끊임없이 한계에 도전하고 또 그 한계를 넘어서기를 반복하고 있을 뿐이며, 바로 그 과정 속에서 삶의 이념은 구원의 반열에 오르게 되는 것이다. 디오니소스 축제가 삶의 이름으로 벌어지고 있다. 차라투스트라의 시선에는 비극이 탄생하게 되는 그런 비전으로 충만하다.

적인 모든 특징들은 바그너의 것 속으로 들어가 있다. ― 가장 밝고도 가장 숙명적인 힘들이 공존하는 것, 어떤 인간도 갖지 못했던 권력에의 의지, 정신적인 면에서의 무자비한 용기, 행동으로 옮겨야겠다는 압박감을 갖지 않고도 배움에 임할 수 있는 한계를 모르는 힘 등이 말이다. 또 모든 것은 그 글 속에서 미리 예고되고 있다. 그리스 정신의 회귀가 가까이 있고, 알렉산더가 끊어놓았던 그리스 문화의 고르디우스의 매듭을 다시 묶는 알렉산더-반대자들의 등장은 필연적이라는 것 등이⋯. '비극적인 성향'이라는 개념을 끌어들였던 세계사적으로 중요한 목소리가 들릴 것이다. 이 글 속에는 오로지 세계사적 목소리뿐이다. 이것이야말로 존재할 수 있는 것 중 가장 낯선 '객관성'이다. 내가 무엇인지에 대한 절대적인 확실성은 어떤 우연한 현실성 위로 투영되고 있다. ― 나에 관한 진실은 소름끼치는 심연으로부터 말을 꺼낸다.[127] 이 글에는 차라투스트라의 문체

---

126 니체는 '구름'에 대한 비유를 자주 언급했다. 대표적으로 그는 『차라투스트라는 이렇게 말했다』에서 구름을 번개를 잉태할 힘의 원천으로 설명하면서 이렇게 말한 바 있다. "너희를 혀로 핥을 번갯불은 어디에 있는가? 너희에게 접종했어야 할 광기는 어디에 있는가? / 보라, 나 너희에게 초인을 가르치노라. 그가 바로 번갯불이요 광기다! ⋯ 나는 사람들에게 그들의 존재가 지니고 있는 의미를 터득시키고자 한다. 그것은 초인이요, 사람들이라는 먹구름을 뚫고 내리치는 번갯불이다." 즉 구름은 징조다. 초인이 나타날 순간이 무르익었다는 신호다. 구름은 모이고 모여 먹구름이 되고, 그것은 결국 대지를 위해 단비를 내려 주는 존재로 거듭난다. 물론 때로는 번개라는 회초리로 혼쭐을 낼 때도 있겠지만 그것 또한 대지를 위한 처사일 뿐이다. 앞서 니체는 바그너라는 단어가 등장하는 곳에 자기 이름이나 차라투스트라를 대체해 놓아도 된다고 했다. 즉 바그너나 그의 축제 극장이 있었던 도시 바이로이트라는 개념 또한 이런 초인의 탄생을 가능케 하는 긍정적 요인으로 해석될 수 있음을 주장하고 있다.

가 결정적인 확고함에 의해 서술되고 선취되고 있다.[128] 그리고 차라
투스트라라 불리는 사건을, 즉 인류의 엄청난 정화와 봉헌식이 이루
어지는 그런 장을 이 글에서 발견되는 것보다 더 위대한 표현은 결
코 발견할 수 없을 것이다. ─

127 어두운 심연은 진실이 스며 있는 곳이다. 무섭다고 돌아서면 안 되는 곳이다. 진실을 알고 싶
다면 심연과 맞서야 한다. 끝이 안 보이는 그곳으로 몰락할 줄 알아야 한다. 소름끼치는 일들
이 벌어질 것이다. 니체는 삶을 어떤 허황된 말로 꾸며 놓을 생각이 전혀 없다. 삶을 두고 영
생이라는 사탕발림으로 위로하지 않는다. "너의 영혼은 너의 신체보다 더 빨리 죽어 갈 것이
다."(『차라투스트라는 이렇게 말했다』) 이것이 진실이다. 진실은 잔인하다. 비극적이다. 차라투스
트라의 목소리는 일단 이런 허무함부터 감당하라고 천둥처럼 윽박을 지르고 있는 것 같다. 번
개는 차라투스트라의 이념이라고 했다. 그것이 들을 수 있는 소리로 전환되는 데는 수백 년이
걸릴지도 모른다. 현대인이 현대의 한계를 느끼고 마침내 현대 이후에 대한 비전을 바라볼 수
있는 그런 때가 오면 대지는 초인의 이념으로 충만해질 것이다. 그때 대지는 축제의 장이 되
어 줄 것이다.
128 차라투스트라의 문제는 초인의 언어로 이루어진 문제이다. 삶에의 의지로 가득 차 있는 문제
이다. 일종의 연극 형식으로 이루어진. 그래서 비극 속에서만 언급될 수 있는 문제이다. 디오
니소스 송가로 승화될 수 있는 문제이다. 이런 관점에서 니체는 훗날 『비극의 탄생』의 서문을
다시 쓰며 그때 이미 말을 하지 말고 노래를 했어야 한다고 유감스런 자기비판을 쏟아 냈던
것이다. "새로운 영혼은 노래했어야 했다. 말하지 말고!"

반시대적인 것들

1.

모두 네 권으로 이루어진 『반시대적 고찰』은 전적으로 호전적이다. 이것들은 내가 '몽상가'가 아니라는 점, 내가 검을 뽑아 드는 일을 즐거워한다는 점, ― 아마도 내가 위험하리만큼 자유로운 손목을 가지고 있다는 점도 역시 입증하고 있다. 첫 번째 공격(1873)은 내가 그 당시 이미 사정없이 경멸하며 바라보았던 독일 교양으로 향했다. 그것은 의미도 내용도 목표도 없는, 그저 하나의 '여론'에 불과할 뿐이었다. 독일의 대단한 군사적 성공이 그 교양에 이로운 무언가를 입증했다고, 특히 그 교양이 프랑스를 이겼다고 믿는 것보다 더 악의적인 오해는 없다…. 두 번째 반시대적 고찰(1874)은 우리가 학문을 하는 방식 속에서 만연해 있는 위험한 것, 삶을 갉아먹는 것, 삶을 독살하는 것을 백일하에 드러냈다. ― 거기서의 탈인간적인 톱니바퀴와 메커니즘으로 인해, 노동자의 '비인간성'으로 인해,

'노동 분업'이라는 잘못된 경제학으로 인해 삶은 병이 든다. 목적은 상실되고, 문화는, 즉 학문에 임하는 현대적인 방식으로서의 도구는 야만적으로 변했다…. 이 글에서는 금세기의 긍지로 간주되고 있던 '역사적 감각'이 최초로 질병으로, 몰락의 전형적 징후로 인식되었다. ― 세 번째와 네 번째 반시대적 고찰은 문화의 보다 더 높은 개념을, 그리고 '문화'라는 개념의 재건의 가능성을 보여 주고 있다. 가장 완고한 자기 추구와 자기 도야라는 두 개의 모범을 제시하고 있다. 이것들은 말 그대로 전형적인 반시대적 유형들이다. 그리고 이것들 주변을 둘러싸고 있는 것, 예를 들어 '제국', '교양', '기독교', '비스마르크', '성공' 등으로 불리고 있던 모든 것에 반대하며 주권적으로 대응하는 경멸로 가득 차 있다. ― 쇼펜하우어와 바그너 혹은, 하나의 단어로 말하자면 니체이다….

2.

이 네 번의 암살행위 중에서 첫 번째 것은 탁월한 성공을 거두었다. 그것이 불러일으켰던 야단법석은 모든 의미에서 훌륭했다. 나는 승리감에 도취되어 있는 국가의 상처 부위를 건드렸다. ― 그 국가의 승리는 문화적 사건이 아니라, 아마도, 정말 아마도 전혀 다른 어떤 것일지도 모른다면서…. 대답은 모든 측면으로부터 쏟아졌다. 그러니까 오로지 다비드 슈트라우스의 옛 친구들에게서만 나온 것은 아니었다. 나는 그를 독일적인 교양의 속물인 동시에 스스로 만족하는 인물의 전형으로, 짧게 말하자면 맥줏집-복음에 불과한 『옛 신앙과 새로운 신앙』의 저자로서 웃음거리로 만들었다(이제 나의 글로 인해서 교양의 속물은 누구나 다 아는 관용어가 되어 버렸다).[129] 내가 그를 뷔르템부르크 출신의 슈바벤 사람이라 불렀을 때, 또 내가 그를 그들의 기괴한 환상 동물이라고, 그들의 슈트라우스라고 우습게 여겼을 때 깊은 상처를 받았던 그의 옛 친구들은 내가 어느 정도 기대하고 있었던 무례하고도 거칠게 응답을 해댔다. 프로이센 사람들의 반응은 조금 더 영리했다. 그들은 '베를린의 블루'를 좀 더 가슴속에 품고 있었다.[130] 가장 정도를 벗어났던 것은 그 악명 높은 『그렌츠

---

129 '교양의 속물'은 빌둥스필리스터(Bildungsphilister)를 번역한 것이다. 이 개념은 니체에 의해 철학적인 개념으로 자리잡힌다. 누구나 다 알고 있을 뿐만 아니라 그것이 대세라는 인식이 전제된다. 그것이 지닌 권력은 압도적이다. 아무도 그것에 저항할 엄두를 못 낸다. 눈치를 보게 한다고나 할까. 아는 것이 오히려 문제가 되는 상황이다. 니체는 언제나 이런 것에 허무함을 느끼며 다가선다. 그것이 허무주의 철학의 태도다. 나중에 등장하는 개념이라면 '신'도 이와 연관해서 이해할 수 있다. 허무주의 철학을 대변하는 문구로 유명한 '신은 죽었다'는 모두가 인정하는 것에 대한 저항이나 다름없다.

130 1709년 8월에 요한 레온하르트 프리쉬(Johann Leonhard Frisch, 1666-1743)라는 선생이 파란색을 '프로이센의 블루'라고 불렀고, 같은 해 11월에는 이것을 '베를린의 블루'라고 바꿔 불렀다. 니체는 여기서 이 개념을 비유적으로 적용하고 있다. 즉 파란색은 낭만주의를 대변하는 색깔이다. 프로이센의 낭만주의 분위기를 싸잡아 비난하고 있다고 보아도 된다. 그 낭만적 분위기를 이어 가면서 정치권에서는 비스마르크(Bismarck, 1815-1898)가 검열 정치를 통해 국회를 강제적으로 통제하면서도 '철'에 집중한 군사 문화를 기반으로 한 국가의 강력한 이미지를 선전하고 있었고, 대학가에서는 헤겔(Hegel, 1770-1831)이 정반합의 원리로 역사는 오로지 발전만 할 뿐이라는 낭만적인 철학을 내놓으면서 현실을 직면하기보다는 오히려 외면해 버리는 결과를 초래하고 있었다. 밤하늘의 달을 바라보며 위로를 얻는다고나 할까. 낭만주의 시대의 대표적인 장르로 꼽히는 동화 수집도 이때 이루어졌다. 현실보다는 동화의 나라를 선호하게

보텐』이라는 라이프치히 잡지였다. 나는 격분한 바젤 친구들의 발걸음을 잡아 두느라 진땀을 흘려야 했다. 무조건 내 편을 든 사람들은 몇몇 나이 든 분들이었고, 그 이유는 복합적이었고 부분적으로는 알 수도 없었다. 그중에 괴팅엔 출신의 에발트는 슈트라우스에 대한 나의 암살 행위가 치명적이었노라고 이해해 주었다. 늙은 헤겔주의자 부르노 바우어도 마찬가지였다. 이때부터 그는 나의 글들을 가장 주의 깊게 읽는 독자들 중의 한 사람이 되었다. 그는 말년에 내게 뭔가를 가르쳐 주려고 애를 썼다. 예를 들어 그는 프로이센의 역사기술가인 폰 트라이체커에게 눈길을 한번 주기를 바랐었다. 바로 그에게서 상실되어 버린 '문화' 개념에 대한 정보를 얻을 수 있을 것이라며 추천해 주었던 것이다. 이 반시대적 고찰과 그 저자에 대한 가장 신중하고도 긴 평가는 철학자 바더의 옛 제자인 뷔르츠부르

되는 그런 것이 대세였다. 현실 세계는 그냥 싫었다. 내세라도 희망적이었으면 하는 바람이 국민의 정서를 장악했다고 할까. 물론 낭만주의 시대는 니체의 선배 세대에 해당한다. 그러나 이런 분위기 속에서 프로이센의 현실 감각과 역사 감각은 왜곡된 채 형성되고 있었다. 그 와중에 프랑스와의 전쟁에서 승리를 거둠으로써 정치적 허세는 승승장구하고 있었다. 소위 하늘 높은 줄 모르고 까불고 있다고나 할까. 여기서부터는 니체가 직접 경험한 시대적 상황이다. 그 당시 국가와 민족을 대변한다는 사람들은 마치 "볼품없는 사람이 거울 앞에 서서 수탉처럼 거드름을 피우며 거울에 비친 자신의 모습과 찬탄의 눈길을 주고받는 광경을 바라보는 것보다 더 민망한 일이 어디 있겠는가"(『반시대적 고찰』) 하며 걱정을 토로하기도 했다. 국가는 승리감에 도취되어 있었고, 그 승리감은 준비되지 않은 자에게 주어진 칼처럼 위험천만한 상황을 연출해 내고 있었다. 마치 전쟁 훈련에만 몰두했던 스파르타가 문화 강국 아테네를 몰락시킴으로써 그리스 문명 전체를 몰락의 길로 끌고 들어갔던 상황을 떠올리기도 했다. 이러다간 정말 큰일 나겠다는 것을 직감한 니체는 국가와 현실 상황에 대해 일침을 가하는 책을 내놓게 된다. 그것이 바로 『반시대적 고찰』인 것이다.

크 대학의 호프만 교수에 의해서 이루어졌다. 그는 이 글을 통해 나를 위한 하나의 커다란 동조의 목소리를 예견하고 있었다. 그는 내가 무신론이라는 문제의 영역에서 일종의 위기와 최고의 결단을 불러일으키며, 또 나를 그런 무신론의 가장 본능적이고도 가장 가차 없는 유형이라고 본 것이다. 무신론은 나를 쇼펜하우어에게로 이끌어 주었던 바로 그것이었다. 글을 쓸 줄 아는 최후의 인간적인 독일인 칼 힐레브란트는 원래는 아주 부드러운 사람인데, 내게 대단히 강력하고도 용기 있는 응원을 해 주었다. 그것은 전적으로 최고의 것이었지만 가장 씁쓸하게 받아들여졌다. 「아우크스부르거 알게마이네 차이퉁」에 실린 그의 글을 읽어 보라. 오늘날에는 좀 더 신중하게 고쳐진 형식으로, 즉 그의 전집을 통해서 읽을 수 있다. 거기서 나의 글은 사건이자 전환점이며 최초의 자기 결정으로, 최고 중의 최고의 징후로 서술되었다. 또 그것은 정신적인 사항에 있어서 독일적인 진지함과 독일적인 열정이 정말로 귀환한 것으로 제시되어 있다. 힐레브란트는 나의 글이 지니고 있는 형식, 그 성숙한 취향 그리고 인물과 사태를 구분하는 그 완벽한 박자 감각에 대해 아주 높은 찬사를 해 주었다. 그는 나의 글을 독일어로 쓰인 최고의 논쟁적인 저술이라고 찬사를 해 주었다. 그것도 독일인에게는 그렇게도 위험하고 권장되지 않는 바로 그런 논쟁의 기술에서 최고라고 말이다. 그는 독일에서의 언어의 타락에 대해 무모할 정도로 날카롭게 발언을 쏟아 냈던 나를 무조건 긍정했다(오늘날 독일인들은 독일어

정화론자 노릇을 하면서도 제대로 된 문장이라고는 더 이상 하나도 만들어 내지 못하고 있는 실정이다). 이 나라의 '최고의 저술가들'에 대한 경멸과 함께, 또 나의 용기에 대해 놀라움을 표명하면서, 그는 자신의 글을 다음과 같은 말로 끝맺음을 했다. "하나의 민족의 사랑을 듬뿍 받고 있는 바로 그 언어를 피고석에 앉히는 저 최고의 용기"… 이 글이 나의 삶 속에 끼친 영향은 평가할 수 없을 정도로 굉장히 컸다. 지금까지 아무도 내게 싸움을 걸어오지 않았다. 사람들은 침묵했고, 사람들은 독일에서 나를 음울하고 조심스럽게 다루었다. 나는 수년 동안 무조건적인 발언의 자유를 만끽해 왔다. 오늘날, 적어도 이 '독일 제국'이란 나라 안에서, 이 자유에 대한 손을 자유롭게 가진 자는 아무도 없다. 나의 파라다이스는 "나의 칼의 그림자 아래에 있다"… 근본적으로 나는 스탕달의 격률을 실천한 것이다. 그는 결투를 통해 사회 속으로 발걸음을 내딛으라고 충고했다. 그리고 나는 나의 적수를 어떻게 선택했었던가! 최초의 독일적인 자유정신을! … 사실 이렇게 해서 완전히 새로운 종류의 자유정신이 최초로 모습을 드러내게 된 것이다. 오늘날까지 유럽적이고도 미국적인 '자유사상가'라는 유형보다 더 낯설고 나와 더 상관없는 것은 없다. 게다가 '현대적 이념'을 가진 교정 불가능한 멍청이들과 어릿광대들인 그들과 나 사이에는 그들과 그들의 여타 대립자 사이에 놓인 것보다 더 깊은 간격이 가로놓여 있다. 그들도 그들 나름의 방식대로 또 그들의 형상에 따라 인류를 '개선'하고자 한다. 그들은 내가 무엇이고, 내가 무엇을 원하는지 바로 그것에 대항하여 화해가 불가능한 전쟁을 하려 들 것이다. 만약 그들이 바로 그것을 '이상'이라고 믿게 된다면…. 나는 최초의 비도덕주의자이다. ─

3.

쇼펜하우어와 바그너라는 이름으로 특징지을 수 있는 반시대적 고찰이 유별나게 그 두 사람에 대한 이해나 혹은 한갓 그런 심리학적인 문제 제기에만 기여할 수 있다고 나는 주장하고 싶지 않다. 물론 당연한 얘기겠지만 몇 가지 세부적인 것은 예외로 하고 말이다. 예를 들어 깊은 본능적 확실성과 함께 여기서는 벌써 바그너의 본성 중 핵심적인 것이 그의 수단과 의도에서 귀결되는 배우적 소질로 묘사되고 있다. 근본적으로 나는 이 글들을 가지고 심리학과는 전혀 다른 어떤 것을 시도해 보려 했다. 그래서 비할 바 없이 중요한 교육의 문제, 가혹할 정도의 자기 도야와 자기 방어라는 하나의 새로운 개념, 위대함과 세계사적 과제로 향하는 길 등에 대한 표현이 최초로 요구되었던 것이다. 크게 보면 우선 무언가를 말하기 위해서, 즉 몇 가지 형식들과 기호와 언어 수단을 더 많이 손에 거머쥐기 위해서, 마치 다른 사람들이 기회를 포착하듯이 나도 유명하기는 하지만 완전히 확고하지 않은 두 가지의 유형을 포착했다. 이것 또한 세 번째 『반시대적 고찰』에서 완벽하지만 은밀한 명민함에 의해 암시되어 있다. 플라톤이 소크라테스를 사용했던 것과 같은 방식으로 플라톤을 위해 기호학을 사용했다. ― 이 글들이 그 증거가 되는 그때의 상태에서 어느 정도 떨어져 그 상태를 돌아보는 지금, 나는 그 글들이 근본적으로는 오로지 나에 관해서만 말하고 있다는 사실을 부정하지 않겠다. 「바이로이트의 바그너」라는 글은 나의 미래에 대한 비전이다. 반면 「교육자로서의 쇼펜하우어」는 나의 가장 내적인 이야기이며, 나의 변화의 과정이 기술되어 있다. 무엇보다도 나의 맹세가! … 나는 오늘 무엇인가, 나는 오늘 어디에 있는가 ― 나는 더 이상 말이 필요 없는 곳, 번개로 말하는 그런 높은 곳에 있다. ― 오오, 그 당시만 해도 나는 여기에서 얼마나 멀리 떨어져 있었던가! 하지만 나는 육지를 보았다. ― 나는 한순간도 길과 바다와 위험에 대해서 실망하지 않았다. ― 그리고 성공에 대해서도! 약속된 위대한 고요, 미래를 향한 이 행복한 밖을 바라봄! 이것은 약속으로만 머물러서는 안 된다! ― 여기서는 모든 말이 체험되었고, 심오했으며, 내면적이었다. 가장 아팠던 순간도 빠지지 않았다. 거기 담겨 있는 단어들은 모두 정말 피투성이가 되어 있었다. 그러나 위대한 자유의 바람이 모든 것들 위로 불어왔다. 상처조차 반박으로 작용하지 않았다. ― 어째서 내가 철학자를 모든 것을 위험에 빠뜨리는 무시무시한 폭발물로 이해하고 있는지, 어째서 내가 나의 '철학' 개념을, 대학가의 '같은 말을 되풀이하는 사람'이나 다른 철학 교수들 심지어는 칸트마저도 포함하는 그런 철학 개념과는 아주 멀리 분리시

커 놓는지, 이런 것에 대해 이 글은 하나의 평가를 내릴 수 없을 정도로 귀중한 가르침을 준다. 더 나아가 여기서는 근본적으로 '교육자로서의 쇼펜하우어'가 아니라, 그것의 정반대인 '교육자로서의 니체'가 언급되고 있다. ― 그 당시 내 작업이 한 학자의 작업이었다는 점과 내가 나의 작업을 이해했었다는 점을 고려한다면, 이 글에서 느닷없이 등장하는 신랄한 부분인 바로 이 학자의 심리학은 의미가 없지는 않을 것이다. 그것은 거리감을 표명한 것이며, 무엇이 나에게 있어서 숙제이고, 무엇이 단순히 수단이고 막간극이며 또 부수물일 수 있는지에 대한 깊은 확신을 드러낸 것이다. 나의 영리함은 하나가 될 수 있기 위해 ― 하나로 올 수 있기 위해 많은 것이 되어 봤고 또 많은 곳에 있어 봤다는 점이다. 나는 얼마 동안은 또한 학자여야만 했다. ―

인간적인 너무나 인간적인

그리고 두 편의 부록들

1.

『인간적인 너무나 인간적인』은 하나의 위기의 기념비이다. 이것은 자유로운 정신들을 위한 한 권의 책이라고 자칭한다. 이 안에 있는 거의 모든 문장은 하나의 승리를 표현하고 있다. ― 나는 이런 문장들과 함께 나의 본성에 속하지 않는 것들에서 나를 자유롭게 만들었다. 나에게 속하지 않는 것이란 바로 이상주의이다. 그래서 그 제목은 이렇게 말하고 있는 것이다. "너희가 이상적인 것들을 보는 곳에서, 나는 ― 인간적인, 아아, 너무나 인간적인 것만을!"이라고…. 나는 인간을 더 잘 알고 있다…. '자유로운 정신'이라는 말은 여기서 어떤 다른 의미로도 이해되기를 바라지 않는다. 하나의 자유롭게 되어 버린 정신은 스스로 자기 자신을 다시 소유하게 된 정신이다. 어조나 목소리의 울림은 완전히 변했다. 사람들은 이 책을 영리하고 냉철하며 경우에 따라서는 가혹하고도 조소적이라고 느낄 것이다. 고상한 취향을 가진 하나의 정신성은 좀 더 격정적인 흐름에 대항하여 땅 위에 두 발을 붙이고 그 위에 견고하게 머물러 서 있는 것처럼 보이기도 한다. 이런 맥락에서 볼테르 서거 100주년을 기념하던 해인 1878년에 벌써 이 책이 출간된 것은 의미가 있다. 왜냐하면 볼테르는 자기 자신 이후에 집필된 모든 것에 대한 반대였고, 무엇보다도 정신적 최고 어른이었기 때문이다. 그런데 내가 바로 그런 사람이다. — 나의 글 위에 볼테르라는 이름이 적혀 있는 것 — 이것은 진정 하나의 진보였다 — 나 자신을 향한… 좀 더 자세히 관찰해 보면, 하나의 무자비한 정신을 발견하게 될 것이다. 이것은 이상이 몰래 숨어 있는 곳을, — 즉 그 이상이 마지막으로 확실하게 숨을 수 있는 성 내의 지하 감옥에서도 그 모든 구석구석을 다 알고 있다. 손에 들려진 횃불은 그 어떤 '흔들림'도 없이 환한 빛을 발하고 있다. 그 불빛은 이상의 지하 세계를 구석구석까지 파고 들어가 날카롭게 밝혀 비춘다. 이것은 전쟁이다. 그러나 화약도 연기도 없고, 전투 태세도 없으며, 파토스도 사지의 탈골도 없는 전쟁이다. — 이 모든 것 자체가 있다면 이미 '이상주의'일 것이다. 오류가 하나씩 차례로 얼음 위에 놓여진다. 이상은 반박되지 않는다. — 그것은 얼어 죽는다…. 여기서는 이를테면 '천재'가 얼어 죽고, 어느 구석에서는 '성자'가 얼어 죽는다. 두꺼운 고드름 아래에서는 '영웅'이 얼어 죽고, 마지막에는 '신앙'이 얼어 죽는다. 소위 말하는 '확신'도 더 나아가 '동정'까지도 의미심장하게 꽁꽁 얼어붙는다. ─ 거의 모든 곳에서 '물 자체'가 얼어 죽는다….

2.

이 책을 시작하는 부분들은 첫 번째 바이로이트 축제 주간 한가운데에서 쓰였다. 그곳에서 나를 둘러싸고 있던 모든 것은 아주 깊은 곳까지 낯설기만 했다. 이것은 이 책이 쓰인 전제 조건들이다. 그 당시 내가 어떤 비전을 가지고 길을 걸어왔는지를 알고 있는 사람은 미루어 짐작할 수 있을 것이다. 내가 어느 날 바이로이트에서 잠에서 깨어났을 때 어떤 기분이었는지를. 나는 마치 완전히 꿈을 꾸고 있었던 것 같았다…. 내가 도대체 어디에 있었단 말인가? 나는 아무것도 다시 알아보지 못했다. 바그너조차 다시 알아보지 못했다. 허무하게 기억들을 넘겨 가며 뒤지고 있었을 뿐이었다. 트립셴 ─ 하나의 멀리 떨어져 있는 행복의 섬. 어떤 그림자도 그 비슷한 것조차도 없었다. 초석이 놓여질 때 그 무엇과도 비교할 수 없는 날들이 지나갔다. 서로가 서로에게 속하는 그런 작은 사회, 이 사회는 그 날들을 축하하며 보냈다. 부드러운 사물들을 위해 그에 걸맞은 손가락을 가지려고 원하지 않아도 되었다. 어떤 그림자도 그 비슷한 것조차도 없었다. 도대체 무슨 일이 벌어졌단 말인가? ─ 사람들은 바그너를 독일어로 번역해 버렸다! 바그너주의자가 바그너 위에 군림하는 주인이 되어 버렸다! ― 독일적인 예술이! 독일적인 거장이! 독일적인 맥주가! … 어떤 종류의 세련된 예술가에게만, 또 어떤 취향의 세계 시민주의에만 바그너의 예술이 말을 건네는지를 너무나도 잘 알고 있는 우리는 그들과 다르다. 그렇지만 독일적 '덕'들로 치장한 바그너를 다시 발견하는 것은 우리의 능력을 벗어난 일이다. ― 나는 바그너주의자들을 알고 있다고 생각한다. 나는 3세대들을 '체험했다.' 바그너를 헤겔과 혼동했던 작고한 브렌델Brendel에서부터, 바그너를 자기 자신들과 혼동했던 「바이로이터 블래터」의 '이상주의자들'에 이르기까지 말이다. ― 나는 바그너에 대해 '아름다운 영혼'들이 쏟아 내는 온갖 종류의 고백들을 들었다. 분별 있는 말 한마디를 위한 왕국! ― 이 말의 진의는, 머리털을 곤두서게 할 정도로 소름끼치는 사회!라는 말. 놀Nohl, 폴Pohl, 콜Kohl, 이 끝도 없이 우아한 말들로 아양을 떠는 자들! 그 사회에는 기형아가 아닌 자들이 없으며, 반유대주의자가 아닌 자들도 없다. ― 가련한 바그너! 그가 어떤 길로 빠져들어갔단 말인가! ― 적어도 더러운 돼지들에게나 갔더라면 차라리 더 나았을 것을! 그런데 독일인들 사이에 빠져 버렸다! … 우리 후손들을 위한 교훈으로 삼기 위해 우리는 진짜 바이로이트 사람을 박제로 만들어야 한다. 알코올에 담아 두는 것이 더 좋겠다. 그들에게는 정신이 결여되어 있으니. ― 병에는 '제국'을 재건했던 '정신'이란 것이 이런 것이었다라고 서명도 해 두어야 하리라…. 진절머리가 났다. 나는 그 축제가 한창 진행 중이던 그때 몇 주간 여행을 떠났다. 그것도 아주 갑작스럽게. 한 매력적인 파리 여인이 나를 위로하고자 시도하기도 했지만 헛수고였다. 나는 그저 운명적인 전보 한 장만으로 바그너에게 미안한 마음을 전했을 뿐이었다. 뵈머발트의 숲속 깊이 숨겨져 있는 클링엔브룬이란 마을에서 나는 나의 우울함과 독일인에 대한 경멸을 마치 하나의 질병처럼 내 주위에 달고 다녔다. ― 그리고 시간이 날 때마다 썼다. 나의 수첩에 '쟁기의 날'이라는 전체 제목 아래 하나의 문장을 써 넣었다.[131] 오로지 엄격한 심리적인 고찰들이었다. 이 모든 것들은 아마도 『인간적인 너무나 인간적인』에서 다시 찾아볼 수 있을 것이다.

---

131 쟁기에 대한 비유는 『반시대적 고찰』 제1권에 이미 등장한다. "농부는 상속받은 작은 소유를 늘리려 하고 아침부터 저녁까지 논밭을 갈고 쟁기를 움직이며 소에게 소리치면서 부지런히 노력한다." 『즐거운 학문』에서는 이렇게 써 놓기도 한다. "모든 땅은 결국 이용되면서 수명을 다하게 되고, 악의 쟁기가 언제나 새로이 도래한다." 즉 니체가 쟁기를 통해 전하고자 하는 메시지는 분명하다. 그것은 '모든 가치의 가치전도'이다. 기존의 가치라 불리는 땅을 갈아엎어 위아래를 온전히 바꿔 놓고 있기 때문이다. 또 그것은 '망치'를 들고 철학을 하는 작업이다. 허물에 해당하는 것은 다 깨 버리고 진정한 '인간적인 모습'을 되찾으려 하기 때문이다. 그리고 그것은 '영원회귀'의 이념이다. 수명이 다한 땅을 갈아엎으면서 새롭게 거듭나게 하기 때문이다. 쟁기를 끌면서 일하는 철학자 니체. 그는 소처럼 일을 하는 철학자이다. 차라투스트라가 건강을 회복하고 힘을 되찾을 때는 늘 '얼룩소라 불리는 도시에 머물러'(『차라투스트라는 이렇게 말했다』) 있었다. 소처럼 일하는 자 "이들이 바로 철학자들이다."(『즐거운 학문』) "우리가 변화하여 이들 암소와 같이 되지 않는다면 천국에 이를 수가 없다."(『차라투스트라는 이렇게 말했다』) 천국! 차라투스트라는 천국과 지옥을 오간다. 얼룩소라 불리는 도시에 머물기도 하고 또 인간을 사랑하여 지는 태양처럼 몰락하기도 한다. 어둠 속에 주눅 들어 살고 있는 인간들에게 빛을 주기 위하여.

3.

그 당시 내게 결정적이었던 것은 바그너와의 결별이 아니었다. — 나는 나의 본능이 총체적으로 길을 잃고 있다는 것을 느꼈다. 이에 대한 징후가 바로 바그너나 바젤 교수직 같은 개별적인 실책들이었다. 나 자신을 참을 수 없다는 생각이 나를 엄습했다. 하지만 바로 이때야말로 내가 정신을 차리고 다시 나 자신에게로 돌아올 수 있는 절호의 시기라고 생각했다. 끔찍했지만 단번에 분명해졌다. 얼마나 많은 시간을 벌써 허비했는지. — 그리고 나의 과제에 임함에 있어서 문헌학자로서의 나의 실존 전체가 얼마나 쓸모없이, 또 얼마나 제멋대로 스스로를 제외시켰던지. 나는 이런 잘못된 겸손함이 부끄러웠다…. 10년이 내 뒤로 흘러가 버렸다. 그동안 정신의 영양 섭취는 내게서 철저히 단절되었다. 그동안 나는 쓸모 있는 것이라고는 하나도 추가적으로 더 배우지 못했다. 그동안 나는 학식이란 것이 그저 먼지를 뒤집어쓴 잡동사니에 불과하다는 점을 어리석게도 많이 잊어버리고 있었다. 철저하지만 나쁜 눈을 가진 그런 고대의 운율학자가 어설프게 더듬거리며 가는 것, 내가 그렇게까지 되어버렸다! — 나는 완전히 메말라 있고, 완전히 굶주려 있는 나 자신을 연민의 마음으로 바라보았다. 현실성이 바로 나의 지식 내부에 결여되어 있는데, '이상성'이 무슨 쓸모가 있단 말인가! — 정말 불에 타는 듯한 갈증이 나를 덮쳤다. 이때부터 나는 사실상 생리학과 의학 그리고 자연과학 공부 외에 다른 일은 더 이상 아무것도 하지 않았다. — 나의 과제가 나에게 명령조로 강요했을 때에야 비로소 나는 진정한 역사적 연구로 겨우 되돌아갔다. 본능에 역행해서 선택된 활동, 즉 최후에 부름을 받았다는 소위 말하는 '소명'과 — 그리고 마취제 같은 예술, 이를테면 바그너 예술에 의해 황폐감과 굶주림의 느낌을 마취시키고자 하는 욕구 사이의 관계를 처음으로 파악한 것도 그 당시였다. 좀 더 조심스럽게 둘러보았을 때 나는 많은 젊은이들이 동일한 곤경에 처해 있다는 사실을 발견했다. 하나의 반자연은 형식적으로 두 번째 반자연을 강요한다. 명료하게 말하자면 독일에서는, 즉 '제국'에서는 너무 많은 젊은이들이 자신을 위한 결정조차 적당하지 않은 시기에 내리도록 되어 있으며, 그리고 나서는 던져 버릴 수 없는 부담으로 인해 쇠약해지고 있다…. 바로 이 젊은이들이 바그너를 하나의 아편으로 요구하고 있다. — 이들은 자기자신을 잊어버렸다. 이들은 한순간에 자기 자신을 놓아 버리는 것이다…. 내가 말하고자 하는 것! 그것은 다섯 내지 여섯 시간 동안이라는 것이다![132] —

---

132 바그너 작품의 공연 시간은 평균 5시간에서 6시간에 달한다. 모든 작품이 이토록 긴 공연시간을 요구한다. 대여섯 시간, 그것은 아편과 같은 효과를 발휘하게 된다는 지적이다. 니체는 이 시간 동안 어처구니없게도 낭만주의에게 승리의 기회가 제공되고 있다고 역설한다. 즉 그는 독일의 젊은이들이 자연과 본능에 저항하게 되고, 소중한 자기 자신을 잊어버리며, 무감각한 상태에 빠져 버린 나머지, 결국에 가서는 투철한 소명 의식으로 무장한 존재가 되어 군사문화를 전면에 내세운 독일제국의 소모품이 되어 버린다고 비판하고 있다.

4.

이때 나의 본능은 저항했다. 그리고 그것은 굴복과 동행과 나 자신을 혼동하는 것이 더 지속되는 것에 대항하도록 무자비한 결단을 내렸다. 모든 종류의 삶, 가장 유익하지 않은 조건들, 질병, 빈곤, — 이 모든 것들이 나에게는 무가치한 저 '자기 자신이 배제된 것'보다 더 나은 것처럼 보였다. 이 자기 자신이 배제된 것 속으로 처음에는 그저 무식해서 또 어려서 빠져들어갔지만, 나중에는 타성이 붙기 시작했고 소위 '의무감'까지 생겨나 매달리기까지 했다. — 바로 그때 내가 아무리 감탄해도 충분치 않을 방식으로 그것도 아주 적당한 시기에 나의 아버지 쪽의 나쁜 유산이 나를 도와주었다. — 근본적으로 이른 죽음으로 규정된 것이 말이다.[133] 질병이 서서히 나를 끌

---

[133] 니체의 아버지 칼 루트비히 니체(Carl Ludwig Nietzsche, 1813-1849)는 그가 5살이 되던 해에 운명을 달리했다. 그의 아버지는 지병에 시달렸다고 한다. 그의 아버지는 1848년 여름 갑자기 병이 들었다. 수많은 의사들이 그를 괴롭히는 것이 무엇인지 알아내려 했지만 헛수고였다. 그러다 라이프치히에 있는 저명한 의사인 오폴체르(Opolcer)가 뢰켄으로 와서 그를 진단한다. 그리고 이 병이 뇌에 혈액을 보내는 동맥이 막혀 혈액이 흐르지 못하거나 방해를 받아 그 앞쪽의 뇌조직이 괴사하는 병으로 알려져 있는 뇌연화증이라는 결론을 내린다. 날이 갈수록 증상은 악화되어 갔다. 결국 눈이 멀고 그런 어둠 속에서 마지막 삶을 보내야 했다. 1849년 7월 26일부터 그는 아주 가끔 깨어나긴 했지만 깊은 수면 상태에 빠졌다. 그의 마지막 말은 "여보, — 여보 — 와서 — 어머니 — 들어 봐 — 들어 봐 — 아 신이여!"였다고 한다. 이 말을 남겨놓고 영면에 든 것이다. 니체는 이 체험 때문에 뇌연화증이라는 질병에 대한 두려움을 늘 안고 살아야 했다. 아버지에게서 DNA를 물려받은 니체도 그 질병으로부터 자유로울 수는 없었다. 하지만 니체는 유전병으로 인한 그 운명적 상황을 한탄하기보다 기회로 해석해 내고 있다. 기존의 자아로부터 자유로워질 기회로! 그리고 또 다른 자아의 영접을 실현

어내 분리시켜 주었던 것이다. 그것은 나를 모든 무너짐으로부터 막아 주었고, 모든 폭력적이고도 난폭한 발걸음을 내딛지 않도록 해 주었다. 그 당시 나는 호의는 하나도 잃지 않았다. 오히려 더 많은 호의를 추가로 더 받았다. 질병은 나에게 모든 나의 습관들로부터 완전히 돌아설 수 있는 권리를 주었다. 그것은 망각을 허락했고, 망각을 명령했다. 그것은 내게 조용히 누워 있는 것, 한가로움, 기다림과 인내에 대한 필요를 선사했다…. 그러나 이것이 바로 생각한다는 것이었다! … 나의 두 눈은 홀로 온갖 책벌레들에게 안녕을 고했다. 독일어로 말하자면, 문헌학을 끝장냈다. 나는 '책'으로부터 구제되었다. 나는 몇 년 동안 더 이상 아무것도 읽지 않았다. ― 이것은 내가 나 자신에게 베푼 가장 위대한 선물이었다! ― 저 다른 자아(즉

시킬 수 있는 절호의 기회로! 사물은 어떻게 보느냐에 따라 다르게 보인다. 사물은 어떻게 해석하느냐에 따라 의미가 달라진다. 광기! 미침! 이성의 입장에서 보면 무척이나 불편한 개념이 아닐 수 없다. 하지만 창조의 입장에서 보면 또 얼마나 위대한 의미를 품고 있는지 깨닫게 된다. 없던 것을 창조해 내기 위해서는 비이성을 감당할 수 있어야 한다. 하라는 대로 하는 정신으로는 도저히 창조의 길을 걸어갈 수가 없다. 창조의 길은 남이 가지 않은 길을 걸어갈 운명을 받아들여야 한다. 선구자에게만 주어지는 외로움을 은총으로 충만한 운명으로 인식해야 한다. 분명 니체는 광기의 순간을 기회로 해석하고 있는 것이 분명하다. 나쁜 질병, 나쁜 유산. 그것은 오히려 기회의 원인으로 작용하고 있다. 다시 이 책의 첫 구절을 상기해 보자. "조만간 인류에게 제시된 숱한 요구들 중에서 가장 어려운 요구를 내가 해야 한다는 생각이 들어서 내가 누군지를 말해 두는 것이 불가피한 것 같다." 지금쯤 니체의 간절한 목소리가 들리지 않을까. 광기! 그것은 니체에게 '아무리 감탄해도 충분치 않을 방식'으로 해석되었으며, 또 적당한 시기에 자기 자신이 빠져 버린 질병으로부터 회복할 수 있는 기회로 인식되었던 것이다. 질병에 질병으로 맞서는 논리로 말이다. 이성에 대한 이성의 투쟁이라고 할까. 광기! 그것은 그에게 일상이 부여하는 그의 모든 습관들로부터 완전히 돌아설 수 있는 권리를 주었다.

— 읽어 대는!)가 하는 말을 끊임없이 들어야만 한다는 명령 때문에 잃어버렸던 혹은 조용해져 버린 가장 밑바닥에 있는 저 자아가 서서히 깨어났다. 수줍어하고 미심쩍어하면서. — 그러나 마침내 그것은 다시 말을 했다. 단 한 번도 나는 이토록 많은 행복을 나 자신에게서 가져 본 적이 없다. 나의 삶에서 가장 아팠고 고통스러웠던 그 시절에. 그저 『아침놀』이나 「방랑자와 그의 그림자」만 살펴보아도 이러한 '나에게로의 귀환'이 무엇이었는지를 알 수 있을 것이다.[134] 그것은 최상의 건강 회복 그 자체이다! … 다른 것들은 오로지 여기서 파생되는 것들일 뿐이다. —

5.

『인간적인 너무나 인간적인』이라는 이 책은 엄격한 자기 도야의 기념비이다. 이것으로 나는 나에게 몰래 스며들어 전염병을 옮기고 있던 모든 '고등 사기', '이상주의', '아름다운 감정' 그리고 그 밖의 여성적인 것에 대해 돌연 종지부를 찍었다. 그 핵심 사항들은 소

---

134 '나에게로의 귀환'은 니체 철학의 목적이다. 신을 죽이고 나를 살려 내는 철학이다. 절대적인 진리에서 등을 돌리고 태양을 향해 나아간다. 태양이 몰락하면 따라 몰락하고, 태양이 떠오르면 함께 비상한다. 어둠을 모르는 태양의 고독 속에서 자유로운 정신은 무한한 행복을 만끽하고 있을 뿐이다. 그 행복감 위에 허무주의의 이념이 굳건하게 서 있다. 말하자면 허무주의 철학은 나에 대한 믿음으로 세상을 획득한다. 나는 대지의 주인으로 거듭난다. 그것을 초인이라 불러도 상관없다. 이름에 너무 집착하지 말자. 그 사람이 누군지만 알면 그만이다.

렌토에서 집필되었다. 그리고 맺음말과 최종적인 형태는 바젤에서의 겨울이라는, 즉 소렌토에서와는 전혀 다른 악조건 속에서 갖춰지게 되었다. 당시 바젤 대학에서 공부를 하고 있던 그리고 나를 무척 따르고 있던 페터 가스트 군이 이 책의 책임을 양심적으로 맡고 있었다. 내가 머리를 동여맨 채 괴로워하면서 구술하면, 그는 받아 적었고 교정도 함께 보았다. — 근본적으로는 그가 바로 진정한 필자였고, 나는 단지 저자였을 뿐이다. 그 책이 마침내 완성되어 나의 두 손에 들려졌을 때, — 나는 중환자였지만 심히 놀라지 않을 수 없었다. — 그리고 나는 무엇보다 바이로이트로 그 두 권을 보냈다. 기적 같은 우연으로, 거의 동시에 『파르지팔』이라는 아름다운 텍스트 견본 한 부가 내게 도착했다. "내 충실한 친구 프리드리히 니체에게. 리하르트 바그너. 키르헨라트에서"라는 나에 대한 바그너의 헌사가 적혀 있었다. — 이 두 책들의 교차 — 나는 마치 불길한 소리가 들리는 것 같았다. 두 개의 칼이 교차하며 맞부딪치는 듯한 소리가 울리지 않았던가? … 어쨌든 우리 둘은 그렇게 느꼈다. 왜냐하면 우리 둘은 침묵했기 때문이다. — 대략 그 시기에 「바이로이터 블래터」 첫 부가 발간되었다. 나는 무엇을 위한 최적의 시기인지 알아차렸다. — 믿어지지 않는다! 바그너가 성스러워졌다니….

6.

그 당시(1876) 내가 나 자신에 대해 어떻게 생각하고 있었는지, 또 얼마나 소름이 끼치는 확신을 가지고 내가 내 과제와 내 과제의 세계사적인 면을 다루고 있었는지에 대해서는 이 책 전체가, 무엇보다도 아주 명쾌한 몇 부분들이 증언하고 있다. 내게 본능적으로 주어진 악의적 간사함에 의해 나는 여기서도 다시 '나'라는 작은 단어를 피해 갔다. 그런데 이번에는 쇼펜하우어나 바그너라는 이름이 아니라 내 친구들 중 탁월한 인물인 파울 레 박사의 이름을 세계사적 영광으로 빛나게 했다. ─ 다행스럽게도 그는 무슨 일을 하기에는 너무나도 섬세한 동물이었다…. 다른 사람들은 보다 덜 섬세했다. 나의 독자들 중에는 도저히 희망을 찾아볼 수 없는 무리들이 있다. 예를 들면 전형적인 독일 교수들이 그렇다. 이들은 레 박사와 관계된 그 부분을 근거로 그 책 전체를 고도의 리얼리즘으로 이해하지 않으면 안 된다고 믿었다는 점에서 알아볼 수 있다…. 사실상 그 책은 내 친구의 대여섯 명제들에 반박하는 모순을 지니고 있기는 했다. 이에 관해서는 『도덕의 계보』 서문을 읽어 보면 된다. ─ 거기에는 이런 부분이 있다. 가장 대담하고도 가장 냉철한 사유가 중의 한 명인, 즉 『도덕적인 감정의 기원에 관하여』의 저자가(최초의 비도덕주의자인 니체라고 읽을 것) 인간적 행동에 대한 자기의 칼집을 내서 잘라 버리는 듯한 분석을 통해 도달한 핵심 명제는 무엇인가? "도덕적 인간이

물리적인 인간보다 예지계에 더 근접해 있는 것은 아니다. — 왜냐하면 예지계란 존재하지 않기 때문이다…" 이 명제가 역사적인 인식의 망치질(모든 가치의 가치전도라고 읽을 것)에 의해 단단해지고 날카로워지면, 아마도 언젠가는, 미래의 어느 시점에는 — 1890년에는! — 도끼가 될 것이다. 그것은 인류의 '형이상학적 욕구'의 뿌리 위에 놓이게 될 것이다. — 이것이 인류에게 더 많은 축복이 될지 아니면 더 많은 저주가 될지, 누가 말할 수 있을 것인가? 하지만 어쨌든 그것은 가장 중대한 결과들을 가져올 명제이고, 많은 결실을 맺으면서도 동시에 공포스러운 명제이며, 또 모든 위대한 인식이 갖고 있는 이중의 시선으로 세계를 바라보는 명제이다….

아침놀

편견으로서의 도덕에 관한 사유들

1.

이 책과 함께 나는 도덕에 대항하는 나의 원정을 시작한다.[135] 화

135 니체에게 있어 도덕은 하나의 커다란 개념이다. 그 속에는 수많은 것들을 포함시킬 수 있다. 영원, 진리, 사실, 가치, 법의식, 양심, 사랑, 심지어 신까지도 넣을 수 있다. 도덕은 이성이 도달할 수 있는 곳까지 도달하는 개념이다. 이성이 도달하지 못하는 곳이 있을까? 생각이 미치지 못하는 영역이 있을까? 생각의 범주만큼이나 도덕은 무한한 영역을 과시한다. 니체가 원정을 떠나려 하는 곳은 바로 이 한계가 보이지 않는 곳이다. 무모한 도전처럼 보이기도 한다. 도덕에 대항하여! 니체에게 이 말은 '이성에 대항하여'라는 말과 같다. 이성적 동물이 이성의 한계에 도달하고자 하는 것이다. 인간이 자기 자신의 한계에 도달하는 것이다. 이성의 한계 앞에서 무릎을 꿇지 않고 그 너머로 나아가게 되면 어떤 세상이 펼쳐질까? 니체는 그 신세계를 보여 주고자 한다. 그 세계를 영원, 천국, 극락이나 열반 등의 그 어떤 이름으로 불러도 상관없다. 형식은 어찌되었든 상관없다. 내용만 분명하면 된다. 니체는 오로지 선악의 저편을 보여 주고자 한다. 이래야 한다, 저래야 한다 등의 잣대로부터 자유로운 세상, 조금만 휘저어 놓아도 탁해지는 좁은 곳에 고인 물이 아니라, 아무리 휘저어 놓아도 탁해지지 않는, 오히려 썩은 물들조차 생명력을 되찾게 되는 그런 바다를 보여 주고자 한다. 미궁 속에 갇힌 듯한 답답한 시각이 아니라 독수리의 그것처럼 모든 것을 아래에 두고 바라볼 수 있는 그런 시각을 갖게 해 주고 싶은 것이다. 니체의 허무주의 철학은 모든 것을 죽이면서 동시에 모든 것을 살

약 냄새는 조금도 나지 않는다. ─ 그렇지만 콧구멍 속에 예민한 감각을 가진 자는 여기서 완전히 다르면서도 훨씬 더 사랑스러운 냄새를 맡아 낼 것이다. 여기엔 큰 포격도 없고 작은 포격도 없다. 이 책의 효과가 아무리 부정적이라 하더라도, 그 수단까지 부정적인 것은 아니다. 그 수단의 효과는 포격처럼이 아니라, 추론처럼 나타날 뿐이다. 이 책은 무엇보다 지금까지 도덕이라는 이름 아래 경외되고 심지어 숭배되기까지 했던 것과 조심스럽게 수줍어하며 작별을 고한다. 이런 식으로 작별을 한다는 것이 이 책 전체에서 부정적인 말은 한마디도 등장하지 않으며 공격도 악의도 없다는 사실과 모순되는 것은 아니다. ─ 오히려 이 책은 태양 속에 누워 있다는 것, 포동포동 살이 쪄서 행복하게, 마치 바위 틈에서 태양을 즐기는 어떤 바다 동물과도 같다. 궁극적으로는 나 자신이 바로 이 바다 동물이었다. 이 책의 거의 모든 문장은 제노바 근처의 어지럽게 흩어져 있는 바위들 사이를 위험천만하게 스쳐 지나다니며 생각해 낸 것들이다. 거기서 나는 혼자였으며 바다와 함께 비밀을 공유했다. 지금도 우연히 이 책을 들추면, 거의 모든 문장이 그 무엇과도 비교할 수 없는 어떤 것을 저 깊은 곳에서 다시 끌어올리는 뾰족한 낚싯바늘 같다. 이것의 피부는 기억이 부드럽게 떨기만 해도 전체가 전율에 휩싸이

려 내려고 애를 쓴다. 다만 그 달라진 가치의 계보를 인식할 수 있느냐의 문제만이 남아 있을 뿐이다.

게 된다. 이 책이 갖고 있는 기술은 결코 하찮지 않다. 그것은 가볍고도 소리도 없이 스쳐 가는 사물들과 또 내가 신적인 도마뱀이라고 부르는 순간들을 어느 정도 확고하게 낚아챈다. ― 하지만 저 불쌍한 도마뱀을 간단히 꼬챙이로 꽂아 버리는 젊은 그리스 신처럼 그렇게 잔인하지는 않다. 그러나 어쨌든 무언가 날카로운 것을, 즉 펜을 갖고 있기는 하다…. "아직도 빛을 발하지 못한 수많은 아침놀들이 있다." ― 이 인도의 비문이 이 책의 입구 위에 적혀 있다. 이 책의 저자는 과연 어디서 저 새로운 아침을, 지금까지 아직도 발견되지 않은 부드러운 저 붉은빛을, 또 그 빛과 함께 다시 하나의 ― 아아, 새로운 날들의 연속 전체와 새로운 날들의 세상 전체를 열게 되는 저 대낮을 찾을 것인가? 그것은 오로지 모든 가치의 가치전도 속에서, 모든 도덕적 가치들로부터 벗어나는 행위 속에서, 지금까지 금지되고 경멸되며 저주 받아 왔던 모든 것에 대해 긍정과 신뢰를 가지는 것 속에서뿐이다. 이 긍정하는 책은 자기 자신의 빛과 자기 자신의 사랑과 자기 자신의 부드러움을 순전히 나쁘기만 한 것들을 향해 발산하고 있다. 이 책은 바로 이들에게 그들 자신의 '영혼'을, 좋은 양심을, 실존에의 높은 권리와 특권을 다시 되돌려 주고자 한다. 도덕은 공격되지 않는다. 그것은 단지 더 이상 고찰의 대상이 되지 않을 뿐이다…. 이 책은 '혹은?'이란 단 한마디 말로 끝을 맺는다. ― 이 책은 '혹은?'이라는 단 한마디 말로 끝을 맺는 유일한 책이다….

  나의 과제는 인류에게 최고의 자기 성찰의 순간인 위대한 정오를 맞이할 준비를 시키는 것이다. 이때 인류는 과거를 되돌아보고 미래를 내다보면서, 우연과 사제의 지배에서 벗어나 왜?, 어째서?라는 질문을 최초로 전체적으로 제기할 것이다. — 이 과제는 인류가 스스로 옳은 길을 가고 있지 않다는, 즉 인류가 전혀 신적으로 관리되고 있지 않고, 오히려 그들의 가장 신성한 가치 개념들 밑에는 부정 본능과 부패 본능과 데카당스 본능이 유혹적으로 지배하고 있다는 통찰에서 필연적으로 나온다. 그래서 도덕적 가치들의 기원에 대한 질문은 나에게 모든 것에 앞서는 가장 중요한 질문이 된다. 이 질문이 인류의 미래를 규정하기 때문이다. 모든 것이 근본적으로 최고의 손 안에서 가장 확실한 보호를 받고 있다는 사실과, 인류의 운명을 신이 조종하고 그때 그가 지혜를 발휘한다는 사실에 관해, 성서라 불리는 책 한 권이 우리를 최종적으로 안심시켜 준다고 믿으라는 요구가 있다. 이 요구는 의지가 그것과는 정반대되는 비참한 진리를 등장시키려 하지 않는다는 사실로 다시 소급하여 번역할 수 있다. 말하자면 지금까지 인류는 가장 나쁜 손 안에 놓여 있었다는 사실로, 또 인류가 좋은 처우를 받지 못한 자들, 교활하고 복수욕에 불타는 자들, 소위 말하는 '성자들', 세계 비방자들과 인간 모독자들에 의해 지배당해 왔다는 사실로 말이다. 이들이 보이는 결정적 표시는 사제가(모습을 감추고 있는 사제들, 즉 철학자들도 포함하여) 특정한 종교 집단의 내부에서뿐만 아니라, 전반적인 주인이 되었다는 것, 그리고 데카당스-도덕, 종말에의 의지가 도덕 그 자체로 간주된다는 것에서 발견된다. 더 나아가 비이기적인 자에게 어디서든 부여되는 무조건적 가치와 이기적인 자에게 어디서든 표출되는 적대감이 바로 이들의 것이다. 이 점에 대해서 나에게 동의하지 않는 자를 나는 감염되어 있다고 간주한다···. 그러나 온 세상이 나에게 동의를 하지 않는다···. 생리학자에게는 하나의 가치의 대립이 전혀 의심스럽지 않다. 유기체의 내부에서 가장 작은 기관이라 하더라도 만약 그것이 자기 자신을 보존하는 데에, 자기 자신의 힘을 보충하는 데에, 자기의 '이기주의'를 완벽하고 확실하게 관철시키는 데에 있어서 조금이라도 소홀하다면, 유기체 전체가 퇴화라는 위기에 봉착하게 된다. 생리학자는 바로 이 퇴화된 부분을 과감하게 잘라 낼 것을 요구한다. 그는 퇴화된 부분과의 어떠한 연대도 부정한다. 그는 그것을 전혀 동정하지 않는다. 그러나 사제는 바로 이 전체, 이 인류의 퇴화를 원한다. 그래서 사제는 퇴화된 부분을 보존한다. ― 무슨 수를 써서라도 사제는 인류를 지배하고야 만다···. '영혼', '정신', '자유로운 의지', '신' 등과 같은 거짓 개념이자 도덕을 돕는 개념들은, 만약 그것들이 인류를 생리적으로 파괴하지 않는다면, 무슨 의미가 있단 말인가? ··· 만약 우리가 몸, 즉 삶의 자기 보존이나 힘의 상승에 대해 진지하게 생각하는 바를 다른 쪽으로 돌려 버린다면, 그리고 빈혈증에서 하나의 이상을, 몸을 경멸하는 것에서 '영혼의 구원'을 고안해 낸다면, 이것이야말로 데카당스로의 처방과 무엇이 다르단 말인가? — 중력의 상실, 모든 자연적 본능에 대한 저항, 한마디로 '자기 자신이 없음', — 바로 이것이 지금까지 도덕이라고 일컬어져 왔다…. 이 『아침놀』과 더불어 나는 무엇보다도 먼저 자기 자신을 벗어던지려는 도덕에 대항하는 전투를 시작했다. —

즐거운 학문

"la gaya scienza"

　『아침놀』은 긍정을 말하는 한 권의 책이며, 심오하지만 밝고 호의적이다. 이와 똑같은 것이 『즐거운 학문』에도 다시 한번 최고의 의미에서 적용된다. 이 책의 거의 모든 문장에는 심오한 감각과 용기가 담긴 자유로운 결정 의지가 부드럽게 손을 맞잡고 있다. 내가 체험했던 가장 경이로운 1월에 대한 감사를 표현하고 있는 시구가 ― 이 책 전체가 그 1월이 준 하나의 선물이다. ― 어떤 심오함으로부터 '학문'이 빠져나와 여기서 마침내 즐거운 것이 된 건지에 대해 충분히 알려 주고 있다.

그대는 불꽃 창을 손에 들고

내 영혼의 얼음을 깨뜨린다

내 영혼은 이제 거칠게 바다로 향하고

그 최고의 희망으로 서둘러 간다

끊임없이 더 밝고 끊임없이 더 건강하게

사랑 가득한 의무 속에서 자유롭게

이렇게 내 영혼은 그대의 기적을 찬미한다

가장 아름다운 그대 1월이여!

여기서 '최고의 희망'이 무엇을 의미하는지, 과연 누가 의심하겠는가? 혹시라도 의심스러우면 『즐거운 학문』4편을 마감하는 다이아몬드처럼 아름답게 반짝이고 있는 차라투스트라가 내뱉는 첫 말들을 읽어 보라.[136] ― 또는 모든 시대를 위해 하나의 운명을 최초로 정식화해 냈던, 제3편의 마지막을 장식하는 화강암처럼 단단한

---

[136] 『즐거운 학문』의 잠언 342번을 의미한다. 이 잠언의 제목은 '비극이 시작되다'로 되어 있다. 니체는 이 글을 무척이나 좋아했던 것 같다. 그의 대표작 『차라투스트라는 이렇게 말했다』의 첫 부분으로 다시 사용할 정도이기 때문이다. 비극의 시작, 그것은 비극의 탄생 지점이다. 비극이 인식되는 지점이다. 삶의 본질이 깨달음의 대상으로 다가오는 지점이다. 생로병사. 이 모든 끔찍한 것들이 비극의 이념으로 채워지는 지점이다. 하지만 감당되면 겁나지 않는다. 태어나고 늙어 가고 병들고 죽는다는 것 중에서 그 어떤 것에 대해서도 두려움을 가져야 할 이유가 없다. "육체여, 너 떨고 있는가?"(『즐거운 학문』) 니체는 묻고 있다. 지금까지 공포를 자아냈던 것들은 이제부터 오히려 즐거움의 원인으로 작용할 수도 있다. 이것을 가능하게 해 주는 것은 오로지 인식의 변화뿐이다. 밤은 악령들로 들끓는 공간이 아니라 뮤즈가 춤추는 무대로, 바다는 수평선으로 가둬 놓은 감옥이 아니라 모험을 즐길 수 있는 무한한 공간으로 인식될 수도 있다. 학문이 즐거운 이유가 여기에 있다. 공부가 즐겁다는 말보다 더 멋진 말은 없다. 이성적 존재에게 이성이 손에 들려진 예쁜 장난감처럼 여겨진다면, 생각하는 존재에게 생각이 마음대로 다룰 수 있는 대상이 되어 준다면, 그것은 정말 소중하고 훌륭한 무기가 될 수 있다. 세상에서 가장 즐거운 것은 학문이 즐거울 때라는 사실을 깨닫는 순간, 모든 것은 웃게 하고 발걸음에는 리듬을 실어 춤을 추게 해 준다. 비극은 축제의 현장임을 알게 되는 것이다. 비극은 축제다. 디오니소스 신을 위한 제전이다. 망아의 축제가 시작된다.' 비극이 시작되다'는 '축제가 시작되다'로 읽어도 상관없다. 새로운 세상을 펼쳐 놓을 수 있는 기회의 축제가.

문장들을 읽어 보라.[137] — 최고의 부분은 시칠리아에서 쓰인 「새처럼 자유로운 왕자의 노래」는 '즐거운 학문'이라는 프로방스적 개념을 아주 명백하게 기억해 내고 있다.[138] 즉 시인과 기사와 자유정신이 합일을 이룸으로써 경이로운 프로방스의 초기 문화를 모든 애매모호한 문화와 뚜렷하게 구별시켜 주는 것을. 그리고 이 책에서 모든 것을 마감하는 마지막 시 「북서풍에게」는 실례를 무릅쓰고 말하자면! 도덕을 넘어서, 그 어떤 것에도 구속되지 않고 춤을 추게 하는 자유로운 춤곡으로, 완벽한 프로방시즘이다. —

137 제3부의 마지막. 여기엔 단문으로 이뤄진 잠언들이 등장한다. 거의 모두 한 줄 정도의 짧은 글들이다. 더 이상 집어넣을 것도 또 빼낼 것도 없는 실로 '화강암처럼 단단한 문장들'이다. 예를 들어 니체는 이렇게 말한다. "너의 양심은 무엇이라 말하는가? — '너는 너 자신이 되어야 한다.'" 자기 자신이 되는 것이 양심의 소리가 되게 하라는 것이다. 또 "자유를 획득했다는 징표는 무엇인가? — 더 이상 자기 자신에게 부끄러움을 느끼지 않는 것." 수치심은 죽음을 의미한다. 신은 분명히 말했다. 선악과를 먹으면 반드시 죽으리라고. 하지만 그것을 먹고 난 뒤의 인간의 행동은 성기를 가리는 행동이었다. 즉 수치심을 느끼는 것이었다. 신은 거짓말을 안 한다. 신의 시각으로 보면 인간이 인간이기를 멈춘, 즉 죽은 것이다. 니체는 이 부끄러운 감정에 도전장을 내민다.

138 프로방스(Provence)는 프랑스 남동쪽의 한 지역을 일컫는다. 지중해와 맞닿아 있어 날씨는 따뜻하고 건조하며 청명한 하늘로 유명하다. 그리고 이탈리아와 국경을 마주하며 알프스의 시작을 알리는 곳이기도 하다. 니체가 여기서 특히 프로방시즘이라 부르는 것은 그러니까 '즐거운 학문'과 연관된 명랑성을 지칭하는 것으로 보면 된다. 비극이 비극으로 여겨지지 않는 상황, 즉 축제의 분위기가 모든 사태를 지배하는 그런 상황이다. "그리하여 영원토록 이 행복의 기억을 / 유산으로 물려받아라 / 이 화관을 집어 올려라! / 더 높이, 더 멀리 그것을 던져 올려라 / 하늘 사다리로 폭풍을 몰아쳐 / 그것을 — 별에 매달아라!" 이것은 『즐거운 학문』을 마감하는 구절이다. 행복한 기억으로 밤하늘을 수놓으라는 뜻이다. 어둡다고 길이 안 보인다고 아프다고 울지 말고 행복한 생각으로 어둠을 밝히라는 뜻이다. 행복한 기억을 갖고 안 갖고는 모두 자기 책임이다. 그래서 니체는 스스로 신이 되어야 한다고 주장하고 있는 것이다. "그런 행위를 할 자격이 있으려면 우리는 스스로 신이 되어야 하는 것이 아닐까?"(『즐거운 학문』)

차라투스트라는 이렇게 말했다
모두를 위한 그리고 아무도 위하지 않는 책

1.

이제 나는 차라투스트라의 내력을 이야기하겠다. 이 책의 기본 개념은 영원회귀 사상이다. 그것은 도달될 수 있는 최고의 긍정 형식이다. ― 그리고 그것은 1881년 8월에 탄생했다. 이 사상은 '인간과 시간으로부터 6천 피트나 떨어진 곳 저편'이라는 글귀와 함께 한 장의 종이 위에 던져지듯 적혔다. 그날 나는 실바프라나 호숫가에 있는 숲을 관통하며 걷고 있었다. 수르레이에서 멀지 않은 곳에 피라미드처럼 우뚝 솟아오른 거대한 바위 옆에 멈춰 섰다. 그때 나에게 이 사상이 와 주었다. ― 이날부터 몇 달 전을 회고해 보면, 나의 취향, 무엇보다 나의 음악적 취향에 급작스럽고도 심층적으로 결정적인 변화를 그 전조로 발견하게 된다. 어쩌면 차라투스트라 전체를 음악으로 생각해도 될 것이다. ― 예술 안에서 다시 태어남을 확실하게 들을 수 있었다. 이것이 바로 그것에 대한 전제 조건이었다. 비첸차에서 멀지 않은 작은 산간 온천 레코아로라는 마을에서 나는 1881년의 봄을 보내고 있었다. 거기서 나의 제자이자 친구였던, 그 역시 '다시 태어난 자'인 페터 가스트와 함께 음악이라는 불사조가 한 번도 보여 주지 않았던 그 가볍고도 찬란한 깃털로 우리 앞을 스쳐 날아가는 것을 발견했다. 반면 그날 이후부터 1883년 2월의 갑작스럽고도 가장 믿을 수 없을 만한 상황 속에서 벌어진 출산에 이르기까지를 생각해 보면, ― 서문에서도 몇 문장을 인용했던 그 똑같은 마지막 부분은 리하르트 바그너가 베네치아에서 사망했던 정확하게 바로 그 신성한 시간에 완성되었다. ― 그러니까 이 임신 기간은 18개월이었다는 얘기가 된다. 18개월이라는 이 숫자는 적어도 불교 신자들에게는 내가 원래 암코끼리였다는 사실을 생각하게 할 수도 있으리라. ― 그 사이에 무엇과도 비교할 수 없을 만한 것들이 근접해 있다는 것을 보여 주는 수백 가지 징후인 『즐거운 학문』이 쓰였다. 결국 이것은 차라투스트라의 시작을 알려 주는 신호탄이었다. 그 4부의 끝에서 두 번째 장에서는 차라투스트라의 근본 사상을 보여 주고 있다.[139] ― 또 그 사이에 「삶의 찬가」도 쓰였는데(혼

---

139 '위대한 건강'이란 제목의 382번 잠언을 일컫고 있다. 그 시작은 이렇다. "우리 새로운 자, 이름 없는 자, 이해하기 어려운 자, 아직 증명되지 않은 미래의 조산아인 우리는 하나의 새로운 목적을 위해 하나의 새로운 수단을 필요로 한다. 말하자면 새로운 건강을, 이전의 어떤 건강보다 더 강하고 더 능란하고 더 질기며 더 대담하고 더 유쾌한 건강을 필요로 한다. (중략)

성합창과 오케스트라를 위한), 그 악보는 2년 전에 라이프치히에 있는 프리취 출판사에서 출간되었다. 이것은 그해, 즉 내가 비극적 파토스라고 불렸던 긍정의 파토스가 내 안에 최고로 깃들어 있던 그 해의 상태를 알려 주는 결코 사소하게 여길 수 없는 징후일 것이다. 훗날 언젠가 이 노래는 나를 추모하면서 불리게 될 것이다. — 한 가지 오해가 퍼지고 있어서 분명히 밝혀 두고자 하는 것은 그 텍스트가 내 것이 아니라는 것이다. 그것은 당시 나와 친하게 지내고 있던 루 폰 살로메라는 젊은 러시아 여인의 경탄할 만한 영감이 쓴 것이다. 이 시의 마지막 말들에서 어떤 의미라도 끄집어낼 수 있는 자는 왜 내가 이것을 좋아하고 찬미하는지를 알아차릴 것이다. 그 말들은 위대한 것을 품고 있다. 고통은 삶에 대한 반박으로 간주되지 않는다. "더 이상 내게 줄 행복이 없어도, 괜찮아! 넌 아직 너의 고통을 갖고 있잖아…." 어쩌면 나의 음악도 바로 이 대목에서 위대한 것을 갖추고 있을 것이다. [오보에의 마지막 음조는 다장조(c)가 아니라 올림 다

즉 위대한 건강이 — 이것은 사람들이 보유하는 것만이 아니다. 지속적으로 획득하고 계속 획득해야만 하는 것이다. 왜냐하면 그 건강은 계속해서 포기되고 포기되어야만 하기 때문이다."(『즐거운 학문』) 위대한 건강. 그것은 포기와 획득의 극단 사이를 오갈 수 있는 능력을 허락한다. 이별과 만남을 자유자재로 할 수 있는 그런 상황을 연출해 낸다. 이런 능력을 가진 자가 새로 탄생한 자이다. 새롭게 등장한 인물이다. 아직 이름도 없다. 이해할 수도 없다. 아직 증명된 적도 없다. 니체는 이를 '미래의 조산아'라고 부를 뿐이다. 아직 미래는 오지 않았기 때문이다. 여전히 현대라는 이념이 세상을 지배하고 있다. 살아남는 것이 문제다. 죽지 않고 버텨 내야 한다. 그 생존을 위해 건강이 필요하다. 극복의 과정에서 끊임없이 떠나고 돌아오기를 반복할 수 있는 위대한 건강이 필요하다.

장도(cis)다. 오타다.] ― 그 다음 겨울을 나는 제노바에서 멀지 않은 라 팔로의 매력적이고도 조용한 만에서 보냈다. 그곳은 키아바리와 포르토 피노 구릉 지대 사이에 끼어 있는 곳이다. 나의 건강 상태는 최고는 아니었다. 그해 겨울은 추웠으며 비가 많이 왔다. 머물고 있던 작은 호텔은 바닷가에 직접 맞닿아 있어서 높은 파도가 쏟아 내는 소리 때문에 도저히 잠을 잘 수가 없을 정도였다. 이 작은 호텔이 제공했던 것은 대체적으로 모두가 내가 바라던 것과는 정반대였다. 그럼에도 불구하고, 결정적인 모든 것은 '그럼에도 불구하고' 등장한다는 내 말을 입증이라도 하듯이 나의 차라투스트라는 그 겨울에 그 악조건 속에서 탄생했다. ― 오전에는 소나무 숲을 지나 멀리 바다를 바라보면서 초아기 방향으로 난 아름다운 남쪽 길을 오르곤 했다. 오후에는 다만 건강 상태가 허락하는 한 자주 산타 마게리타에서부터 포르토 피노의 뒤쪽까지 이르는 만 전체를 둘러보았다. 이 장소와 풍경을 잊을 수 없는 독일 황제 프리드리히 3세가 대단히 마음에 들어 했다고 해서 그런지 몰라도 나의 마음에 더 친근하게 다가왔다. 그가 이 작고도 잊고 살았던 행복의 세계를 마지막으로 방문했던 1886년 가을에 나도 우연히 이 해변을 다시 찾았다. ― 이 두 개의 길 위에서 차라투스트라의 첫 인상 전체가, 무엇보다 차라투스트라 자체가, 하나의 전형으로서 떠올랐다. 정확히 말하면, 그가 나를 덮쳤다….

2.

차라투스트라라는 이 전형을 이해하기 위해서는 우선 그의 생리적 조건들을 명백히 알아야 한다. 그 조건은 내가 위대한 건강이라고 부르는 것이다. 나는 이 개념을 이미 『즐거운 학문』 제5부의 마지막 장에서 해 놓았던 것보다 더 개인적으로 해명할 수 있는 방법을 모르겠다. "우리 새로운 자, 이름 없는 자, 이해하기 어려운 자" — 이렇게 시작하고 있다. — "아직 증명되지 않은 미래의 조산아인 우리, 이런 우리는 하나의 새로운 목적을 위해 하나의 새로운 수단을, 말하자면 새로운 건강을, 지금까지 있었던 이전의 모든 건강보다도 더 강력하고 더 능란하고 더 질기며 더 대담하고 더 유쾌한 건강을 필요로 한다. 지금까지 존재했던 가치들과 소망들의 전 영역을 체험하고, 이 이상적인 '지중해'의 모든 해안을 두루 살펴보기 위해 항해하기를 갈망하는 영혼을 지닌 자, 또 이상을 발견하고 정복하는 자가 어떤 기분인지를, 예술가와 성자와 입법자와 현자와 학자와 경건한 자와 옛 방식으로 신이 들려 괴상한 자가 어떤 기분인지를 자기 고유의 경험이라는 모험을 통해 알려는 자, 이런 자에게는 무엇보다도 한 가지, 즉 위대한 건강이 필요하다. — 이것은 가지고 있어야 할 뿐만 아니라, 지속적으로 획득하고 계속 획득해야만 하는 것이다. 왜냐하면 이것은 계속해서 포기되고 포기되어야만 하기 때문이다…. [140] 그리고 이제, 오랫동안 항해를 거듭했던, 이상을 찾아가는 아르고 호의 뱃사람인 우리는 아마도 현명하기보다 용감하고, 이따금 난파를 당하기는 했지만, 이미 말했던 것처럼 허락될 수 있는 것보다 훨씬 더 건강하며, 위험할 정도로 건강하고, 또 항상 거듭해서 건강해지고 있다.[141] — 마치 오랫동안 항해를 거듭한 대가로

140 이것은 허무주의 철학이 요구하는 핵심 사상이다. 허무주의는 도래해야 한다. 허무함을 받아들여야 하는 시점이 있다. 포기라는 절망적인 순간을 자기 자신에게 허락하는 순간이다. 이때 무너져서는 안 된다. 아니 무너져도 그것이 진정한 끝이어서는 안 된다. 끝에서 다시 일어서는 위대한 행위를 보여 줄 수 있어야 한다. 즉 허무주의는 극복되어야 한다. 도래와 극복은 끊임없이 반복되어야 한다. 영원히! 사는 동안 영원히 돌고 돌아야 한다. 그것이 영원회귀의 사상이다. 이것을 감당할 수 있기 위해 건강이 필요한 것이다. 허무주의적인 이념으로 살고자 한다면 바로 스스로 단단해질 수 있는 이런 힘과 건강을 전제 조건으로 갖추고 있어야 한다. 이는 마치 해탈을 상징하는 소리, 자기 자신에게뿐만 아니라 세상 만물을 위로하는 그런 맑은 소리를 내는 범종은 속이 텅 비어 있기는 하지만 스스로는 단단한 육체를 갖고 있듯이.

141 아르고(Argo) 호는 고대 그리스 신화에 등장하는 인물 이아손(Iason)이 영웅들과 함께 황금 양피를 찾아 모험 여행을 떠났던 배의 이름이다. 일반적으로 이 배는 펜테콘테레(Pentekontere), 즉 모두 50명이 함께 노를 젓는 그런 배를 의미하는 것으로 알려져 있다. 재밌다. 니체는 함께 모험 여행을 할 영웅들을 모으고 있다. 허무주의라는 철학의 배 위에 올라탈 영웅들을. 위험을 무릅쓰고 함께 싸울 동지들을. 그리고 모았다고 간주한다. 그런 영웅들이 자기 주변에 있다고 확신한다. 게다가 한평생 한순간도 모험 여행을 주저한 적이 없다. 질병과 건강회복을 거듭하면서 더욱 강해진 모습이다. 바다를 향해 나아갔던 영웅적 행위. 즉 항해라는 행위는 니체 철학에서 심심찮게 등장하는 비유다. 니체는 철학하는 행위를 모험 행위 자체라고 여겼다. 기존의 질서와 가치를 깨고자 했고, 그리고 새로운 질서와 가치를 찾고자 했기 때문이다. 생각하는 존재가 생각을 하는 그 영역에서 가치 있다고 말할 수 있는 것은 무엇일까? 니체는 그 가치의 정점에서 도덕, 진리 혹은 심지어 신이라는 이름을 발견하게 된다. "도덕의 지구도 둥글다! 도덕의 지구도 양 극점을 가지고 있다! 양 극점도 실존의 권리를 지니고 있다! 발견해야 할 하나의 세계가 있다! 하나 이상의 세계가 있다! 승선하라!, 철학자들이여!"(『즐거운 학문』) 가치! 그것도 단 한 번도 보지 못한 그토록 낯설고 새로운 가치! 어떻게, 또 어디서 그런 것들을 찾을 수 있을까? 니체의 고민이다. 기존의 온갖 것에서는 가치를 찾을 수 없다. 위기감이 엄습한다. 진정으로 사랑했던 것에서 등을 돌린 상황이다. 주변이 모두 마실 물 한 방울조차 찾을 수 없는 바다와 같다. 희망을 잃고 주저앉아 하늘을 원망하며 메말라 죽어 갈 것인가? 아니면 다시 힘을 모아 일어설 것인가? 현실을 박차고 나가 새로운 세상을 접해 볼 것

아직까지 단 한 번도 발견되지 않은 육지를, 또 그 한계 지점을 아직까지 단 한 사람도 본 적이 없는 그런 드넓은 땅을 지금 우리가 직면하고 있는 것처럼 보인다. 지금까지 존재했던 모든 나라들의 저편, 이상의 한 귀퉁이, 아름다운 것과 낯선 것과 의심스러운 것과 끔찍한 것과 신적인 것들로 흘러넘치는 세계, 이 앞에서 우리는 호기심뿐만 아니라 소유욕까지도 한계를 모르고 발동시킨다. ─ 아아, 이제부터 더 이상 아무것도 우리를 만족시킬 수 없으리라! … 지식과 양심에 대해 가혹한 굶주림을 느끼면서 그런 세계를 바라본 적이 있는 우리가 어떻게 현재의 인간들에게 만족할 수 있겠는가? 더 이상 나쁠 수는 없다. 그러나 현재의 인간들이 가지고 있는 소중한 목표들과 희망들을 메스꺼워하면서도 진지하게 바라본다는 것, 그리고 어쩌면 바라보지도 않는다는 것, 이것은 애석하지만 불가피한 일이다…. 하나의 다른 이상이 우리 앞으로 달려오고 있다. 하나의 기적과도 같고 유혹적이며 또 위험으로 가득 차 있기까지 한 그런 이상이. 이 이상에 대해 우리는 아무에게도 설득시키고 싶어 하지 않는

인가? 선택의 문제가 남는다. 떠날 때에는 힘과 모험 정신이 요구된다. 그리고 아무리 하찮게 보이는 가치라도 보이면, 그러니까 찾으면 일단 그것에서부터 시작을 해야 한다. "이 자리에서 청춘을 생각하면서 나는 외친다. 육지! 육지! 어둡고 낯선 대양 위에서 열정적으로 찾아 헤매는 항해는 이제 너무나 충분하다! 이제 드디어 해변 하나가 보인다. 그것이 어떻든 거기에 상륙해야 한다. 최악의 피난항일지라도 절망적이고 회의적인 무한함 속으로 비틀거리며 다시 돌아가는 것보다 낫다. 우선 육지를 단단히 붙잡자. 나중에 좋은 항구를 발견할 것이며 후손들이 좀 더 쉽게 상륙할 수 있게 해 줄 것이다."(『반시대적 고찰』)

다. 그 누구도 그것에 대한 권리가 있다고 우리는 인정하지 않기 때문이다. 하나의 정신이라는 이 이상, 이것은 순진하기만 하다. 이것은 의도한 바도 아니면서 흘러넘치는 충만함과 강력함으로 인해 모든 것을 가지고 논다. 그 놀이의 대상은 지금까지 성스럽다고, 선하다고, 불가침적이라고, 신성하다고 불렸던 모든 것들이다. 대중들이 자기들의 가치 기준으로 당연시하고 있는 최고의 것이라 하더라도 이 정신에게는 이미 위험이나 몰락이나 깎아내림을 의미하게 된다. 그것이 아니라면 적어도 휴식이나 맹목 혹은 일시적인 자기 망각을 의미하는지도 모른다. 하나의 인간적-초인간적인 행복과 선의라는 이 이상, 이것은 종종 비인간적으로 보이기도 한다. 예를 들어 지금까지 지구상에 존재했던 모든 진지함 곁에서, 태도나 말이나 소리나 시선이나 도덕이나 과제에 있어서 지금까지 인정받아 온 온갖 장엄함의 곁에서, 그리고 그 이상이 특별히 의도하지는 않았지만 그런 것들에 대한 패러디로 구현되어 제시되는 경우 곁에서 그렇다. ― 그리고 그 모든 것에도 불구하고 그 이상과 함께 비로소 위대한 진지함이 모습을 드러낼 것이다. 진정한 의문부호가 마침내 찍힐 것이다. 영혼의 운명이 바뀌고, 시곗바늘이 맞춰지고, 비극은 시작될 것이다….″[142]

---

[142] 『즐거운 학문』 잠언 382번의 글, 즉 이 책의 거의 마지막 부분을 담당하는 글이다. 이 글 뒤에는 하나의 '에필로그'와 몇 편의 시들이 있을 뿐이다. 물론 모두 나름대로 중요하겠지만, 여기 다시 인용된 이 글은 니체의 철학으로 다가설 때 반드시 숙지하고 있어야 할 사상을 포함하

3.

— 이 19세기 말에 강력한 시대의 시인들이 영감이라고 불렀던 개념을 분명하게 알고 있는 사람은 누굴까? 그런 사람이 없다면 내가 그것을 기술해 보고자 한다. — 자기 안에 미신의 찌꺼기를 조금이라도 갖고 있는 자는 사실 신이 자신의 모습으로 나타난다는 것, 자신의 입에 물려진 재갈, 초강력한 권력의 매개 등에 대한 상상을 물리칠 방법을 전혀 모른다. 계시라는 개념은 말할 수 없을 정도로 확실하고 정확하게 무언가가 갑자기 보이고 들리며, 무언가가 누군가를 그 심층에서부터 흔들어 놓고 전복시킨다는 의미를 갖는다. 이것은 단순히 어떤 사실을 기술하는 것에 불과하다. 말하자면 사람들은 듣고는 있지만 그것을 찾지는 않는다. 받기는 하지만 누가 주는지는 묻지 않는다. 마치 필연성과 함께, 주저함이 없는 형식으로 하나의 생각이 번개처럼 번쩍하고 떠오른다. — 나는 단 한 번도

고 있다. 허무주의라는 배를 타고 항해를 할 때 반드시 지참하고 있어야 할 나침반과 같다. 위대한 건강과 위대한 진지함은 삶이라는 영역에서 삶 자체를 위대하게 해 줄 수 있는 궁극적인 요인이 된다. 건강을 잃으면 모든 것을 잃는다. 살고 싶으면 건강은 무슨 일이 있어도 챙겨야 한다. 그리고 진지해야 한다. 삶이라는 현장과 관련하고 있기 때문이다. 모든 순간에 목숨을 걸고 싸우듯이 대해야 한다. 한순간도 쓸데없는 것은 없다. 허무주의 철학과 함께 비극은 시작된다. 고해라 불리는 삶이 시작된다. 눈물로 채워진 바다지만 이제 우리에게 남은 일은 항해하는 것뿐이다. 살다 보면 난파를 당하는 일이 없을 수는 없다. 하지만 그때마다 다시 힘을 모아 일어서야 한다. 희망을 품고 태양처럼 솟아올라야 한다. 포기하지 않으면 더욱 강해질 뿐이다. 그것이 비극의 진정한 의미다. 이 비극의 의미와 함께 삶의 의미는 거듭나게 되는 것이다. 비극은 디오니소스 축제의 핵심이다. 비극은 축제다. 비극은 놀이의 대상일 뿐이다.

선택하지 못했다. 그 엄청난 긴장이 눈물의 강으로 터져 버리며, 발걸음이 자기도 모르게 격렬했다가 늦춰지기도 하는 황홀지경, 수도 없이 반복되는 민감한 전율과 흘러넘침에 의해 가장 독특하게 구별되는 의식으로 발가락까지 전달되어 오싹해지는 완전한 무아지경, 가장 고통스러운 것과 가장 음울한 것이 대립하지 않고, 서로를 제한하고 요청하며, 그런 빛의 충만함 속에서 필연적인 색채로 작용하는 깊은 행복감, 형식들로 채워진 넓은 공간들 위에 거미줄처럼 쳐져 있는 리듬감 넘치는 관계들에 대한 본능, ─ 그 광범위한 리듬에 대한 욕구와 그것이 지속되는 길이는 거의 언제나 영감이 갖는 힘을 재는 척도이자, 그 압박감과 긴장감에 대항하여 균형을 잡아 주는 하나의 방식이다…. 모든 것이 최고의 경지에서 비자발적으로 발생한다. 그러나 자유로운 느낌, 무조건적인 것, 힘, 신성함 등의 폭풍 속에서 생겨난다…. 형상과 비유의 비자발성은 가장 진기한 일이다. 사람들은 무엇이 형상이고 무엇이 비유인지를 더 이상 알지 못한다. 모든 것이 가장 가깝고 가장 옳으며 가장 단순한 표현으로 스스로를 보여 준다. 사실 차라투스트라의 말 한마디라도 기억해 보자면 마치 사물들이 자기 스스로 다가오고 또 자기 스스로 비유가 되어 버리는 것처럼 보이기도 한다.("여기서는 모든 사물들이 사랑스럽게 애교를 떨며 네가 하는 말로 다가와 너를 즐겁게 해 주리라. 그 사물들은 너의 등에 올라타서 달리고 싶어 한다. 너는 여기에서 온갖 비유의 등에 올라타고 진리를 향해 달리게 된다. 여기서 모든 존재의 말들과 말-상자가 너를 향해 활짝 열린다. 모든 존재는 여기서 말이 되고자 한다. 모든 변화는 네게서 말하는 법을 배우고자 한다―.")[143] 이것이 영감에 대한 나의 경험이다. "그것은 나의 경험이기도 하다"라고 내게 말할 수 있는 그 누군가를 찾아내기 위해서는 수천 년을 거슬러 가야만 한다는 것을 나는 의심하지 않는다. ―

4.

나는 그 후 몇 주 동안 제노바에서 병석에 누워 있었다. 그러고 나서 로마에서의 우울한 봄이 뒤를 이었다. 여기서 나는 내 삶을 받아들였다. ― 쉽지 않은 일이었다. 차라투스트라의 시인에게 세상에서 가장 무례한 장소인 이곳, 내가 자발적으로 선택한 것도 아닌 이곳은 근본적으로 나를 심히 불쾌하게 했다. 나는 그곳으로부터 벗어나려는 시도를 했다. ― 나는 아퀼라로 가기를 원했다.[144] 그곳은 로마의 대립 개념이자, 로마에 대한 적개심에 의해 설립되었고, 나 또한 언젠가 이런 장소를 만들고 싶을 정도다. 또 전해지는 바에 의하면 그곳은 대표적인 무신론자이자 교회의 적이며, 그래서 나와 가

---

143 『차라투스트라는 이렇게 말했다』 제3부 「귀향」에 등장하는 구절.
144 아퀼라(Aquila)는 이탈리아 북서부, 지중해의 일부인 리구리아(Liguria) 해안과 접해 있는 작은 마을이다. 2016년 통계에 따르면 주민이 159명밖에 안 된다. 리구리아 지역의 수도로는 제노바(Genova)가 있다. 니체는 건강상의 이유로 이 근처의 날씨를 선호했던 것 같다.

장 가까운 친척이라 말할 수 있는 호엔슈타우펜가의 위대한 황제 프리드리히 2세를 추모하기 위해 세워진 곳이다. 하지만 그 모든 것이 숙명이었다. 나는 다시 되돌아와야 했다. 로마에서 나는 안티크리스트적인 장소를 찾느라 지칠 대로 지친 다음 결국 바르베리니 광장으로 만족했다.[145] 내가 역겨운 냄새를 피해 가능한 한 멀리 달아나고 싶어서 델 쿠이리날레 궁에까지 찾아가 한 명의 철학자를 위한 조용한 방이 없느냐고 묻지나 않을까 심히 걱정스럽기도 했다.[146] ─ 로마를 조망할 수 있고 또 저 아래 깊은 곳의 분수대 물소리도 들려오는 바르베리니 광장의 높은 방 하나에서 「밤의 노래」라는 시가 씌어졌다. 그것은 그동안 썼던 그 어떤 시들 중에서도 가장 고독한 노래였다. 그 시기에는 말할 수 없는 우울한 멜로디가 언제나 내 주

---

145 바르베리니 광장(Piazza Barberini)은 로마의 옛 도시 중심에 위치해 있다. 이곳은 특히 시내 교통의 요충지로 꼽힌다. 16세기에 만들어진 이 광장은 1625년부터 그 근처에 있는 바르베리니 궁전(Palazzo Barberini)의 이름을 따서 오늘날의 명칭으로 불리게 되었다고 한다. 이 광장의 명물로는 그 광장의 중심에 바로크 양식으로 세워진 강의 신 트리톤의 분수(Fontana del Tritone)가 있다. 트리톤이 하늘을 향해 소라 고등을 불고 있는 모습은 니체의 눈길을 사로잡았을 것이 분명하다.

146 쿠이리날레 궁전(Palazzo del Quirinale)은 1583년에 지어졌고, 현재 이탈리아 공화국의 대통령의 집무실로 사용되고 있다. 물론 그곳은 일반인들이 묵을 수 있는 호텔로 사용된 적이 없다. 하지만 도시의 냄새를 혐오했던 니체가 그곳을 찾아가 방 하나를 구했다는 것은 그 정도로 절박했던 상황과 심정이 읽히는 대목이다. 예를 들어 도심 속에서도 그나마 자연의 맛을 조금 품고 있는 경복궁이나 덕수궁 같은 곳을 찾아가 자기를 위한 방 하나를 내달라고 말하면 어떤 일이 벌어질까? 미친 사람이란 소리를 듣기 딱 좋은 상황이 아닐까. 물론 니체도 이런 상황을 만들고 싶지는 않았던 것이다. 정신줄을 놓으면 어떤 일이 벌어질까를 미리 고민하는 대목으로 읽히기도 한다.

위를 감싸고 있었다. 그 후렴을 나는 "불멸 앞에서 죽었다…"란 말에서 다시 발견했다. 여름에는 차라투스트라의 생각이 번개처럼 처음으로 내게 번쩍여 주었던 성스러운 곳으로 돌아왔다. 이곳에서 나는 『차라투스트라는 이렇게 말했다』 제2부를 얻었다. 10일로 충분했다. 나는 제1부나 제3부나 제4부 그 어떤 경우에서도 그 이상의 시간은 결코 필요하지 않았다. 그해 겨울, 당시 나의 삶 속으로 들어와 처음으로 밝혀 주던 니스의 할퀴오니쉬한 하늘 아래에서 나는 『차라투스트라는 이렇게 말했다』 제3부를 얻었다.[147] — 그리고 완성했다. 전체적으로 한 해가 채 걸리지 않았다.[148] 니스의 경관에 숨겨

---

147 니스의 하늘을 표현하는 형용사로 니체는 할퀴오니쉬(halkyonisch)라는 개념을 사용했다. 서문에서도 밝혔듯이 니체는 이 단어를 거의 자신의 창조의 순간, 특히 차라투스트라가 작품으로 탄생하게 되는 그 순간을 지칭하는 개념으로 사용하고 있다. 평온한, 평화로운, 정적의, 조용한, 안정적인 등의 의미를 품고 있다. 그래서 니체가 여기서 말하고 있는 니스의 하늘은 결코 먹구름이 낀, 그래서 번개와 천둥으로 요란하고 혼란스러우며 산만한 그런 하늘이 아니다. 길고도 길었던 여름의 장마를 보내고 나서 맞이하는 파란 하늘이라고 하면 어떨까. 높게 열려 있는 그런 가을 하늘 말이다. 그런 평온한 정적의 날들 속에서 물총새가 산란을 해내듯이 니체는 자신의 생애 대표작으로 꼽히게 될 『차라투스트라는 이렇게 말했다』를 탄생시키고 있던 것이다. 니체가 집필을 위한 적기로 선택하는 순간, 특히 『차라투스트라는 이렇게 말했다』가 탄생하게 된 그 순간은 그야말로 모든 먹구름이 걷히고 파랗고 드넓은 하늘이 모습을 드러낼 때라는 사실을 말해 주고 있는 것이기도 하다. 어쩌면 니체는 바로 이 순간을 자기 생애에서 접할 수 있는 가장 성스러운 순간으로 생각하고 있는지도 모를 일이다. "우리는 침묵해서는 안 될 경우에만 말해야 한다. 그리고 극복해 낸 것에 대해서만 말해야 한다."(『인간적인 너무나 인간적인』) 이것이 니체가 집필에 임하는 자세. 우울한 부분이 한 점도 없이 사라졌을 때 드디어 침묵에서 성숙해진 말들이 쏟아진다. 이때 모습을 드러내는 말들은 그토록 어렵고 무겁게만 느껴지던 모든 삶의 짐들을 짊어지고 견뎌 내며 극복해 낸 결과물인 동시에 증언이 되는 셈이다.

148 이 말은 순전히 집필에 들어간 시간만을 계산에 넣은 말이다. 잉태의 시간은 많이 걸렸을 수도 있다. 출판연도를 살펴보면, 제1부는 1883년, 제2부와 제3부는 함께 1884년, 그리고 제4부

져 있는 수없이 많은 곳과 높은 산들은 잊을 수 없는 순간들이 되어서 나에게 봉헌되었다. 「낡은 서판과 새로운 서판에 대하여」라는 제목의 그 결정적인 부분은 기차역에서부터 그 놀라운 무어인의 건축양식처럼 솟아 있는 암벽 위의 에차 성으로 무척이나 힘들게 오르는 동안 쓰였다.[149] — 창조력이 가장 풍부하게 흐를 때에는 언제나 나의 근육 또한 가장 민첩하게 움직여 주었다. 육체가 감동하고 있다면, '영혼'은 장난을 칠 수 있게 내버려 두어야 한다…. 사람들은 종종 내가 춤을 추고 있는 것을 볼 수 있었을 것이다.[150] 그 당시 나는

는 1885년에 사비(私費)로 출판된다. 대체적으로 『차라투스트라는 이렇게 말했다』 전체가 생겨난 시기는 1882년 11월부터 1885년 2월까지로 계산한다. 또 각 권에 소요된 시간은 제1권의 경우 2개월, 제2부와 제3부는 1개월도 채 안 되는 시간에, 그리고 제4부는 1884년 가을부터 1885년 초겨울까지로 알려져 있다.

149 걸으면서 쓰는 것은 니체가 글을 쓰는 방식 중의 하나다. 이에 대한 증거로 「발로 쓰다」라는 시의 전문을 인용해 본다. "나는 손으로만 쓰는 것은 아니다. / 발도 항상 글 쓰는 사람과 함께하길 원한다. / 내 발은 확고하고 자유롭고 용감하게 / 들판을, 종이 위를 달린다."(『즐거운 학문』)

150 얼마나 즐거웠을까. 얼마나 신이 났을까. 감동하는 육체, 그것을 느끼며 장난을 치는 영혼. 니체는 이런 기분을 만끽했을 것이다. 거리 곳곳을 걸어다니며 흥거운 춤을 췄을 것이다. 사람들의 시선에는 아랑곳하지 않고 제멋대로 덩실덩실 춤을 췄을 것이다. 그런 그를 사람들은 미쳤다고 말했을 수도 있다. 정신줄을 놓고 감동하는 물결의 흐름에 맡겨진 육체를 도구 삼아 춤을 추는 모습은 진정 디오니소스의 제자답다. 스스로 사티로스가 된 것은 아닐까. 이튀팔로스를 드러냈다는 말은 없으니 그 정도는 아니었나 보다. 그래도 이성과 비이성 사이를 넘나드는 경지까지는 간 것 같다. 사랑이 이끌어 주는 그 경지 말이다. "사랑으로 행해진 것은 항상 선악의 저편에서 일어난다."(『선악의 저편』) 이래야 한다 저래야 한다 등의 잣대로부터 자유로워질 때 사랑이란 기적은 일어난다. "사랑 속에는 얼마간의 광기가 있기 마련이다. 광기 속에는 얼마간의 이성이 있기 마련이고."(『차라투스트라』) 사랑의 기적은 광기가 허락하는 사건이다. 그리고 광기는 이성이 허락하는 사건이다. 이성에는 분명 한계가 있다. 하지만 그 한계 때문에 허무해지거나 절망에 빠질 이유는 없다. 그 한계를 넘어서는 마음으로 신세계에 도전장을

피곤이라는 개념을 몰랐다. 일고여덟 시간은 거뜬하게 산 위에서 돌아다닐 수 있었다. 나는 잠을 잘 잤다. 또 나는 많이 웃었다. ─ 나는 완벽한 강건함과 인내력으로 충만했다.

5.

이 10일간의 작업 기간들을 제외하면 『차라투스트라는 이렇게 말했다』를 쓰던 해와 무엇보다도 그 이후의 해는 어느 때와 비교할 수 없는 위기의 순간이었다. 불멸이 되기 위해서는 비싼 대가를 치러야 한다. 즉 그러기 위해서는 살아가는 동안 여러 번 죽어야 한다.[151] ─ 내가 위대함의 원한이라고 부르는 어떤 것이 있다. 모든 위대한 것은, 그것이 작품이 되었든 행위가 되었든 간에, 한번 성취되고 나

내밀면 되는 것이니까. 새로운 세상. 그것은 분명 이성의 틀을 깰 때에만 실현된다. 광기, 그 것은 분명 니체에게 진정한 휴식의 공간이었을 것이다. 두 발로 서서 버틸 수 있는 대지가 무 대 역할을 해 주고, 주변 분위기는 신선한 공기로 채워져 있는, 그래서 물아일체의 경지를 맛 보면서 마음대로 춤도 출 수 있는 그런 황홀한 공간이었을 것이다.

151 이 책의 서문에서 니체는 "나는 내 자신의 신용에 따라 살아간다. 어쩌면 내가 살아 있다는 것 조차 하나의 편견에 지나지 않는 것은 아닐까? 내가 살아 있지 않다는 것을 확신하기 위해서 는 여름에 오버엥가딘으로 오는 '교양 있는 사람'이라면 그 누구를 붙들고 물어봐도 좋다…" 라는 고백을 한 적이 있다. '자기 자신의 신용에 따라 사는 것'은 타인의 눈에 죽은 사람처럼 보일 수도 있다는 얘기다. 이제 더 이상 니체가 아니다. 니체가 니체가 아니다. 니체는 이제 죽었다. 교양 있는 사람이라면, 즉 이성이 있는 사람이라면 분명 이런 소리를 내뱉었을 것이 라는 얘기다. 니체는 어디 갔는가? 사람들이 '죽었다'고 말을 하고 있는 그 니체는 또 누구인 가? 이 복잡 미묘한 관계 속에 니체가 걱정하는 바로 그 '오해'의 여지가 스며 있는 것이다.

면, 주저하지 않고 그것을 행한 자에게 대항한다. 위대한 것을 성취했기 때문에 이제 그는 약해질 수밖에 없다. ― 그는 자신의 행위를 더 이상 견뎌 내지 못한다. 그는 자신의 얼굴을 더 이상 똑바로 바라보지도 못한다. 자기 등 뒤에 두고 무심하게 살았던 것, 절대 원해서는 안 되었던 것, 인류의 운명 속에 있는 매듭과 연결되어 있는 그 무엇을 그는 이제부터 자기 어깨 위에 짊어지고 살아야 한다! … 그것은 그를 짓누르다 못해 거의 으깨버릴 정도다…. 이것이 위대함의 원한이다! ― 또 다른 위대함의 원한은 자기 주위에서 들리는 소름끼치는 정적이다. 고독은 일곱 겹의 껍질을 갖고 있다. 아무것도 그것을 뚫고 들어갈 수는 없다. 사람들에게 다가가고, 친구들에게 인사하지만, 언제나 새로운 황무지만 있고, 마주칠 어떤 눈길도 더 이상 없다. 잘해 봐야 일종의 반항이 있을 뿐이다. 이런 반항을 나는 아주 다양한 정도로, 그것도 나와 가깝게 지내는 거의 모든 사람들에게서 경험했다. 갑자기 거리감을 느끼게 하는 것보다 더 깊은 상처를 주는 일은 없는 것 같다. ― 고귀한 본성의 소유자들이 숭배하지 않고서는 어떻게 살아야 할지를 모르는 경우는 드물다. ― 세 번째 원한은 피부가 작은 자극에도 터무니없을 정도로 민감하다는 것이다. 즉 그것은 온갖 비소한 것들 앞에서조차 그 무엇으로도 도움을 받지 못하는 일종의 속수무책이다. 이것은 나에게 있어 방어를 위한 모든 힘을 끔찍할 정도로 허비하게 하는 규정처럼 보인다. 이 힘이야말로 모든 창조적 행위, 가장 독창적이고 가장 내적이며 가장 깊은 곳에서 나오는 모든 행위를 전제로 하는 것인데 말이다. 그렇게 해서 작은 방어 능력까지도 빠져나가 버린다. 이제 어떤 힘도 더 이상 흘러 들어오지 못한다. ― 그런 사람들은 소화도 잘 못 시키고, 즐겨 움직이려 하지도 않으며, 느낌은 얼어붙었고, 모든 것에 대해 지나친 불신감만이 개방되어 있다고 나는 감히 암시한다. ― 불신감, 이것은 수많은 경우에서 그저 병인학적 착오에 불과하다. 그런 상태에서 나는 한번 소의 한 무리가 가까이 있음을 느꼈다.[152] 더 온화하고 인간 친화적인 사상들이 내게 돌아오고 있었다. 내가 그것을 미처 보기도 전에, 그리고 그것은 온기를 지니고 있었다….

152 소에 대한 비유는 니체의 정적의 날들과 관련하여 심심찮게 등장한다. "풀을 뜯어먹으며 네 옆을 지나가는 가축 떼를 한번 보라. 그들은 어제가 무언지, 오늘이 무언지 모르고 그저 이리저리 뛰어다니고, 먹고 쉬고 소화하고 다시 뛴다. 그렇게 아침부터 저녁까지, 매일매일, 자신들의 호불호(好不好)에, 다시 말해 순간의 말뚝에 묶여 있으며, 그래서 우울함도 권태도 느끼지 않는다."(『반시대적 고찰』) 즉 소는 순간의 말뚝에 묶여 있는 존재다. 시간으로부터 자유로운 존재다. 순간을 영원처럼 사는 존재다. 니체는 이런 소와 같은 존재를 동경한다. "풀밭에 누워 삶을 진지하게 되새김질하며 관망하는 저 영리한 암소 같은 감정의 고요함, 경건함, 시골 목사의 평안함에 대해 생각해 본다. 여기서 가장 멀리 떨어져 있다고 느끼는 이들이 바로 철학자들이다."(『즐거운 학문』) 진정한 철학자가 되기 위해서 니체는 다양한 조건들을 제시해 주고 있다. 풀밭에 누워 있을 것, 삶을 진지하게 되새김질할 것, 모든 상황을 관망하는 감정의 고요함, 모든 것들로부터 멀리 떨어져 있기 등. 게다가 차라투스트라가 마음에 들었던 도시 이름도 소와 관련하고 있다. "차라투스트라가 마음에 들어 했던 도시 '얼룩소'에 작별을 고하고 떠나게 되자 제자를 자처한 많은 젊은이들이 그를 따라 나섰다."(『차라투스트라는 이렇게 말했다』) 성경책에서 천국에 들어가기 위해 어린아이와 같아지라고 가르쳤다면 니체는 이렇게 가르치고 있다. "우리가 변화하여 이들 암소와 같이 되지 않는다면 천국에 이를 수가 없다. 저들에게서 배울 것이 하나 있으니, 되새김질이 바로 그것이다."(『차라투스트라는 이렇게 말했다』)

6.

이 작품은 단연 독보적이다. 시인들은 옆으로 제쳐 두자. 아마도 힘의 그 똑같은 흘러넘침으로 어떤 것이 행해졌던 것은 단 한 번도 없으리라. '디오니소스적'이라는 나의 개념은 여기서 최고의 행위가 되었다. 이것과 비교해 보면 모든 나머지 인간 행위는 빈약하고 제약된 것이 되고 만다. 괴테나 셰익스피어도 이런 엄청난 열정과 높이에서 숨을 쉬는 방법은 단 한순간도 알지 못했으리라. 차라투스트라에 비하면 단테도 그저 한 명의 믿는 자에 불과하다. 차라투스트라는 진리를 처음으로 창조하는 자이며, 세계를 지배하는 정신이고, 하나의 운명이 된다. — 베다의 시인들은 사제에 불과하며 단 한 번도 스스로 위엄스러웠던 적이 없다. 그들은 차라투스트라의 신발 끈조차 풀어 줄 수 없는 자들이다. 하지만 이 모든 것들은 사실 그 작품에 대한 최소한의 것일 뿐이며, 이 작품이 살아 숨쉬고 있는 그 거리감에 대해서, 즉 파란 하늘과 같은 그 고독에 대해서는 아무것도 말해 주는 바가 없다. 차라투스트라는 다음과 같은 하나의 영원한 권리를 말하고자 할 뿐이다. "나는 나의 주변에 동그라미를 둘러 신성한 경계로 삼는다. 산이 점점 높아질수록 나와 함께 산을 오를 자는 그만큼 점점 적어진다. — 나는 점점 더 신성해지는 산들로 하나의 산맥을 만들고 있다." 정신과 모든 위대한 영혼의 온갖 선의가 오로지 하나로 뭉쳐 합산된다. 즉 그 모든 것들이 함께하지만 각각

따로 모여 있었다면 차라투스트라의 말은 한마디도 만들어 낼 수 없었으리라. 그가 오르내리는 사다리는 엄청난 것이다. 그는 여느 인간보다 더 멀리 바라보았고, 더 많은 것을 원했으며, 더 많은 것을 할 수 있었다. 그는 모든 말로 반박하지만, 결국 그는 모든 정신 중에서 가장 긍정적인 정신이다. 그에게서 모든 대립들이 하나의 새로운 통일을 이루게 된다. 인간적인 본성의 최고이자 최하의 힘들, 그 가장 달콤한 것, 가장 하찮은 것, 가장 무서운 것이 영원히 변치 않는 확실성과 함께 하나의 샘에서 솟아올라 온다. 그때까지 사람들은 무엇이 높은 것이고 무엇이 깊은 것인지 전혀 알지 못한다. 진리가 무엇인지는 더더욱 알지 못한다. 이 가장 위대한 것들이 모여 하나가 된 것으로부터 진리가 계시되었던 적은 단 한 번도 없었다. 차라투스트라 이전에는 지혜도, 영혼의 탐구도, 예술도 논의된 적이 단 한 번도 없었다. 여기서는 가장 가까운 것과 가장 일상적인 것이 단 한 번도 들어 보지 못한 것들에 대해 논한다. 경구들은 열정으로 인해 떨고, 웅변은 음악이 되었다. 번개는 지금까지 알려지지 않은 미래들을 향해 미리 던져진다. 이때까지 존재했던 가장 강력한 비유능력도 형상의 본성으로 향하고 있는 언어의 이런 귀환에 비하면 그저 빈약하고 장난질에 불과할 뿐이다. ― 그리고 어떻게 차라투스트라가 산에서 내려와서 모든 이들에게 가장 호의적인 것을 말하고 있는지! 어떻게 그 자신이 자기의 반대자들, 사제들을 부드러운 손으로 붙잡고서, 그들과 함께 그들로 인해 괴로워하는지! ― 여기서 인간은 매 순간 극복되고 있다. '초인'이라는 개념은 최고의 현실이 되었다. — 지금까지 인간들에게 있어서 위대하다고 불렸던 모든 것은 그의 발아래에 무한히 멀리 떨어져 있다. 할퀴온적인 것, 가벼운 발걸음들, 악의와 오만으로 채워진 현실들, 그 외 차라투스트라 유형에 전형적인 모든 것이 본질적으로 위대함에 속한다고는 어느 누구도 꿈도 꾸지 못했다. 바로 이런 공간의 범주 속에서, 대립적인 것에도 쉽게 접근할 수 있는 이런 곳에서, 차라투스트라는 스스로를 존재하는 모든 것 중에 최고의 유형으로 느낀다. 그리고 그가 어떻게 이 점을 정의 내리는지를 들어보면, 그에 대한 비유를 더 이상 찾지 않게 될 것이다.

— 가장 긴 사다리를 갖고 있어 가장 깊은 심연까지 내려갈 수 있는 영혼,

가장 멀리 자기의 내면으로 뛰어들어 방황하며 배회할 만큼 더없이 포괄적인 영혼,

즐겁게 우연 속으로 몰락하는 가장 필연적인 영혼,

변화 속에 존재하는 영혼, 의욕과 요구 속에서 갖고자 원하는 영혼 —

스스로에게서 도망치고, 더 없이 큰 동그라미 안에서 자기 스스로를 되찾는 영혼,

바보 같은 것이 가장 달콤하게 말을 거는 더없이 현명한 영혼,

모든 것의 흐름과 역류, 썰물과 밀물을 품고서 자기 자신을 가장 사

　그러나 이것은 디오니소스라는 개념 그 자체인 것이다.[154] ― 바로 그래서 차라투스트라 전형 속에는 심리적인 문제가 있다는 또 다른 생각 하나가 그곳으로 흘러 들어간다. 즉 그는 부정을 말하는 정신의 반대일 수 있음에도 불구하고 지금까지 긍정되어 왔던 모든 것에 대해 단 한 번도 들어 보지 못한 정도로 단호하게 부정을 말하고 또 부정을 행하는 자이다. 또 그는 가장 가볍고도 가장 저편에 있는 정신일 수 있음에도 불구하고 운명의 가장 어려운 부분을, 과제 중에서도 숙명을 짊어지는 정신이다. ― 차라투스트라는 하나의 춤추는 자이다. ― 즉 그는 현실 속에서 가장 가혹하고도 가장 무서운 통찰을 한 자이다. 그는 실존에 대해서는 단 한 가지에 대해서도 반박하지 않고, 그 실존에 대항해서는 영원한 회귀를 발견하지 못함에도 불구하고 "가장 심연적인 사유"를 생각한 자이다. ― 더 나아가 그는 이 세상 모든 사물들을 위해 영원한 긍정 자체일 수 있는 근거를

153　『차라투스트라는 이렇게 말했다』 제3부 「낡은 서판과 새로운 서판에 대하여」의 19번에 나오는 구절.

154　니체 철학의 함수관계와 같다. 니체는 차라투스트라이다. 차라투스트라는 최고의 긍정 형식인 영원회귀의 이념이다. 영원한 긍정은 디오니소스의 본성이다. 디오니소스는 광기의 신이다. 황홀지경, 무아지경을 상징하는 신이다. 이성과 비이성을 넘나드는 정신이다. 부정을 할 때도 궁극적으로는 긍정을 위한 디딤돌에 불과할 뿐이다. 절망을 할 때도 진정한 희망을 갖기 위한 저항으로 인식할 뿐이다.

하나 더 갖고 있다. 그는 "무서울 정도로 무한한 긍정과 아멘을 말하는" 자이다…. "모든 심연 속으로 나는 나의 축복하는 긍정의 말을 가져간다." … 그런데 이것은 또다시 디오니소스란 개념이다.

7.

— 그런 정신이 오로지 자기 자신하고만 이야기할 때는 어떤 언어로 말을 할까? 이 언어가 바로 디오니소스 송가다.[155] 나는 송가를 창시한 사람이다.[156] 차라투스트라가 해뜨기 전에(『차라투스트라』

---

155 디튀람보스(Dithyrambos)를 디오니소스 송가로 의역했다. 이것은 고대 그리스 시대에 널리 퍼져 있던 일종의 합창시의 장르로 알려져 있다. 그 내용은 술의 신 디오니소스를 기리는 것으로 채워져 있었다고 한다. 또 이 노래는 배우와 합창단이 서로 주고받는 형식으로 불렸다고 한다. 송가에 의한 효과의 범주는 디오니소스 신의 별명에서 발견될 수 있다. 그는 브로미오스(Bromios), 즉 시끄럽게 소란을 피우는 자, 바쿠스(Bacchus), 고함을 치는 자 혹은 함성을 지르는 자, 이악코스(Iakchos), 전쟁의 함성을 방불케 하는 소리, 뤼오이스(Lyäus), 즉 걱정을 없애 주는 자, 뤼지오스(Lysios), 구원자 등으로 불렸다. 말하자면 디오니소스 송가는 견딜 수 없을 정도로 엄청 시끄러웠던 것 같다. 하지만 그 소란 속에서 모든 걱정은 사라지고 오히려 구원을 받게 되는 듯한 경험을 하게 되었는지도 모를 일이다.

156 디오니소스 송가는 디오니소스 축제의 핵심인 아곤(Agon)이라는 비극 경연대회에서 불렸다는 기록은 남아 있지만 그것이 실제로 어떻게 불렸는지는 사실 전혀 알 수가 없다. 녹음이나 동영상이라도 남아 있으면 그 실상을 알 수 있겠지만 상황이 그렇지 못하다. 텍스트조차 없다. 텍스트가 필요 없어서 그랬는지도 모른다. 비극 작품의 내용처럼 희곡이 남아 있으면 대충 감을 잡을 수도 있다. 여러 가지로 공연 상황을 유추해 볼 수도 있을 것이다. 하지만 디오니소스 송가는 수수께끼 자체다. 기원전 7세기경에 아르킬로코스(Archilochos)에 의해 최초로 이것이 디오니소스 송가라 하고 모습을 드러내지만 그것 또한 비극 작가 시대와 비교해 보면 벌써 거의 이백 년이 훌쩍 지난 시점이다. 황홀지경, 무아지경에 도달한 영혼은 과연 어떤 노래를 부를 수 있었을까? 그 노래를 위해 어떤 언어가 동원되었을까? 텍스트에 옮겨 적어 놓을 수 없는 언어였을까? 기록으로 남겨 놓을 수 없는 언어? 공연이라는 장르상 분명 감동을 지향했

제3부 「해뜨기 전에」) 어떻게 자기에게 말을 하고 있는지 들어 보라. 그런 에메랄드처럼 파란 행복, 그런 신적인 부드러움은 나 이전에는 그 누구의 혓바닥에 의해서도 말해지지 않았다. 디오니소스의 가장 깊은 우울 또한 송가가 되었다.[157] 이에 대한 증거로 나는 「밤의 노래」를 들어 보고자 한다. 이 노래는 불멸의 탄식이다. 이 노래는 빛과 힘으로 흘러넘친다. 이 노래는 자기의 태양과 같은 본성으로 인해 사랑을 받아 보지 못하도록 판결 받은 것을 노래하고 있다.[158]

을 것은 틀림없을 것이다. 모두가 공감하고 함께 눈물 흘릴 수 있는 그런 극장의 분위기를 목표로 했을 것이 분명하다. 그렇다면 디오니소스 송가는? 영원한 숙제가 된다. 하지만 니체는 이것을 그저 숙제로만 남겨 놓지 않았다. 그는 인생 말년에 스스로 디오니소스의 제자가 되었다고 단언했다. 그는 스스로 사티로스가 되어 디오니소스를 기리는 송가를 불러 댄다. 『디오니소스 송가』가 그 대표적인 예다. 문헌학으로 읽는 법을 배운 학자가, 그리고 기존의 모든 가치를 뒤집어 엎으려는 시도로 철학의 길을 선택한 철학자가, 또 말하지 말고 노래를 불렀어야 했다고 말하는 문학도 시인이 평생을 통해 잉태하고 마침내 낳은 최고의 산물이다. 이제 그는 자기 자신을 '송가를 창시한 자'로 간주하기에 결단코 부족함이 없다.

157 내용은 슬프지만 그것을 표현하는 형식은 송가라는 얘기다. 찬미하는 형식으로 불렸다는 얘기다. 절묘하다. 눈물을 흘리게 하는 내용임에도 불구하고 찬송의 형식으로 행복에 겨워 불리는 노래, 그것이 바로 디오니소스 송가, 즉 디튀람보스의 진정한 매력이었을 것이다. 예술을 통해 도달할 수 있는 최고의 경지, 무아지경, 황홀지경 등으로만 말할 수밖에 없는 그런 경지를 이 송가는 경험하게 해 주었을 것이다. 그리고 니체도 바로 그런 경지에 도달했다고 스스로 평가하고 있다. 그 예로 그는 「밤의 노래」를, 그것도 전문(全文)을 인용하게 된다.

158 차라투스트라의 본성은 태양과 연결된다. 태양은 어둠을 모른다. 영원한 긍정의 형식이기 때문이다. 그는 태양처럼 몰락하기를 원했고, 비극이 시작되기를 원했으며, 떠오르는 태양처럼 희망으로 가득 차 있기를 원했다. 그는 어둠이 있는 곳에 빛을 주려 몰락했고, 비극과 함께 삶의 의미를 찾고자 했으며, 절망을 어둠처럼 내몰고 빛으로 충만한 희망으로 채우고자 했다. 하지만 이 모든 것에도 불구하고 태양은 고독하다. 태양 스스로는 빛 가운데 존재하기 때문이다. 그래서 사랑을 실천하고는 있지만 그 사랑을 받지 못하는 운명으로 존재할 뿐이다.

밤이다. 이제 솟아오르는 모든 샘물들이 더욱 소리 높여 이야기한다. 내 영혼 또한 솟아오르는 샘이 된다.

밤이다. 이제 사랑하는 자들의 모든 노래가 깨어난다. 내 영혼 또한 사랑하는 자의 노래가 된다.

내 안에는 진정되지 않고 진정될 수도 없는 것이 있다. 그것은 소리가 되고자 한다. 내 안에는 사랑을 향한 갈망이 있다. 그것은 스스로 사랑의 언어를 말한다.

나는 빛이다. 아아, 내가 밤이었더라면! 내가 빛의 띠를 두르고 있지만, 바로 이것이 나의 고독이다.

아아, 내가 어둡고 밤과 같았더라면! 내 얼마나 빛의 젖가슴을 빨고 싶었을까!

저 위에서 반짝이는 작은 별들이여, 그리고 반딧불이들이여, 나는 너희들도 축복하고 싶었다! ─ 그리고 너희의 빛의 선물로 행복해지고 싶었다.

그러나 나는 나 자신의 빛 속에 살고 있다. 나는 내게서 뿜어 나오는 불꽃을 내 안으로 들이마신다.

나는 받는 자들의 행복을 알지 못한다. 그리고 종종 훔치는 것이 받는 것보다 더 행복해야 한다는 꿈을 꾸곤 했다.

나의 손은 주기만 할 뿐 결코 쉬지를 않는다. 이것이 나의 가난이다. 나는 기다리는 눈들을 보며, 밝게 빛나는 동경의 밤들을 본다. 이것이 나의 질투이다.

오오, 모든 주는 자의 불행이여! 오오, 나의 태양의 일식이여! 오오, 갈망을 향한 갈망이여! 오오, 배부름 속에 도사리고 있는 뜨거운 배고픔이여!

그들은 내게서 받는다. 그러나 내가 그들의 영혼에 닿기라도 했을까? 받는 것과 주는 것 사이에는 하나의 틈새가 있다. 그리고 가장 작은 이 틈새 위에는 가장 늦게 다리가 놓이게 된다.

나의 아름다움에서 하나의 배고픔이 자란다. 그리하여 내가 빛을 비춰 준 그들에게 고통을 주고, 내가 준 것들을 빼앗고 싶다. — 이렇게 나는 악의에 굶주려 있다.

나를 향해 손이 내밀어지면, 나는 내 손을 거두어들인다. 추락하면서도 망설이는 폭포처럼 나는 망설인다. 이렇게 나는 악의에 굶주려 있다.

이러한 복수를 나의 충만함이 생각해 낸다. 이러한 술수가 나의 고독에서 솟아 나온다.

베풂 속에 있는 나의 행복은 베풂 속에서 죽어 버렸다. 내 미덕은 그 흘러넘침 때문에 스스로가 피곤해졌다!

베풀기만 하는 자의 위험은 그가 수치심을 잃어버린다는 데 있다. 나눠 주기만 하는 자의 손과 심장은 나누어 주는 일로 못이 박힌다. 나의 눈은 구걸하는 자들의 수치심 앞에서 더 이상 눈물을 흘리지 않는다. 나의 손은 가득 채워진 손들의 떨림을 느끼기에는 너무 굳어 있다.

내 눈의 눈물과 내 심장의 부드러움은 어디로 갔나? 오오, 베푸는 모든 자들의 고독이여! 오오, 빛을 발하는 모든 자들의 침묵이여!

많은 태양들이 황량한 공간 속을 돌고 있다. 어두운 모든 것들에게 그들은 빛으로 말하지만, ― 내게는 침묵한다.

오오, 이것이 빛을 발하는 자에 대한 빛의 적개심이다. 무자비하게 그 빛은 자기의 궤도를 돈다.

빛을 발하는 것에 대해 부당한 심사를 마음속 깊은 곳에 간직한 채 그리고 태양들에게 냉혹하게 저항하면서, ― 이렇게 각각의 태양은 돈다.

태양들은 폭풍처럼 자신의 궤도를 돈다. 그들은 자신의 완고한 의지를 따른다. 이것이 그들의 냉혹함이다.

오오, 너희 어두운 자들이여, 너희 밤과 같은 자들이며, 비로소 너희들은 빛을 발하는 것에서 자신의 따뜻함을 만든다! 오오, 너희들은 처음으로 빛의 젖가슴으로부터 우유와 청량한 음료를 빨아들인다.

아아, 얼음이 내 주위에 있다. 나의 손은 이 얼음장 같은 것에 화상을 입는다! 아아, 내 안에는 갈증이 있다. 그 갈증이 너희의 갈증을 애타게 찾고 있다.

밤이다. 아아, 내가 빛이어야 하다니! 그리고 밤과 같은 것에 대한 갈증이여! 그리고 고독이여!

밤이다. 이제 나에게서 나의 열망이 샘물처럼 솟아오른다, ― 말하려는 열망이.

밤이다. 이제 솟아오르는 모든 샘물들이 더욱 소리 높여 이야기한다. 내 영혼 또한 솟아오르는 샘이 된다.

밤이다. 이제 사랑하는 자들의 모든 노래가 깨어난다. 내 영혼 또한 사랑하는 자의 노래가 된다. —159

8.

이와 같은 것은 단 한 번도 쓰이지 않았고, 단 한 번도 느껴지지 않았으며, 단 한 번도 그렇게 괴로워했던 적도 없었다. 그렇게 디오니소스라는 하나의 신이 괴로워했다. 빛 속에 있는 태양의 고독을 노래하는 그런 디오니소스 송가에 대한 응답은 아리아드네일 것이다….160 나 이외에 과연 누가 알까, 아리아드네가 무엇인지! … 이런

---

159 『차라투스트라는 이렇게 말했다』 제2부 「밤의 노래」 전문을 그대로 재인용한 상태다.

160 아리아드네는 디오니소스의 부인이다. 이들의 관계를 니체는 『디오니소스 송가』에서 시의 형식으로 노래했다. 여기서 디오니소스가 말한다. "현명해라, 아리아드네! … / 너는 작은 귀를 가졌으며, 너는 내 귀를 갖고 있으니. / 그 안에 현명한 말 하나를 꽂아 넣으라! — / 자기에게서 사랑해야 하는 것을 먼저 미워해서는 안 되지 않겠는가? … / 나는 너의 미로이다…." 한 마디로 수수께끼. 하지만 그 수수께끼를 가지고 니체는 유희를 즐기고 있다. 창조자의 유희 감정은 디오니소스라는 이름 뒤에 숨어서 우리의 어리석음을 지혜로 이끈다. 나는 너의 미로이다. 나는 너의 길이지만 쉽지 않은 길이다. 내 안으로 들어오는 것도 쉽지 않고 또 빠져나가는 것도 쉽지 않다. 디오니소스의 마음을 얻는다는 것도 쉽지 않고 그 마음에 대응하는 것도 쉽지 않다. 디오니소스는 단 한 번도 비극 경연대회에서 모습을 드러낸 적이 없는 존재이다. 그 비극 축제 자체가 디오니소스 신을 위한 제전임에도 철저히 가면 뒤에 숨어 있다. 니체는

모든 수수께끼를 지금까지 아무도 풀어내지 못했다. 누군가가 여기서 이런 수수께끼를 보기라도 했을까 의심스럽다. ― 사람들이 그 의미에 대해 오해하지 않도록 하는 것, 그것을 차라투스트라는 언젠가 엄격하게 자신의 과제로 규정했다. ― 그리고 이것이야말로 또한 나의 과제이기도 하다. 그는 모든 과거의 것들을 정당화할 때까지, 또 그것을 구원할 때까지 긍정만을 말한다.[161]

나는 미래의 파편들과 같은 사람들 사이를 걸어 다닌다. 나는 그 미래를 바라보고 있다.

그리고 파편이고 수수께끼이고 끔찍한 우연인 것들을 하나로 엮어 내 시를 짓고 창조하는 일이 내가 모든 노력으로 몰두하는 나의 글

이제 말한다. 아리아드네가 답이라고. 태양은 빛 속의 고독한 존재다. 아폴론은 디오니소스에 의해 위로를 받는다. 디오니소스의 가르침은 "자기에게서 사랑해야 하는 것을 먼저 미워해서는 안 되지 않겠는가?" 하는 질문 속에 스며 있다. 미워함을 허무함으로 읽어도 된다. 하지만 그런 모든 부정적인 감정은 긍정의 감정을 전제할 때에만 정당한 것이다. 삶은 정당하다. 삶은 가치 있는 것이다. 삶을 정당하고 가치 있는 것으로 만들기 위해서 생각하는 존재인 우리 모두는 끊임없이 허무함을 인정하고 받아들이며 견뎌 내고 극복해 내야 한다. 삶은 규정된 것은 아니지만 끊임없이 규정되어야 하는 것이기 때문이다. 우리의 귀는 작을지 몰라도 그 작은 귓속에 디오니소스의 지혜를 가득 채워 넣어야 한다. 미로 속에서 삶을 즐기기 위해!

161 허무주의는 구원 철학이다. 과거를 구원하고자 한다. 가치가 없던 것에 가치를 부여함으로써 구원하고자 한다. 우리 모두는 구원자가 될 수 있다. 가치를 전환시킴으로써 우리는 창조의 영역에서 주체가 될 수 있는 것이다. 허무주의는 긍정을 말하는 철학이다. 삶이 있는 곳에서는 허무를 인정하고 받아들일 수 있되 그것 또한 오로지 긍정을 목표로 할 때에만 정당한 것이 된다. 생각하는 존재의 삶은 오로지 가치들의 총합으로 구현되기 때문이다. 하나의 가치가 지배하는 답답하고 틀에 박힌 이념에서 삶을 구원하라! 이것이야말로 허무주의 철학의 지상 과제인 것이다.

쓰기 작업이다.

그리고 만약 인간이 시인이나 수수께끼를 푸는 자가 아니며, 우연을 구원하는 자가 아니라면, 어찌 내가 인간이라는 점을 견뎌 낼 수 있을까?

과거들을 구원하고 모든 '그랬었다'를 '나는 그렇게 되기를 원했었다!'로 바꿔 놓는 것, ─ 이것이 내게는 비로소 구원인 것이다.[162]

차라투스트라는 또 다른 곳에서 가능한 한 엄격하게, 오직 무엇만이 그에게 '인간'일 수 있는지에 대해서도 규정하고 있다. ─ 인간이 사랑의 대상도 아니고 혹은 결코 동정의 대상도 아니라고 하면서. ─ 게다가 차라투스트라는 인간에 대한 위대한 구토에 대해서도 주인이 되어 버렸다.[163] 인간은 그에게 조각가를 필요로 하는 기형이고, 소재이며, 못난 돌이다.

더 이상─**원하지**─않기를, 더 이상─**평가하지**─않기를, 더 이상─**창조하지**─않기를. 오오, 이 크나큰 피로가 나에게서 항상 먼

---

162 『차라투스트라는 이렇게 말했다』 제2부 「구원에 대하여」 중에서.
163 창조하려면 혐오감이 전제되어야 한다. 필요에 대한 인식과 창조에의 의지를 요구할 수 있기 때문이다. 인간에 대한 혐오는 인간을 사랑하기에 가질 수밖에 없는 감정이다. 인간을 더 낫게 하기 위해서는 그 한계를 인식해야만 한다. 한계에 직면했다는 인식이 없다면 극복에의 의지는 발동조차 하지 못할 것이기 때문이다. 차라투스트라는 바로 이런 혐오감을 위대하다고 인식하는 철학자다. 차라투스트라는 이런 혐오감에서 주인의식을 취하는 존재다.

곳에 머물러 있기를!

인식에서도 나는 나의 의지 때문에 생식과 변화의 욕구만을 느낀다. 그리고 만일 나의 인식 속에 순수함이 깃들어 있다면, 그것은 **생식에의 의지**가 그 안에 있기 때문이다.

이 의지가 나를 신과 신들에게서 등을 돌리라고 유혹한다. 도대체 무엇을 창조할 수 있단 말인가, 만약 신들이 ― 거기 있다면?

그러나 나의 불타는 창조 의지는 나를 끊임없이 새롭게 인간들에게로 내몬다. 이렇게 망치를 돌에게로 내모는 것이다.

아아, 너희 인간들이여. 내게는 돌 속에 하나의 형상이, 형상들 중의 형상이 잠자고 있는 듯하구나! 아아, 그것이 가장 단단하고도 가장 못난 돌 속에 갇혀 잠을 자야만 한다니!

이제 나의 망치가 이 감옥에 대항해 잔인하게 폭행을 일삼는다. 돌에서 파편이 흩날린다. 내게 무슨 상관이란 말인가!

나는 이 형상을 완성하고자 한다. 왜냐하면 하나의 그림자가 내게 다가왔기 때문이다. ― 모든 사물들 중에서 가장 조용하고 가장 경쾌한 것이 나를 찾아왔다!

초인의 아름다움이 그림자로서 나를 찾아왔다. ― 신들이 내게 무슨 상관이란 말인가! …[164]

---

164 『차라투스트라는 이렇게 말했다』 제2부 「행복한 섬에서」 중에서.

나는 마지막 관점을 강조한다. 밑줄 그은 구절이 그 단초를 제공한다.[165] 디오니소스적인 과제를 위해서는 망치의 단단함과 파괴에 대한 기쁨 자체가 결정적인 전제 조건이 된다. '단단해져라!'라는 명령, 모든 창조자들은 단단하다[166]라는 가장 깊은 곳까지 도달하는 심층적인 확실성이 디오니소스적인 본성의 가장 특징적인 표시인 것이다. ─

165 번역에서는 색으로 표시되었다. 무엇보다 "이제 나의 망치가 이 감옥에 대항해 잔인하게 폭행을 일삼는다"라는 구절과 함께 허무주의 철학의 본성을 드러낸다. 허무주의 앞에서 허무하지 않을 수 없는 것은 하나도 없다. 잔인할 정도로 폭행을 일삼는다. 그동안 정성을 다 바쳐 믿어온 신조차도 허무하게 만들고 만다. 그동안 희망을 걸었던 모든 것을 허무하게 만들고 만다. 이런 폭행을 감당할 수 있는 자에게만 허무주의는 효과를 발휘한다. "수고하고 무거운 짐 진 자들아 다 내게로 오라 내가 너희를 쉬게 하리라."(마태복음11:28) 이런 것은 기독교의 낙천주의다. 허무주의의 음성은 다르다. '내가 너희에게 가리라! 망치를 들고 너희를 깨 주리라!' 하면서 매섭게 달려든다.
166 『차라투스트라는 이렇게 말했다』제3부「낡은 서판과 새로운 서판에 대하여」29번 글 중에서.

선악의 저편

미래 철학의 서곡

1.

이후 수년 간의 나의 과제는 가능한 한 엄격하게 미리 확정되어 있었다. 나의 과제에서 긍정을 말하는 부분이 해결된 이후, 이제는 부정을 말하고 부정을 행하는 나머지 반쪽을 해결할 차례가 된 것이다. 즉 지금까지 인정받아 왔던 가치들 자체를 전도해 버리는 것, 이 위대한 전쟁을 치를 차례가 된 것이다. — 결단의 날을 맞이하여 선언을 해야 할 차례가 된 것이다. 이 과제에는 그 자신의 힘이 강력해서 파괴를 위한 손을 내게 내밀어 줄 사람들을, 즉 나와 유사한 자들을 찾기 위해 천천히 살펴보는 일도 포함된다. — 이때부터 모든 나의 글들은 일종의 낚싯바늘이 된다. 나 말고 낚시를 이토록 잘 알고 있는 자가 또 있을까? … 아무것도 잡히지 않는다면, 그건 내 잘못이 아니다. 고기들이 없을 뿐이다….

2.

이 책(1886)은 본질적으로 현대성에 대한 비판이다. 그 비판은 현대 학문, 현대 예술, 심지어는 현대 정치마저도 제외시키지 않는다. 그 밖에 적어도 현대적이지 않은 반대 유형, 즉 고귀하면서도 긍정을 말하는 유형에 대한 암시 또한 포함하고 있다. 후자의 의미로 보면 이 책은 하나의 귀족학교이다. 이것은 지금까지 취급되었던 것보다 더 정신적이고도 더 과격하게 취급된 개념이다. 이 개념을 견뎌내기 위해서라도 용기를 몸에 지니고 있어야 한다. 두려움을 배우지는 말았어야 한다…. 여기서는 이 시대가 긍지를 갖고 있었던 그 모든 사물들을 그런 유형과는 반대의 것이자 거의 무례한 것으로 간주한다. 예를 들어 그 유명한 '객관성'이라든가, '모든 고통받는 자들에 대한 동정', 낯선 취향 앞에서 굴복해 버리는 '역사적 감각', 사소한 사실 앞에서조차 엎드려 버리는 '학문성' 등이 그것이다. — 이 책이 『차라투스트라는 이렇게 말했다』의 후속편으로 나왔다는 것을 생각해 보면 이 책을 생겨나게 한 섭생법 또한 알아차릴 수 있을 것이다. 눈은 멀리 바라보아야 한다는 이 엄청난 필요성 때문에 기존의 습관까지도 잊어버렸다.[167] — 차라투스트라는 차르보다 더 멀리 바

---

167 니체는 '의지가 습관화되는 상태'(『즐거운 학문』)를 경계한다. 그에게 있어 철학을 한다는 것은 오로지 '습관화된 가치 감정에 저항'(『선악의 저편』)하는 것을 의미한다. 자유를 운운할 때도 습관화된 자유는 지극히 위험하다. 이런 감정은 오로지 새로운 것에서만 구속을 느낄 뿐이기 때

라본다. ─ 그는 여기서 가장 가까이 있는 것, 우리 시대, 우리 주변의 것을 예리하게 파악하라는 강요를 받는다. 이 책의 전 부분에서 특히 그 형식에서, 『차라투스트라는 이렇게 말했다』를 가능하게 했던 본능으로부터의 고의적인 등돌림을 발견하게 된다.[168] 침묵의 형식과 의도와 기술에서의 세련됨이 전면에 부각된다. 심리학은 눈에 띌 정도로 가혹하고도 무자비하게 취급된다. ─ 이 책에는 선의를 가진 말은 없다…. 모든 것은 휴식을 취한다. 차라투스트라가 했던 것처럼 선의를 허비하는 일이 어떤 휴식을 필요로 하는지 결국 누가 알아낼까?[169] … 신학적으로 말하자면 ─ 귀를 열고 잘 들어 보라.

문이다. "그러나 그 반대가 진리라면 어떻게 될까? 즉 인간은 항상 여러 가지 구속을 받으며 살고 있지만, 오랜 습관으로 인해 사슬의 무게를 더 이상 느끼지 않을 때에만 자신을 자유롭다고 간주한다면 어떻게 될까? 다만 새로운 사슬에서만 인간은 여전히 구속감을 느낀다."(『인간적인 너무나 인간적인』) 니체의 허무주의 사상은 모든 습관에 저항한다. 그것은 감각을 무디게 하고 본성과 본능까지도 변질시켜 놓기 때문이다.

168 니체에게 차라투스트라는 무엇인가? 최고의 긍정형식이라고 했다. 하지만 그것조차 때가 되면 등을 돌려야 할 대상으로 전락하고 만다. 허무주의는 늘 한계에 도전하고 또 그 한계를 넘어서고자 하는 극복의 이념으로 이 세상 모든 사물을 대할 뿐이다. "나 진정 너희에게 권하노니, 나를 떠나라. 그리고 이 차라투스트라에 맞서 너희 자신을 지켜라! 더 바람직한 일은 이 차라투스트라의 존재를 수치로 여기는 일이다! 그가 너희를 속였을지도 모를 일이니."(『차라투스트라는 이렇게 말했다』) 멈춤은 차라투스트라의 이념이 아니다. 늘 변화에 충실해야 한다. 삶에서는 한 치 앞도 내다볼 수 없다. 하지만 그런 우연조차 긍정의 형식으로 받아들일 줄 알아야 한다.

169 앞서 니체는 『차라투스트라는 이렇게 말했다』를 출간하고 나서 그 어떤 때와도 비교할 수 없는 '위기의 순간'을 맛보았다고 고백한 적이 있다. 그때 그는 "불멸이 되기 위해서는 비싼 대가를 치러야 한다. 즉 그러기 위해서는 살아가는 동안 여러 번 죽어야 한다"고 말했던 것과 같은 맥락으로 이해할 수 있다. 위대한 업적일수록 그 이후의 휴식은 죽음을 맛볼 정도로 가혹할 것이다. 힘든 일을 해냈기 때문이다. 목숨을 걸고 도전한 것일수록 승리감도 크겠지만 그 이후에 닥쳐올 폭풍 같은 휴식은 우울이란 이름으로 엄습해 올 것이다. 위대한 삶일수록

왜냐하면 나는 신학자로서는 극히 드물게 말을 하고 있으니. ― 하루의 일과를 마치고 인식의 나무 아래 누워 있는 뱀은 바로 신 자신이었다.[170] 신은 이런 식으로 신으로 존재하는 것으로부터 휴식을 취했던 것이다…. 신은 모든 것을 너무 아름답게 만들었다…. 악마는 모든 일곱 번째 날에 취하게 되는 신의 한가로움에 불과한 것이다….

그 허무함은 이루 말로 형용할 수조차 없을 것이다. 최선을 다한 삶일수록 인생 말년에 감당해야 할 그 절망 또한 최선만큼이나 격렬할 것이다. 하지만 이 모든 것을 부정적으로 바라볼 일은 결코 아니다. 허무주의는 그 위기의 순간에서도 다시 일어설 수 있는 힘과 용기를 요구하고 있을 뿐이다.

170 지극히 니체적인 발상이다. 니체적인 세계관이다. 뱀과 신은 이분법적으로 대립하지 않는다. 둘은 서로 모습과 이름을 달리하며 변신을 거듭할 뿐이다. 이럴 때도 있고 저럴 때도 있다. 마치 동양의 음양 이론에서처럼 서로가 서로를 감싸고 돈다. 하나는 다른 하나의 조건이 될 뿐이다. 뱀은 나쁘고 신은 좋다. 맞는 말이다. 음은 어둡고 양은 밝다. 그것도 맞는 말이다. 하지만 그 둘은 서로를 필요로 하는 존재일 뿐이다. 악이 있어야 선도 가치를 인정받게 되는 것이다. 이런 것을 두고 한 말이 허무주의는 도래해야 하고, 또 허무주의는 극복되어야 한다는 것이다.

도덕의 계보

하나의 논쟁서

이 『도덕의 계보』를 구성하고 있는 세 편의 논문들은 그 표현과 의도와 놀라게 하는 기술이라는 측면에서 보면 지금까지 쓰인 것들 중 가장 섬뜩한 것이다. 디오니소스는 사람들이 알고 있듯이 암흑의 신이기도 하다. ─ 매번 시작 부분은 사람들을 혼란 속에 빠뜨려야 하겠기에, 냉정하고 학문적이며 심지어 아이러니컬하기조차 하며, 의도적으로 강조도 하고 질질 끌기도 한다. 그러다가 서서히 동요가 커진다. 산발적으로 번개가 치기도 한다. 아주 기분 나쁜 진리들의 둔중한 으르렁거림이 멀리서부터 점차 커진다. ─ 결국에는 모든 것을 엄청난 긴장과 함께 앞으로 몰아붙이는 폭풍 같은 거친 속도에 이른다. 매번 마지막 부분은 완전히 소름끼치는 폭발음이 일어나고, 두꺼운 구름 사이로 새로운 진리 하나가 눈에 보이게 된다. ─ 첫 번째 논문의 진리는 기독교의 심리에 관한 것이다. 기독교는 보통 믿고 있는 것처럼 '정신'에서가 아니라, 원한의 정신에서 탄생한 것이다.[171] — 기독교는 본성상 반대 운동이며, 고귀한 가치의 지배에 맞선 거대한 봉기이다. 두 번째 논문은 양심의 심리를 제공한다. 양심이란 보통 믿고 있는 것처럼 '인간의 내면에 있는 신의 음성'이 아니다. — 양심은 더 이상 외부를 향해 발산할 수 없게 된 다음에 방향을 바꿔 자기 자신으로 향하는 잔인함의 본능이다. 이 잔인함은 가장 오래되고 가장 떨쳐 버릴 수 없는 문화의 하부 토대를 이루고 있다는 것이 여기서 최초로 밝혀지고 있다. 세 번째 논문은 금욕적 이상, 사제적 이상이 전형적으로 해로운 이상이고 종말에의 의지이며 데카당스 이상임에도 불구하고, 그 이상이 갖고 있는 이 엄청난 권력은 도대체 어디서 유래하는가라는 질문에 답을 주고 있다. 그 대답은 다음과 같다. 보통 믿고 있는 것처럼 신이 사제들의 배후에서 활동하고 있어서가 아니라, 오히려 그런 이상보다 더 나은 것이 없기 때문이다. — 바꿔 말하면, 그 이상은 지금까지 존재한 유일한 이상이었기 때문이고, 또 그것은 경쟁 상대를 하나도 갖지 않았기 때문이다. "인간은 아무것도 원하지 않기보다는 차라리 무

---

171 원한으로 번역한 원어는 르상티망(Ressentiment)이고, 이것은 프랑스어에서 차용된 개념이다. 그 뜻은 '은밀한 원한'을 의미한다. 독일의 두덴 사전에는 이 개념을 '아래에 놓여 있다는 감정이나 판단, 질투심에 기인한 감정적이고 무의식적인 거부감'으로 설명하고 있다. 니체는 이 개념을 오이겐 뒤링(Eugen Dühring)과의 논쟁 속에서 사용한다. 뒤링은 모든 법개념, 특히 정의가 기본으로 깔려 있는 개념이라면 모두 강자의 자연적인 권리에 대립된다고 보았고, 거기서 원한 감정을 설명했다. 반면에 니체는 비록 높은 가치는 아니면서도 현실 속에서는 권력을 펴찬 가치가 있음을 인정한다. 그 대표적인 예로 그는 기독교의 가치관을 제시한다. 거기서 핵심이 되는 감정으로 원한을 설명하고 있는 것이다.

를 원하기 때문이다." … 무엇보다도 그 이상에 반대되는 반대-이상이 없었기 때문이다. — 차라투스트라를 제외하고는. — 사람들은 나를 이해했을 것이다. 모든 가치의 전도를 위한 한 심리학자의 결정적인 세 가지 준비를. — 이 책은 최초로 사제의 심리를 포함하고 있다.

우상의 황혼

어떻게 망치를 들고 철학하는지

1.

150쪽도 안 되는 이 책은 쾌활하고 숙명적인 어조를 띠고 있으며, 웃고 있는 악마이다. ─ 내가 주저하며 그 수를 거론할 정도로 며칠 걸리지 않은 이 작품은 책들 중에서는 단연 예외적이다. 이보다 더 내용이 풍부하고 더 독자적이며 더 파괴적인 책은 ─ 더 악의적인 책은 없다. 내 이전에 모든 것이 어느 정도로 뒤집혀 있었는지에 대해 간략하게나마 파악하고자 한다면, 이 책과 함께 시작하면 된다. 그 표지에 씌어 있는 우상이 의미하는 바는 아주 간단하게 지금까지 진리라고 말해 오던 것이다. 우상의 황혼 ─ 독일어로 말하자면, '옛 진리가 종말로 다가간다'이다….

2.

이 책에서 건드리지 않은 '현실성'이나 '이상성'은 없다. (ㅡ 건드리다. 이 얼마나 조심스러운 미사여구인지! …) 영원한 우상뿐만 아니라, 가장 어린 우상들, 그래서 가장 어린 우상들도 건드려진다. 예를 들어 '현대의 이념들'도. 세찬 바람이 나무들 사이로 불어온다. 여기저기서 열매들이 떨어진다. ㅡ 진리들이. 여기에 너무나 풍성한 가을의 낭비가 있다. 사람들은 진리들 위를 비틀거리며 걸어간다. 몇몇 진리는 짓밟아 죽이기까지 한다. ㅡ 그들에게 진리가 너무 많기 때문이다…. 하지만 손안에 거머쥔 것은 더 이상 아무것도 의심스럽지 않다. 그것들은 결단을 내린 것이다. 나는 최초로 '진리'를 위한 척도를 손에 거머쥐었다. 나는 최초로 결단을 내릴 수 있다. 마치 내 안에서 제2의 자의식이 자라나기라도 한 것처럼, 마치 내 안에서 '의지'가 지금까지 아래로만 향해 달렸던 비뚤어진 궤도 위에 불을 밝힌 것처럼…. 비뚤어진 궤도, ㅡ 사람들은 이것을 '진리'로 향하는 길이라고 불렀다…. 모든 '어두운 열망'은 이제 끝났다. 선한 인간이란 다름 아니라 옳은 길에 대해 가장 무지했던 자였다…. 아주 진지하게 말하겠는데, 내 이전에는 옳은 길을, 즉 위로 향하는 길을 아무도 몰랐다. 최초로 나에 의해 다시 문화의 희망들과 과제들과 예정된 길들이 존재하게 되었다. ㅡ 나는 그러한 복음을 전하는 자이다…. 바로 이 때문에 나는 하나의 운명인 것이다. ㅡ ㅡ

3.

이 작품을 끝낸 후 단 하루도 허비하지 않고 나는 가치의 전도라는 이 엄청난 과제를 즉시 손에 쥐었다. 나는 무엇과도 비교할 수 없는 우월한 긍지를 느꼈다. 매 순간 나의 불멸을 확신하고 이것이 하나의 운명이라 확신하며 한 글자 한 글자 청동판에 새겨 나갔다. 서문은 1888년 9월 3일에 탄생했다.[172] 이것을 쓰고 나서 아침에 밖으로 나갔다. 오버엥가딘은 지금까지 내게 보여 주었던 날들 중에서 가장 아름다운 날을 보여 주었다. ─ 청명하고, 색채가 작열하며, 얼음과 남방 사이에 있는 온갖 대립과 그 사이에 있는 것들을 모두 포함하고 있는 날을. ─ 질스마리아에서 홍수 때문에 머무르다가 9월 20일이 되어서야 나는 그곳을 떠날 수 있었다. 결국 나는 이 경이로운 장소에서 유일한 손님으로 남아 있었다. 이 선물에 대한 감사 표시로 불멸의 이름을 선사해 주고 싶었다. 아주 늦은 밤에 홍수가 난 코모에 도착해서 생명을 위협하는 예기치 않은 여러 사건들을 만난 여행을 마친 후, 나는 21일 오후에 토리노에 도착했다. 이곳은 내게

---

172 이것은 니체가 일반적으로 글을 쓰는 방식과는 상반된다. 그는 대체적으로 서문을 마지막에 썼다. 그런데 이 『가치의 전도』라고 칭한 책은 급했던지 서문부터 작성하게 된 것이다. 『우상의 황혼』 집필을 끝내자마자 곧바로 이 책의 집필을 시작한 이유는 어쩌면 어둠 속에 밝혀진 불을 그대로 유지하고 싶었던 것일지도 모른다. 니체는 자신의 '불멸을 확신'하고 있었다. 신이 된 자신의 모습을 확인하고 있었다. 신명(神明)이 났던 것이다.

입증된 장소이다. 이때부터 그곳은 나의 거주지가 되었다. 그해 봄에 묵었던 똑같은 집을 다시 숙소로 정했다. 그곳은 카를로 알베르토 거리 6번지 3층으로, 거기서는 비토레 에마누엘레가 태어난 거대한 카리그나노 궁이 마주 보였고, 카를로 알베르토 광장과 그 너머의 언덕 지대도 볼 수 있었다. 주저하지 않고 또 한순간도 주의를 딴 데로 돌리지 않고 나는 다시 작업에 착수했다. 이 작품의 4분의 1이 아직 쓰이지 않은 상태로 남아 있었다. 9월 30일은 위대한 승리의 날이다. 가치의 전도가 완성되었다. 포 강을 따라 나도 한 명의 신이 되어 무위를 즐겼다. 9월 내내 그 출판 원고를 교정하면서 휴식을 취했던 작품인 『우상의 황혼』의 서문도 같은 날 썼다. ─ 나는 한 번도 그런 가을을 체험해 보지 못했다. 또한 그런 것이 이 대지 위에서 가능하리라고 생각도 못했다. ─ 클로드 로랭 같은 사람이 무한을 생각하듯이 모든 날들이 똑같이 무한하게 완벽했다.[173] ─

---

173 클로드 로랭(Claude Lorrain, 1600-1682)은 바로크 시대에 활동했던 프랑스 출신의 화가였지만, 주로 이탈리아 로마에서 활동했다. 풍경화를 주로 그렸으며, 그런 과정 속에서 서정적이고 낭만적인 양식을 완성시켰다. 이런 이유에서 그는 예술사에서 '전원적-아르카디아적(idyllisch-arkadisch)'인 이상을 표현했다는 평가를 받게 되었다. 특히 아르카디아(Arkadia)는 펠로폰네소스의 자연 풍경을 지칭하는 말로서 자주 이상적인 표현으로 사용되었다. 괴테도 이탈리아 여행을 하면서 '나도 역시 아르카디아에서(Auch ich in Arkadien!)'라는 말을 떠올렸고, 또 이것을 『이탈리아 기행』의 부제목으로 선택하기도 했다. 니체가 이성적 삶의 마지막 거주지로 선택한 도시 토리노의 9월이 연출해 내는 가을은 거의 물아일체의 경지를 방불케 한다. 그 어디에도 얽매이지 않은 완벽함이 무한성을 연상하게 했고, 그런 와중에 『우상의 황혼』이, 그 가치의 전도가 완성되었다는 것이다.

바그너의 경우

한 음악가의 문제

1.

　이 책에 공정하려면 하나의 벌어진 상처를 대하듯이 음악의 운명으로 인해 괴로워해 봤어야만 한다. ― 내가 음악의 운명 때문에 괴로워한다고 말한다면, 그것은 도대체 무엇 때문에 내가 괴로워한다는 말인가? 바로 이 때문이다. 그 음악이 세계를 미화하고 긍정하는 자기의 특성을 상실해 버렸다는 점, ― 그 음악이 데카당스 음악이며 더 이상은 디오니소스의 피리는 아니라는 점…. 그러나 이런 식으로 음악의 문제를 자기 자신의 문제로, 마치 자기 자신의 고통의 역사로 느끼는 사람은, 이 책을 사려에 가득 차 있고 유별나게 부드럽다고 느낄 것이다. 그런 경우들에서 쾌활하다는 것 그리고 호의적으로 조소를 보내는 것, ― 진리를 말하는 것이 아무리 심한 가혹함이라도 정당화시켜 준다고는 하지만, 웃으면서 진지한 사항을 말한다는 것, — 이것은 바로 휴머니즘 정신 자체이다. 늙은 포병인 내가 바그너를 날카롭게 공박할 근거를 갖고 있다는 점을 누가 정녕 의심할 수 있단 말인가? — 나는 이 문제와 관련해서 결정적인 것은 모두 보류해 버렸다.[174] — 나는 바그너를 사랑했다. — 결국 다른 사람은 쉽게 알아차리지 못하는 보다 섬세한 한 명의 '모르는 사람'에 대한 공격이 나의 과제가 가진 의미이자 방법이다. — 오오, 나는 음악의 카글리오스트로와는 전혀 다른 '미지의 사람'을 폭로해야만 한다. — 정신적인 사항에서는 점점 더 게을러지고 본능은 빈곤해지며 점점 더 명예욕으로 충만해지는 독일 국민에 대해서는 물론 그 이상의 공격을 해야 한다. 이들은 부러워할 만한 식욕으로 대립적인 것들에서 영양을 취한다. '신앙'이 학문성인 양, '기독교적 사랑'

---

174 니체는 바그너에 대해 말하는 것을 조심스러워 했다는 뜻이다. 그동안 그에 대해 말을 꺼내는 것이 힘들었다는 뜻으로 해석해도 무방하다. "나는 이 문제와 관련해서 결정적인 것은 모두 보류해 버렸다." 진심은 보류해 버렸다는 이 말 속에는 무수한 의미가 담겨 있다. 그동안 속내를 드러내지 않았다는 얘기도 된다. 바그너를 언급한다고 해도 그저 객관적인 차원에서 다뤘다는 말이 된다. 망설임이 느껴진다. 이성적 삶의 마지막 여정에서 니체는 이제 때가 되었다고 느낀 것일까? 아픈 상처를 다시 터뜨리는 심정으로 바그너를 입에 담고 있다. 아버지처럼 따랐던 바그너! 스스로 바그너의 추종자라고 자처했던 철학자! 비이성으로 넘어가기 직전에 숙제를 하는 기분이다. 그것도 무섭도록 어려운 숙제를 손에 거머쥐는 느낌이다. 앞서 '휴머니즘 정신'을 언급하기도 했다. 원어는 후마니테트(Humanität)이다. 라틴어 후마니타스(humanitas)에서 유래한 말로서 인간성을 의미한다. 아픈 상처를 다시 건드리는 것이 니체 자신에게는 인간적이라는 얘기다. 사랑했던 부부가 이혼을 하면 그 이유가 궁금하기도 하다. 음악가와 철학자의 우정, 바그너와 니체의 만남은 독특했다. 또 그만큼 뜨거웠다. 초기 작품들, 특히 『비극의 탄생』과 『반시대적 고찰』에서 언급되는 바그너의 이미지는 꿈과 희망의 원인이기까지 했다. 그랬던 그에게서 등을 돌리려 한다. 그리고 그 이유에 대해 인간적으로 설명을 하고자 한다. 광기로 넘어가는 철학자는 진지하기만 하다. 마지막 순간이라고 느껴서일까.

이 반유대주의적인 양, 권력에의('독일제국'에의) 의지가 하층민의 복음인 양 삼켜 버린다. 그래도 소화불량은 전혀 없다…. 대립되는 것들 사이에서 어느 정당의 편도 들지 않는 것![175] 이런 위장의 중립성과 '자기 자신이 배제된 것'! 모든 것에서 동등한 권리를 부여하는 독일적인 미각의 이런 공평한 소질, ─ 그것은 모든 것을 맛있다고 느낀다…. 의심할 여지없이 독일인들은 이상주의자들이다…. 마지막으로 독일을 방문했을 때, 나는 바그너주의자들과 제킹엔의 트럼펫 연주자에게 동등한 권리를 승인하려고 애쓰는 독일의 취향을 보았다. 비할 바 없이 진정한 독일 음악가 중의 한 사람, 그저 단순히 독일제국적인 의미로서가 아니라 옛 의미에서의 '독일적' 거장인 하인리히 쉬츠를 기린다고 하면서, 라이프치히에서 사실은 교활한 교회음악을 보호하고 전파하려는 목적으로 리스트 협회가 설립되고 있는 작태를 나 자신이 몸소 목격했다…. 의심할 여지없이 독일인들은 이상주의자들이다….

---

175 니체가 지향하고 지지하는 정당은 '인생 정당'이다. 그 반대편에 '이웃 사랑'의 이념을 펼치는, 즉 자기 자신이 배제된 정당이 있다. 이 둘은 데카당의 이념처럼 끝과 시작을 알리는 힘이자 원리였다. 즉 때로는 '인생 정당'이 힘을 발휘할 때도 있고, 때로는 '이웃 사랑'의 정당이 힘을 발휘할 때도 있는 법이다. 그런데 독일의 현실 상황은 이것도 저것도 아닌 이념을 지향하면서도 아무 탈이 나지 않는 정신으로 무장하고 있다고 니체는 비판하고 있다. 신앙이 학문 행세를 하고 있고, 기독교 사랑이 반유대주의의 이념인 것처럼 간주하고, 권력에의 의지가 제국의 의지로 둔갑하고, 또 그 의지가 국민을 위해서는 좋은 것이라고 호도하는 그런 꼴을 보고, 니체는 거리를 두지 않을 수 없었던 것이다.

2.

그런데 여기서 독일인들에게 몇 가지 가혹한 진리를 거칠게 말하는 것을 그 무엇도 막아서는 안 된다. 내가 아니면 누가 할 것인가? — 나는 역사적 측면에서 보여 준 독일인들의 볼썽사나움에 대해 말한다. 독일 역사가들이 문화의 진행 과정과 문화의 가치에 대한 거시적 안목을 완전히 상실해 버렸다는 사실뿐만 아니라, 그들 전부가 정치의 (혹은 교회의 —) 어릿광대에 지나지 않는다는 사실에 대해. 거시적 안목을 그들 스스로가 추방해 버렸던 것이다. 먼저 '독일적'이어야만, '독일 인종'이어야만 한다고, 그러고 나서야 겨우 역사적 사항의 가치와 무가치함 전부를 결정할 수 있다는 것, — 그리고 그것을 확정 지어 버린다는 것…. 여기서 '독일적'이라는 것은 하나의 논거이고, '독일, 모든 것 위에 있는 독일'은 하나의 원칙이며, 게르만인들은 역사상의 '도덕적인 세계 질서'가 된다. 게르만인들은 로마제국에 비하면 자유를 짊어진 자요, 18세기에 비하면 도덕과 '정언명법'의 재건자이다…. 지금은 하나의 독일제국적 역사 서술이라는 것이 있다. 나를 두렵게 하는 것은, 심지어 반유대주의적 역사 서술도 있다는 것이다. — 하나의 궁정과 관련한 역사 서술이라는 것도 있는데, 폰 트라이치케 씨는 이것을 전혀 부끄러워하지 않는다…. 최근에는 역사적 사항에 대한 바보 같은 판단 하나가, 다행히도 죽어 버린 슈바벤의 미학자 피셔의 명제 하나가 모든 독일인이 긍정해야만 하는 하나의 '진리'로서 모든 독일 신문에 반복 게재되기도 했다. "르네상스 그리고 종교개혁, ─ 미적인 부활 그리고 도덕적인 부활, 이 두 가지가 합해져서 마침내 전체를 이루었다." ─ 이런 문장을 보면 나의 인내심은 한계에 이르고 만다. 독일인들에게는 그 모든 것이 양심의 가책이 되어야 한다고 말하고 싶어지며, 또한 그것이 내 의무라는 생각마저 든다.[176] 4세기 동안 문화에 자행된 모든 큰 범죄들이 그들에게 양심의 가책이 되라! … 그것도 언제나 같은 이유 때문에, 즉 진리에 대한 비겁이기도 한 실재성에 대한 가장 내적인 비겁 때문에, 그들에게 본능이 되어 버린 비진실성 때문에, '이상주의' 때문에… 독일인들은 유럽의 수확을, 마지막 위대한 시대였던 르네상스 시대의 의미를 죽여 버렸다. 그것도 가치들의

---

176 의역을 할까 직역을 할까, 많이 고민했던 문장이다. 양심! 양심의 다른 말은 '도덕의식'이다. 좀 더 풀어 설명하면 어떤 행위에 대하여 옳고 그름, 선과 악을 구별하는 도덕적 의식이나 마음씨라는 얘기다. 좀 과장해서 말하자면, 니체 철학은 끊임없이 이 문제로 돌아간다. 그래서 니체 철학을 '양심의 철학'이라 불러도 상관없을 것 같기도 하다. 그만큼 중요한 개념인지라 '양심'을 그대로 넣어서 번역하기로 했다. 무엇이 양심인가? 무엇이 '좋은 마음'인가? 그것이 문제라는 것이다. 이 또한 가치의 문제와 밀접하게 연결되고 있다. 가치를 두니까 양심이 생기는 법이다. '이게 좋은 마음이다'라고 서슴없이 말하게 되는 것이다. 양심이 생기면 비양심, 즉 나쁜 마음 또한 자동적으로 생겨날 수밖에 없다. '이래야 한다, 저래야 한다' 등의 생각과 판단이 좋은 것이라고 간주하고 나면, 거의 동시에 '이래선 안 된다, 저래선 안 된다' 등의 부정적 생각과 판단도 이루어질 수밖에 없는 논리이기 때문이다. 지금의 현재에 대한 시각이 양심으로 자리잡고 있다면? 그리고 그 지금의 현재가 궁극적으로는 잘못된 생각과 판단에 의해서 규정되었다면? 이때 니체는 모든 것을 바꿔 놓고 싶은, 즉 모든 가치의 가치전도라는 이념에 손을 뻗을 수밖에 없는 상황에 이르고 만다. 지금까지의 모든 것이 이성으로 간주되어 왔지만, 그것이 결국에는 비이성으로 인식된다면? 이 경우 니체는 진정한 이성을 위해 이성의 탈을 쓰고 있던 과거의 그 '이성'과 투쟁을 선택하지 않을 수 없게 되는 것이다.

보다 높은 질서가, 즉 삶을 긍정하고 미래를 보증하는 고귀한 가치가, 그것과는 반대되는 하강하는 가치가 자리잡고 있었던 바로 그곳에서 승리하던 순간에 죽여 버렸다. — 그리고 그 가치에 자리잡고 있던 것들의 본능에까지 침투하던 순간에! 루터, 재앙과도 같은 이 성직자는 교회를 재건했다. 이보다 천 배나 더 나쁜 일은 기독교를 재건했다는 것이다. 그것도 기독교가 몰락해 가던 그 순간에⋯. 기독교, 이 종교는 삶에의 의지를 부정한다! ⋯ 루터, 이 말도 안 되는 성직자가, 그가, '말도 안 되는' 이유 때문에 교회를 공격했지만, — 결과적으로는!, — 교회를 재건했다⋯. 그러니까 가톨릭교인들은 루터의 축제를 벌이고 루터의 극을 쓸 이유를 충분히 가지고 있으리라⋯. 루터여! — 그리고 이 '도덕적 부활'이여! 그러니 심리학 같은 것은 모두 악마에게 가 버렸구나! — 의심할 여지도 없이, 독일인들은 이상주의자들이다. — 독일인들은 그들이 엄청난 용기와 자기 극복을 통해 정직하고 명료하며 완전히 진짜 학문적인 사유 방식에 이르렀을 때에, 두 번씩이나 옛날의 그 '이상'으로 가는 샛길을, 또 진리와 '이상'의 화해를, 근본적으로는 학문을 거절하고 거짓을 말할 권리에 대한 정식을 발견해 냈던 것이다. 라이프니츠 그리고 칸트, — 이 유럽의 지적 정직성을 저지하는 두 명의 가장 거대한 제동 장치를! — 두 세기의 데카당스를 연결하는 다리 위에 유럽의 통일을, 유럽의 정치적이고도 경제적인 통일을 이루어 내기에 충분한 천재와 의지라는 보다 높은 막강한 힘이 가시화되었을 때,

독일인들은 어처구니없게도 세계 지배 성취라는 목적을 가지고, 그들의 '자유 전쟁'을 수단으로 마침내 유럽에서는 나폴레옹의 존재가 갖고 있는 의미, 그 기적과도 같은 의미를 결국 없애 버리고 말았다. ― 이로써 독일인들은 다음에 일어났던 모든 것, 오늘날의 모든 것에 대해 양심의 가책을 느껴야 한다. 즉 지금 비할 바 없는 반문화적인 병증과 비이성에, 유럽을 병들게 한 국가적 노이로제인 민족주의에, 유럽의 소국 분립과 작은 정치의 영구화에 대해 양심의 가책을 느껴야 한다. 독일인들은 유럽의 의미를 없애 버리고, 유럽의 이성마저 없애 버렸다. ― 그들은 유럽을 막다른 골목으로 몰아넣었다. ― 나 외에 과연 누가 이 막다른 골목에서 나오는 하나의 길을 알고 있을까? … 여러 민족들을 다시 엮는다는 하나의 과제는 충분히 위대하지 않은가?[177] …

177 니체는 명실상부 오늘날의 EU라 불리는 유럽연합(Europäische Union)을 철학적으로 고민했던 철학자임에 틀림없다. 특히 그는 경제적 통합에 방점을 두고 있었다. 그의 철학은 말하자면 큰 그림을 그리고 있었다. 국경선이라는 선 긋기에 몰두하기를 바라지 않았다. 민족주의, 애국심 등은 분열 정치가 최고의 이념일 뿐이다. 니체가 고대의 디오니소스 축제에서 영감을 받은 것은 다름 아니라 바로 그 '축제'의 이념이다. 그 경지에 도달하기 위해 개인은 하루를 살아도 극복의 이념으로 살아야 한다. '하루에 열 번씩 극복하면서' 살아야 한다. 그렇게 극복해 낸 건강한 두 사람이 모이면 사랑이라는 기적이 일어난다. 건강한 사람들이 더 많이 모이면 축제라는 이상향의 분위기가 구현된다. 누가 누구를 질투하거나 동정할 이유가 없는 사람들끼리 모이면 니체가 꿈꾸었던 지상천국은 실현될 수 있을 것이다. 하지만 니체는 이 또한 일방적인 발전 논리로 설명하지 않는다. 끊임없이 한계에 도전하고, 또 그 한계에 직면하여 깊은 상처도 맛보아야 한다. 끊임없이 극복의 이유를 찾아내야 하고, 또 그 때문에 절망에 빠지고 또 눈물도 흘려야 한다. 이것이 영원회귀의 이념이다. 행복은 불행을 전제한다. 승리는 전쟁을 전제한다. 잘 살고 싶으면 잘 못 살아 봐야 한다. 이것만이 인생의 진리이며 지혜다.

3.

─ 그리고 마지막으로, 왜 나는 나의 의혹에 말을 부여해서는 안 되는가? 독일인들은 나의 입장이 되면 하나의 엄청난 운명으로부터 겨우 쥐새끼 한 마리를 낳으려고 별 난리법석을 다 떨 것이다. 그들은 이제까지는 나와 타협해 왔다. 그런데 그들이 미래에는 더 잘할까 의심스럽다. ─ 아아, 여기서 나를 이렇듯 나쁜 예언가이게끔 요구하는 것이 무엇이란 말인가! … 나의 자연적인 독자와 청자들은 지금 이미 러시아인, 스칸디나비아인, 프랑스인들로 나타나고 있다. ─ 나의 독자들이 점점 더 많아질까? ─ 독일인들은 인식의 역사 속에 순전히 애매모호한 이름들만을 등록해 놓고 있다. 그들은 언제나 '무의식적인' 위조범들만 배출해 냈다(─피히테, 셸링, 쇼펜하우어, 헤겔, 슐라이어마허에게는 칸트와 라이프니츠와 마찬가지로 위조범이라는 말이 더 어울린다. 이들은 모두 그저 베일을 만드는 자일 뿐이다─).[178] 이

---

178 라이프니츠(Gottfried Wilhelm Leibniz, 1646-1716), 칸트(Immanuel Kant, 1724-1804), 피히테 (Johann Gottlieb Fichte, 1762-1814), 슐라이어마허(Friedrich Daniel Ernst Schleiermacher, 1768-1834), 헤겔(Georg Wilhelm Friedrich Hegel, 1770-1831), 셸링(Friedrich Wilhelm Joseph Schelling, 1775-1854), 쇼펜하우어(Arthur Schopenhauer, 1788-1860), 이들은 모두 관념론인 사상을 이끈 철학자들이다. 생철학적 이념을 전면에 내세우며 헤겔과 대결을 일삼았다는 이유에서 쇼펜하우어는 좀 논쟁의 여지는 있으나, 그래도 니체의 눈에는 관념론자들과 한통속일 뿐이다. 왜냐하면 그 또한 밤하늘의 은하수를 운운하는 해탈의 영역에서 구원의 이념을 찾고 있기 때문이다. 이들의 사상은 모두 비현실적이라는, 그래서 그저 낭만적이라는 비판을 피할 길이 없다. 예를 들어, 라이프니츠는 『테오디체(*Theodizee*)』(1710)를 통해 신의 정의를 변론했고, 칸트는 물자체 내지 순수이성을 주장했으며, 피히테는 초월적 관념 내지 인간의 선천적인 도덕 가

들은 절대로 다음과 같은 명예를 얻게 해서는 안 된다. 정신의 역사에서 최초의 정직한 정신이라는 명예를, 4천 년간의 거짓 행위를 판결할 진리의 정신이라는 명예를, 그 정신과 독일 정신이 하나로 여겨지는 명예를 말이다. '독일적인 정신'은 내게는 나쁜 공기다. 독일인의 모든 말 그리고 모든 표정에는 심리적 사항에서 본능이 되어버린 불결함이 드러나 있고, 이것이 내 가까이 있으면 나는 숨 쉬기가 어려워진다. 그들은 결코 17세기의 프랑스인들처럼 혹독한 자기검증을 겪지 않았다. 라 로슈푸코와 데카르트 같은 사람은 가장 뛰어난 독일인과 비교한다 해도 그 정직성에 있어서만큼은 백 배나 더 낫다.[179] ─ 게다가 독일인들은 오늘날까지 단 한 명의 심리학자도 갖지 못했다. 심리학은 거의 한 민족의 순수함과 불결함을 재는 척

치를 운운했고, 슐라이어마허는 종교, 특히 기독교를 윤리적으로 해석하며 낭만주의적 관념론을 대변했으며, 헤겔은 정반합의 원리를 지배하는 세계 정신을 피력했고, 셸링은 주관적인 것과 객관적인 것의 통일로서 절대자를 언급했으며, 쇼펜하우어는 힌두교 내지 불교의 영향을 받아 해탈의 이념을 주장했다. 모두 내세관의 경향을 띠고 있을 뿐이다. 즉 말로만 설명이 가능한, 그래서 오지 생각으로만 접근할 수 있는 그런 내용일 뿐이라는 얘기다. 니체의 실존적 의미를 근본으로 한 삶에의 의지를 충족시키기에는 부족했다는 것이다.

179 라 로슈푸코(François de La Rochefoucauld, 1613-1680)는 프랑스 출신의 잠언 작가로서 특히 프랑스의 도덕주의자들을 대표한다. 니체는 『도덕의 계보』에서 특히 '동정을 경시한다'는 점에서 그를 높이 평가한 바 있다. 그리고 데카르트를 『선악의 저편』에서 '합리주의의 아버지'로 인정하기도 했다. 물론 니체가 데카르트의 사상을 모두 긍정하는 것은 아니다. 예를 들어 니체는 이 책에서 데카르트가 '나'를 제약하는 존재로, 그리고 '생각한다'를 술어이자 제약받는 행위로 만드는 실수를 범한다고 지적한 바 있다. 그런 실수에도 불구하고 니체는 프랑스인들이 17세기의 자기 자신에 대한 이러한 엄격한 검증을 통해 우수한 민족으로 거듭날 수 있었던 것을 인정하고 있고, 바로 이런 검증이 독일인들에게는 없었던 점을 매우 안타깝게 생각하고 있는 것이다.

도라고 말을 할 수 있는데도 말이다…. 그리고 단 한 번도 순수해 보지 못한 자가 어떻게 깊이를 가질 수 있단 말인가? 여자에게서 그렇듯이 독일인에게서도 결코 그 바닥에 도달할 수 없다. 독일인은 단 하나의 바닥조차 없다. 이게 전부다. 그렇다고 해서 단 한 번이라도 평평해 본 적도 없다. ― 독일에서 '깊다'고 불리는 것은 내가 말하고 있는 바로 그것, 즉 자기 자신에 저항하는 본능적 불결함인 것이다. 독일인은 자기 자신에 대해 분명해지고 싶지 않은 것이다. 내가 '독일적'이란 단어를 이러한 심리적 타락을 위해 통용되는 국제 화폐로 만들 것을 제안하면 안 될까? ― 아프리카의 노예들을 해방시키는 것을 자기의 '기독교적 의무'라고 독일 황제가 말하고 있는 지금 이 순간에 예를 들어, 다른 유럽인들에 해당하는 우리들은 해방시켜야 할 바로 그것을 간단히 '독일적'이라고 부르면 안 될까…. 독일인들이 깊이를 지니고 있는 책을 단 한 권이라도 내놓았던가? 한 권의 책에 있어서 깊이라고 말할 수 있는 개념 자체마저 그들에게서는 사라지고 말았다. 나는 칸트를 깊이 있다고 간주했던 학자들을 알고 있다. 프로이센의 궁정에서는 트라이치케 씨가 깊이 있다고 여겨지기도 하는데, 이것은 심히 두려움을 유발시키기까지 한다.[180] 그리고

---

180 트라이치케(Heinrich von Treitschke, 1834-1896)는 독일의 역사가이자 1871년부터 1884년까지 독일제국에 소속된 정치가였다. 그는 특히 1879년에 "유대인들은 우리의 불행이다(Die Juden sind unser Unglück)"라는 문장이 들어간 글을 발표하며 자신이 반유대주의자임을 노골적으로 드러냈다. 이 문장은 훗날 제3제국의 선전용 신문 『데어 슈튀르머(Der Stürmer)』의 모토가 되

내가 스탕달을 기회 있을 때마다 깊이 있는 심리학자라고 칭찬하면, 어처구니없게도 그 이름의 철자를 말해 달라고 요구하는 독일의 대학 교수들을 맞닥뜨리기도 한다….

4.

— 그리고 왜 나는 끝까지 가면 안 되는가? 나는 책상을 깨끗이 치우는 것을 좋아한다. 오로지 독일인에 대한 경멸자로 간주되는 것 자체는 나의 명예에 속한다. 독일적 특성에 대한 나의 불신은 벌써 스물여섯 살에 표현되었다(세 번째 『반시대적 고찰』에서). — 독일인들은 내게는 말도 안 되는 존재들이다. 나의 모든 본능에 거슬리는 어떤 종류의 인간을 생각해 내면, 언제나 독일인이 떠오른다. 내가 한 인간을 '철저히 검사'할 때 제일 먼저 보는 것은 그가 거리감을 몸 안에 갖고 있는지, 또 그가 어디서든 인간과 인간 사이의 위계와 단계와 서열을 보고 있는지, 그리고 그가 스스로 고귀하다고 느

기도 했다. 트라이치케는 독일제국을 역사적으로 성장한 유산으로 간주했다. 그러면서 군사적으로 무장한 프로이센이 주도권을 잡고 제국이 형성되는 것을 적극 환영했다. 니체는 문화의식이 배제된 채 오로지 군사적인 의미에서만 장점을 부르짖는 독일의 미래에 대해 걱정을 하고 있었던 것이다. 스코틀랜드 출신의 미국 역사가 크레이그(Gordon Alexander Craig, 1913-2005)는 무엇보다 트라이치케의 감정이 실린 거친 언어가 제1차 세계대전을 일으키는 선구자 역할을 했다고 평가하기도 했다. 어쩌면 니체는 두 번의 세계대전과 그 패배를 통해 몰락해 가는 독일의 모습을 이미 예견한 철학자였는지도 모를 일이다.

끼는지다. 왜냐하면 이런 것들을 통해 귀족이 되기 때문이다. 다른 모든 경우들에서는 구제할 수 없이 천민이라는 관대한, 아아! 선량한 개념 아래로 들어가고 만다![181] 그런데 독일인들이 바로 이런 천민이다. ― 아아! 그들은 선량하기까지 하다…. 독일인과 교제하는 자는 스스로 저급해진다. 독일인은 똑같이 대한다…. 몇몇 예술가들과의 교제와, 특히 바그너와의 교제를 제외하고는, 나는 독일인과는 단 한순간도 좋은 시간을 보내 본 적이 없다…. 만일 모든 시대에 걸쳐 가장 깊이 있는 정신이 독일인들 사이에서 등장했다고 상정해 보면, 카피톨을 구했다는 어느 구원자까지도 자기의 아름답지 않은 영혼 또한 최소한 고려할 대상이 된다고 생각하게 될 것이다…. 이런 민족을 나는 견딜 수 없다. 이들은 교제 대상으로서는 좋지 않다. 이들은 뉘앙스를 감지할 수 있는 손가락은 하나도 갖고 있지 않다. ― 내게는 한마디로 고통일 뿐이다! 내가 하나의 뉘앙스이니, ― 그들의 발에는 단 하나의 정신도 없으며 단 한 번도 걸어 본

---

181 여기서 왜 천민이 '관대하고 선량한 개념'으로 이해되어야 하는지 논쟁의 여지가 남아 있다. 어쨌든 니체는 거리감을 느낄 줄도 모르고, 위아래, 즉 상하 계급도 모르며, 스스로 고귀하다고 느낄 줄도 모르는 인간을 좋아하지 않는다. 이런 인간을 뭐라고 지칭할까? 니체는 여기서 천민을 떠올리고 있다. 이들이야말로 천민이라고 말하는 것이다. 이런 계층에게 이름이라도 붙여 주니 고맙다는 뜻으로 들린다. 비아냥거림이 들리기도 한다. 반어법이라고 말해도 무방할 것 같다. 스스로 관대하다고 느끼고 또 스스로 선량하다고 느끼며 피지배 계급으로 자진해서 들어서는 자! 싸울 힘도 없고 그럴 용기조차 없는 자가 용서하는 마음으로 아량을 베풀며 '싸우지 말자'고 말하는 것이나 다름없다. 관대하고 선량한 개념으로서의 천민! 이들의 정반대 편에 귀족이 있는 것이다. 니체는 우리들을 향해 귀족이 되라고 가르치고 있다. 거리감도 느낄 줄 알고, 위계질서 의식도 갖추고, 무엇보다도 스스로를 고귀하게 느껴 달라는 것이다.

적도 없다…. 더구나 독일인들은 발을 전혀 갖고 있지도 않다. 그들은 그저 다리만 갖고 있을 뿐이다…. 독일인들은 자기들이 얼마나 비천한지를 전혀 깨닫지 못한다. 그런데 이것이 바로 비천함의 최상급이다. ― 그들은 그저 독일인들일 뿐이라는 점을 전혀 부끄러워하지 않는다…. 그들은 모든 것에 대해 함께 말을 하고, 자기들이 결정권을 쥐고 있다고 간주한다. 나는 그들이 나에 대해서도 이미 결정을 내리지는 않았는지 걱정된다…. ― 나의 삶 전체가 이런 명제들에 대한 엄격한 증거이다. 내가 나의 삶에서 나에게 거스르는 어떤 박자나 섬세함에 대한 징후를 찾고자 한다면 헛수고일 뿐이다. 유대인에 대한 징후는 있다 하더라도, 독일인에 대한 징후는 아직 전혀 없다. 각각의 모든 사람들에게 온화하고 호의적으로 대하고자 하는 것이 나의 방식이다. ― 나는 그 어떤 차별도 하지 않을 권리를 가지고 있다. ― 이것이 내가 눈을 뜨고 있는 것을 방해하지는 않는다. 나는 아무도 제외시키지 않는다. 적어도 내 친구들은. ― 결국 나는 이런 점이 그들에 대한 나의 인간애 정신을 감퇴시키지 않기를 희망할 뿐이다! 언제나 나는 나의 명망을 높여 주는 대여섯 가지를 갖고 있다. ― 그럼에도 불구하고 나는 수년간 내게 온 거의 모든 편지를 냉소주의로 대했던 것도 진실이다. 나에 대한 그 어떤 증오보다도 나에 대한 호의 속에 더 많은 냉소주의가 깃들어 있다…. 나는 나의 모든 친구들의 면전에서 대놓고 말하기도 한다. 그들은 나의 작품들 중 어떤 것도 공부해 볼 만한 가치가 충분히 있다고 애써서 말하지는 않는다고. 나는 그들이 그 책들 속에 무엇이 들어 있는지 단 한 번도 알아본 적이 없다는 사실을 아주 작은 징후로도 알아차린다. 나의 『차라투스트라는 이렇게 말했다』와 관련해서조차 그러하다. 나의 친구들 중 도대체 누가 이 책에서 허용될 수 없는 것보다 더 많을 것을 보았단 말인가, 기껏해 봐야 전혀 중요하지도 않은 자만심이나 발견하고 호들갑을 떨지 않았던가? …10년 동안 나의 이름이 묻혀 있던 부조리한 침묵에 대항하여 바로 그 이름을 변호해야 한다는 것으로부터 양심의 가책을 느낀 자는 독일에서는 아무도 없었다. 이 일을 위한 섬세한 본능과 용기를 가장 먼저 충분하게 가졌던 사람은 한 명의 외국인, 즉 단 한 명의 덴마크 인이었고, 그는 소위 말하는 나의 친구들에 대해 격분했다…. 작년 초에 그 자신이 심리학자임을 한 번 더 입증시켜 주었던 게오르크 브란데스 박사가 코펜하겐 대학에서 펼쳤던 강의처럼, 즉 나의 철학에 대한 그런 강의가 오늘날 도대체 어느 독일 대학에서 가능하단 말인가?[182] — 하지만 나는 단 한 번도 그런 모든 일로 인해 괴로워하

---

182 게오르크 브란데스(Georg Brandes, 1842-1927)는 덴마크 출신의 문학비평가, 철학자 그리고 작가다. 그는 스칸디나비아 문학을 외국에 그리고 유럽의 전반적인 경향을 스칸디나비아에 전달하는 데 지대한 영향을 끼쳤다. 브란데스는 무엇보다도 사실주의와 자연주의 작가들을 지원해 줌으로써 스칸디나비아 문학이 '현대 속으로 출발'할 수 있게 해 주었다. 그 스스로는 평생 동안 정치가이자 작가였던 5살 어린 그의 동생 에드바르트 브란데스(Edvard Brandes, 1847-1931)의 지원을 받았으며, 이 동생과 함께 그는 덴마크의 3대 일간지 중의 하나로 꼽히는 폴리티켄(Politiken)이라는 신문사를 세우기도 했다. 2살 어린 바로 밑의 동생 에른스트 브란데스(Ernst Brandes, 1844-1892)도 글쓰기에 재능을 보이며 작가이자 신문기자로 활동했

지 않았다. 필연적인 것은 나에게 상처를 주지 않았다. 아모르 파티는 나의 가장 내적인 본성이다. 이것은 그러니까 내가 아이러니를, 특히 세계사적 아이러니를 사랑한다는 것까지도 배제하지 않는다. 그래서 대지를 뒤흔들고 찢어 놓았던 가치전도라는 번갯불이 치기 대략 2년 전에 나는 『바그너의 경우』를 세상에 내보냈던 것이다. 독일인들은 다시 한번 나에 대해 불멸의 실수를 저지를 것이고, 그것을 통해 영구화하리라! ─ 이제 바로 그럴 시간이 되었다! ─ 깜짝 놀랄 시간이, ─ 이것으로 충분하지 않을까? ─ 나의 친애하는 게르만인들이여! 그대들에게 나는 경의를 표하는 바이다…. 지금 막 한 옛날 여자 친구가 나에게 편지를 한 통 보내왔다. 거기에 그녀는 이렇게 말했다. 내게는 친구들이 없지 않다고. 그녀는 나를 비웃고 있

다. 게오르크 브란데스는 코펜하겐 대학에서 법학과 철학을 공부했고, 프랑스 철학을 연구하여 박사학위를 취득했다. 1877년부터 1882년까지 베를린에서 살기도 했다. 1902년에 코펜하겐 대학의 철학과 교수가 되었다. 그는 괴테, 미켈란젤로, 셰익스피어 혹은 볼테르 등과 관련하여 수많은 에세이와 전기를 집필했다. 그는 이런 작품들 속에서 텐(Hippolyte Taine), 생트 뵈브(Charles-Augustin Sainte-Beuve), 오귀스트 콩트(Auguste Comte) 그리고 존 스튜어트 밀 (John Stuart Mill)의 영향을 받았음을 보여 준다. 특히 키르케고르의 전기를 집필하여 1877년에 출간했고, 1879년에는 독일어로 번역되기도 했다. 1888년에 이미 브란데스는 니체와 서신 교환도 해 가며 그의 철학과 관련한 강의를 했고, 이를 통해 덴마크에 그의 철학을 알리는 데 지대한 공을 세웠다. 1897년에는 『니체. 귀족적인 극단주의(Nietzsche. Eine Abhandlung über aristokratischen Radicalismus)』라는 책을 베렌베르크 출판사(Berenberg Verlag)를 통해 내놓기도 했다. 니체의 영향 하에서 브란데스는 엘리트 사상가로 발전을 거듭해 갔다. 이를 통해 같은 해 1897년 그는 미국 예술 과학 아카데미(American Academy of Arts and Sciences)에 선정되기도 했다. 1969년부터 덴마크에는 특히 문학비평과 문학 연구 영역에서 매년 게오르크 브란데스 상(Georg-Brandes-Preis)을 수여하고 있다.

었다…. 그리고 이것은 내가 이루 말할 수 없을 정도의 책임을 지고 있는 그 순간에, ― 나에 대해서는 어떤 말도 부드럽지 않고, 어떤 시선도 충분히 경외롭지 못한 바로 그 순간에 벌어졌다. 왜냐하면 그 순간 나는 인류의 운명을 어깨에 짊어지고 있었기 때문이다. ―

왜 나는 하나의 운명인지

1.

나는 나의 운명을 알고 있다. 언젠가 나의 이름에는 어떤 끔찍한 것에 대한 기억이 접목될 것이다. ― 이 대지 위에 단 한 번도 존재한 적 없는 위기에 대한, 가장 깊은 곳에서 발행하는 양심의 충돌에 대한, 지금까지 믿어져 왔고 요구되어 왔으며 신성시되어 왔던 모든 것에 대한 기억을 불러일으키는 결단에 대한 기억이. 나는 사람이 아니다. 나는 다이너마이트다. ― 그리고 내 안에는 종교 창시자의 기질 같은 것은 전혀 들어 있지 않다. ― 종교는 천민이나 저지르는 짓거리일 뿐이다. 종교적인 인간과 접촉한 후에는 나는 나의 손을 닦아야 할 필요를 느낀다…. 나는 '신앙인'을 원하는 게 아니다. 나는 나 자신을 믿기에도 내가 너무 사악하기까지 하다는 생각이 든다. 나는 단 한 번도 대중을 향해 말한 적이 없다….[183] 나는 언젠가

---

[183] 「모든 사람을 위한, 그러면서도 그 어느 누구를 위한 것도 아닌 책」, 이것은 『차라투스트라는 이렇게 말했다』의 부제목이다. 니체 철학의 결정판이라고나 할까. 모두를 위하면서도 아무도 위하지 않는다! 그는 늘 소수를 향해서만 말을 한다. 진리는 소수의 것이니까. 진정 아름다운 것은 소수의 것이니까. 모두의 것이라면 진리라는 영예를 받아 내지 못할 것이다. 그것은 당연한 것이 되고 말 것이기 때문이다. 모두의 것이라면 아름다운 것이라는 소리를 듣지 못할 것이다. 식상한 것이 되고 말 것이기 때문이다. 니체는 자신의 『차라투스트라는 이렇게 말했다』에 대해서 이렇게 말하기도 했다. "이 책은 극소수를 위한 것이다. 아직은 그들 중 누구도 생존하지 않을 수 있다. 그들은 나의 『차라투스트라는 이렇게 말했다』를 이해할 수 있는 사람들일 것이다. 어찌 내가 오늘날 이미 경청하고 있는 자들과 혼동할 수 있다는 말인가? ― 나의 날은 내일 이후이다. 몇몇 사람들은 사후에 태어난다."(『안티크리스트』) 니체 철학은 소수를 위한 철학이다. 하지만 결국 그 소수가 전체를 구원할 것이다. 천재 한 명이 민족을 대표할 수

사람들이 나에 대해 신성하다는 말이나 하지 않을까 정말 두렵다. 이제 사람들은 내가 어째서 이 책을 미리 출판해야만 하는지를 알아차릴 것이다. 이 책은 나에 대해 사람들이 저지르는 횡포를 막아 줘야 할 것이다…. 나는 성자보다는 차라리 어릿광대이고 싶다.[184] 아니 어쩌면 나는 이미 한 명의 어릿광대인지도 모르겠다…. 그럼에도 불구하고, 혹은 그럼에도 불구하고가 아니라, — 왜냐하면 지금까지 성자들보다 더한 거짓말쟁이는 없었기에, — 나를 통해 진리가 말을 한다. — 그러나 나의 진리는 끔찍하기만 하다. 왜냐하면 사람들은 지금까지 거짓을 진리라고 불러 왔기 때문이다. — 모든 가치의 가치전도, 이것이야말로 내 안에서 살이 되고 천재가 되어 있는 행동을 위한, 즉 인류 최고의 자기 성찰의 행동을 위한 나의 정식이다. 나의 운명은 내가 최초로 행실이 바르고 단정한 사람이기를, 또

도 있다. 한 명의 깨친 자가 어둠을 조금 내몰고 새로운 세상의 빛을 끌어들일 수도 있다. 예수도 '귀 있는 자는 들으라'고 외쳐 댔다. 말귀를 알아듣는 귀, 그런 귀는 흔치 않다. 종소리, 거기서 진리의 소리를 들을 수 있는 자는 소수에 불과할 뿐이다. 소수! 이것이 걱정거리다. 니체가 염려하는 부분이다. 그의 날은 아직 오지 않았기 때문이다. 그의 글을 읽어 내고 거기서 메시지를 제대로 찾아낼 수 있는 자는 극소수에 지나지 않을 것이며, 게다가 그들 또한 아직 태어나지 않았을 수도 있다. 걱정이 이만저만 아니다. 태어날 후손을 바닷가 어느 모래 속에 숨겨 놓는 거북이의 마음이라고 할까. 세상 사람들이 이것을 찾기나 할까. 염려스럽다. 그래도 혼동을 하지 않도록, 자신의 사상 속에서 길을 잃지 않도록 생각의 지도를 가능한 한 정확하게 그려 놓으려고 애를 쓴다. 모든 가치의 가치전도가 일어난 뒤 등장하는 새로운 가치를 찾을 수 있도록 하기 위해.

184 이와 비슷한 문장은 서문 2번에도 등장했었다. 그때는 "나는 철학자 디오니소스의 제자이다. 나는 성자보다는 사티로스가 되기를 바란다"라고 했었다. 사티로스가 어릿광대로 바뀌었을 뿐이다.

내가 나 자신을 수천 년간의 거짓에 맞서는 그 대립 속에 있는 법을 알고 있기를 원한다…. 나는 최초로 진리를 발견했다. 그래서 내가 최초로 거짓을 거짓으로 느꼈다. — 그 냄새를 맡았던 것이다…. 나의 천재성은 나의 콧구멍 속에 있다…. 나는 단 한 번도 거역되지 않은 것에 대해 거역한다. 그럼에도 불구하고 나는 부정을 말하는 정신의 반대가 된다. 나는 지금까지 존재한 적이 없는 한 명의 복음 전도사이다. 나는 지금까지 그 과제를 표현해 줄 만한 개념이 없을 정도로 드높은 곳의 과제들을 알고 있다. 나로 인해 최초로 희망이 다시 존재하기 시작한다. 이 모든 것과 함께 나는 또한 필연적으로 숙명적인 사람이기도 하다. 왜냐하면 진리가 수천 년 동안 진행되어 온 거짓과 싸움을 시작하게 되면 우리는 큰 충격에 빠지게 될 것이고, 꿈도 꿔 보지 못했던 지진의 경련, 즉 산과 골짜기가 서로 자리를 바꾸는 것을 경험하게 될 것이기 때문이다. 그렇게 되면 정치라는 개념은 완전히 정신들 간의 전쟁이 될 것이고, 옛 사회의 모든 권력 구조들은 허공 속으로 사라져 버릴 것이다. — 왜냐하면 이것들은 모두 거짓 위에 세워져 있기 때문이다. 전쟁이 일어날 것이다. 이 대지 위에 단 한 번도 일어난 적이 없는 그런 전쟁. 나로 인해 최초로 이 대지 위에 위대한 정치가 펼쳐지게 된다. —

2.

인간이 되는 그런 운명을 위한 하나의 정식을 원하는가? — 그것은 나의 『차라투스트라는 이렇게 말했다』 속에 들어 있다.

— 그리고 선과 악 속에서 창조자가 되고자 하는 자는 먼저 파괴자가 되어 가치들을 파괴해야만 한다.

이렇게 하여 최고악은 최고선에 속한다. 이것은 그러나 창조적인 선이다.[185]

나는 무엇보다도 지금까지 존재했던 인간들 중에서 가장 끔찍한 인간이다. 그렇다고 해서 이것이 내가 가장 좋은 일을 하는 인간이 되는 것을 배제하는 것은 아니다. 나는 파괴할 때의 즐거움을 파괴를 위한 나의 힘에 상당하는 그 정도만큼 알고 있다. — 이런 두 가지 측면에서 나는 나의 디오니소스적 본성에 복종한다. 이것은 부정하는 행위를 긍정을 말하는 것에서 분리시킬 줄 모른다. 나는 최초의 비도덕주의자이다. 이로 인해 나는 모범적인 파괴자가 되는 것이다. —

185 『차라투스트라는 이렇게 말했다』 제2부 「자기극복에 대하여」 중에서.

3.

나의 입에서, 최초의 비도덕주의자의 입에서 나온 바로 그 차라투스트라라는 이름이 도대체 무엇을 의미하는지에 대해서 사람들은 내게 물어보았어야 했지만, 아무도 묻지 않았다. 왜냐하면 그 페르시아인이 역사 속에서 보여 준 그 엄청난 독특성을 이루고 있는 것과 내가 말한 것과는 바로 정반대이기 때문이다. 차라투스트라는 우선 선과 악의 투쟁 속에서 돌고 있는 바퀴를, 즉 사물의 움직임 속에서 돌고 있는 그 본래의 바퀴를 최초로 본 사람이다. ― 도덕을 힘, 원인, 목적 그 자체로서 형이상학적인 것으로 옮겨 놓은 것은 그의 작품이다. 하지만 이것에 대한 질문 자체가 이미 근본적으로 답이 될 수 있다. 차라투스트라는 가장 숙명적 실수인 이 도덕을 창조해 냈다. 따라서 그는 이 실수를 인식한 최초의 사람일 수밖에 없다. 그가 여기서 그 어떤 사상가보다 더 오랫동안 그리고 더 많이 경험했기 때문만이 아니다. ― 역사 전체가 소위 말하는 '도덕적 세계 질서'라는 명제에 대한 실험적 반박이기 때문이다. ― 그보다 더 중요한 것은 차라투스트라가 어떤 사상가보다 더 진실하다는 것이다. 그의 가르침, 그리고 오로지 그의 가르침만이 진실성을 최고의 덕으로 삼는다. ― 즉 현실성 앞에서 도피를 일삼는 '이상주의자'의 비겁과는 반대되는 것이다. 차라투스트라는 모든 사상가들을 모아 놓은 것보다도 더 많은 용기를 육체 속에 지니고 있다. 진리를 말하고 활을 잘 쏘는 것, 이것이 페르시아적 덕이다. — 나를 이해했는가? …
진실성으로부터 나오는 도덕의 자기 극복, 도덕주의자들의 자기의
대립물로의 자기 극복 — 내 안으로의 자기 극복, — 이것이 나의 입
에서 나온 차라투스트라라는 이름이 의미하는 바이다.

4.

내가 비도덕주의자라고 말하는 것에는 근본적으로 두 가지의 부
정을 내포한다. 첫째, 나는 지금까지 최고라고 간주되어 왔던 인간
유형을, 즉 선한 인간, 호의적인 인간, 선행하는 인간을 부정한다.
둘째, 나는 도덕 그 자체로서 간주되고 지배해 왔던 도덕 유형을 부
정한다. — 무엇보다 데카당스 도덕을, 좀 더 구체적으로 말하면 기
독교 도덕을 부정한다. 두 번째 부정을 더욱 결정적인 것으로 볼 수
있는데, 그 이유는 선의와 호의에 대한 과대평가 자체가 이미 크게
보아 데카당스의 결과로, 약함의 징후로 간주되고, 상승하고 긍정
을 말하는 삶과는 어울릴 수 없는 것처럼 보이기 때문이다. 긍정을
말하는 것에서 부정과 파괴는 조건이 된다. — 우선 선한 인간의 심
리에 머물러 보자. 어떤 유형의 인간이 가치 있는지를 평가하기 위
해 그를 만들어 내는 데 드는 비용을 계산해 보아야만 한다. — 그의
존재 조건들을 알고 있어야 한다는 것이다. 선한 인간의 존재 조건
은 거짓이다. — 다른 말로 표현하면 근본적으로 현실이 어떻게 구

성되어 있는지를 어떤 대가를 치르게 되더라도 보고-싶지-않다는 것이다. 즉 현실이 언제나 호의적 본능을 요청하는 것은 아니다. 현실이 언제나 근시안적인 선한 사람들의 손이 뻗쳐 오는 것을 그대로 놔두는 것은 더욱 아니다. 모든 종류의 위기 상황을 무조건 반박으로, 없애 버려야만 하는 어떤 것으로 간주하는 일은 가장 어리석은 짓이다. 크게 보면 그 결과는 진정한 재앙이고, 이것이 어리석음의 운명이다. ― 하지만 이것은 ― 가난한 자들에 대한 동정 때문에 ― 나쁜 날씨를 아예 없애 버리려는 의지처럼 어리석은 것이다….

전체를 보는 거시 경제에서는 현실성(정열 속에, 욕정 속에, 권력에의 의지 속에 있는)의 무시무시함은 소위 '선의'라고 말하는 작은 형태의 행복보다 상상을 초월할 정도로 더 필연적이다. 선의는 본능이 속은 상태를 조건으로 하기 때문에, 그 선의에게 어떤 자리 하나라도 제공하고 싶으면 차라리 자비롭기까지 해야만 한다. 나는 낙관주의가 쏟아 내는 그 측정을 불허하는 섬뜩한 결과들과 낙관적 인간이라는 이 나쁜 소산물을 역사 전체를 위해서 입증하게 될 중요한 기회를 갖게 될 것이다. 낙관주의자가 염세주의자와 마찬가지로 데카당이며, 어쩌면 더 해로울 수 있다는 것을 최초로 파악한 차라투스트라는 이렇게 말했다: 선한 인간은 절대로 진리를 말하지 않는다. 선한 인간은 너희에게 거짓 혜안을 보여 주고 거짓 안전을 가르쳤다. 선한 인간의 거짓 속에서 너희는 태어났고 숨겨졌다. 모든 것은 이 선한 인간에 의해 그 근본에 이르기까지 기만되고 비틀렸다.[186] 다행스

럽게도 세계가 그저 호의적일 뿐인 바로 이런 무리 동물이 자기의
작은 행복을 발견해 낼 것만 같은 그런 본능 위에 세워져 있지는 않
다. 모든 것이 '선한 인간'이 되어야 한다고, 무리 동물이 되어야 한
다고, 푸른 눈을 가져야 한다고, 호의적이 되어야 한다고, '아름다운
영혼'을 가져야 한다고 요구하는 것, ─ 또는 허버트 스펜서 씨가 바
라는 것처럼 이타적이 되어야 한다고 요구하는 것은 실존에서 자신
의 위대한 특성을 빼내 버리는 것을 의미하고, 인류를 거세하는 것
을 의미하며, 인류를 비참한 중국인 같은 존재로 끌어내리는 것을
의미한다. ─ 그런데 사람들은 바로 이런 것을 시도해 왔다! … 바로
이런 것을 도덕이라 부르면서…. 이런 의미에서 차라투스트라는 선
한 인간들을 때로는 '마지막 인간들'이라고, 때로는 '마지막의 시작'
이라고 부른다. 무엇보다도 그는 선한 인간들을 가장 해로운 인간
유형으로 느낀다. 이들이 진리를 희생시키고 무엇보다 미래를 희생
시켜 자기들의 존재를 관철시켰기 때문이다.

선한 인간들, ─ 이들은 **창조하지** 못한다. 이들은 언제나 마지막의
시작이다. ─

─ 이들은 **새로운** 가치를 새로운 서판에 쓰는 이를 십자가에 못 박
는다. 이들은 **자기 자신을 위해** 미래를 희생시킨다. 이들은 모든 인

186 『차라투스트라는 이렇게 말했다』 제3부 「낡은 서판과 새로운 서판에 대하여」 28번 글 중에서.

류의-미래를 십자가에 못 박는다!

선한 인간들, — 이들은 언제나 마지막의 시작이었다….

그리고 세계 비방자들이 어떤 종류의 해악을 자행하든 간에, **선한
인간들의 해악이야말로 가장 해롭다.**[187]

5.

차라투스트라는 선한 자들을 연구하는 최초의 심리학자이다. —
따라서 — 그는 악한 자들의 친구가 된다. 만약 데카당스 유형의 인
간이 최고의 유형으로 등극해 있다면, 그것은 오로지 그 반대 유형
의 희생 위에서만 가능한 일이다. 말하자면 이 강하고도 삶을 확신
하는 인간 유형의 희생이 전제되어야만 한다는 것이다. 만약 무리
동물이 가장 순수한 덕의 영광으로 빛나고 있다면, 거기서는 '예외
적-인간'이 악으로 폄하되어 있어야만 한다.[188] 만약 거짓이 어떤 대
가를 치르면서도 자기들의 광학을 위해 '진리'라는 말을 요구하고
있는 상황이라면, 이때 진정으로 진실한 자는 가장 나쁜 이름들 속
에서 다시 발견될 수밖에 없다. 차라투스트라는 이 점에서 어떤 의
혹도 없다. 그는 말한다. 소위 '최고의 인간'이라 불리는 바로 그 선

---

187 『차라투스트라는 이렇게 말했다』 제3부 「낡은 서판과 새로운 서판에 대하여」 26번 글의 마지
막 부분.
188 예외적 인간이란 무리의 뜻을 따르지 않는 인간을 말한다.

한 인간의 인식이야말로 그를 인간에 대해 경악하게 만들었던 것이라고. 이런 반감으로 인해 그에게는 '저 멀리 있는 미래들 속으로 계속해서 날아오를 수 있는' 날개가 자라났다고. ― 그는 숨기지 않는다. 자기와 같은 유형이 선한 인간들과의 관계 속에서 바로 초인적이라는 점을. 즉 그가 바로 비교적 초인과 같은 유형임을. 선한 인간들과 정의로운 인간들이야말로 그의 초인들에게는 악마라고 불려야 한다는 점을….

> 너희 최상의 인간들이여, 나의 눈은 너희들을 바라보고 있노라. 너희에 대한 나의 의혹과 나의 은밀한 조소가 무엇인지 알려 주겠노라. 추측건대 너희들은 나의 초인들을 ― 악마라 부르고 있다는 점이다!
> 너희들의 영혼에게 위대함은 낯설기만 하구나. 초인이 선의를 갖고 있을 때조차도 그는 두렵기만 하니….[189]

다른 그 어떤 곳도 아닌 바로 이 자리에서 차라투스트라가 원하는 것을 파악하기 위한 시작 지점을 마련해야 한다. 그가 구상하는 이런 종류의 인간 유형은 현실을 있는 그대로 생각한다. 그 인간은 그렇게 할 수 있을 만큼 충분히 강하다. ― 그 인간은 그런 현실에

---

189 『차라투스트라는 이렇게 말했다』 제2부 「세상살이를 위한 책략에 대하여」 중에서.

서 소외되지도 멀리 떨어져 있지도 않다. 그 인간은 그 현실 자체이다. 그 인간은 현실의 끔찍하고도 의심스러운 모든 것까지도 자기 안에 품고 있다. 이렇게 해서 그 인간은 위대함을 품을 수 있게 되는 것이다….[190]

6.

─ 그러나 나는 비도덕주의자라는 말을 하나의 다른 의미로서, 즉 나 자신을 위한 표지이자 휘장으로서 선택했다. 전 인류에 대항하여 나를 분리시켜 놓는 이 말을 내가 가지고 있다는 것에 대해 나는 긍지를 느낀다. 지금까지 어느 누구도 기독교적 도덕을 자기 발 아래에 있는 것으로 느끼지 않았다.[191] 그러기 위해서는 높이와 멀리

---

190 소위 '큰 그릇이 되어야 한다'는 말이 있다. 이와 비슷한 말을 차라투스트라도 했다. "실로, 사람은 더러운 강물이렷다. 몸을 더럽히지 않고 더러운 강물을 모두 받아들이려면 사람은 먼저 바다가 되어야 하리라. / 보라, 나 너희에게 초인을 가르치노라. 초인이야말로 너희의 크나큰 경멸이 가라앉아 사라질 수 있는 그런 바다다."(『차라투스트라는 이렇게 말했다』) 사람은 더럽다. 온갖 두려움과 의심으로 가득 차 있는 존재다. 하지만 이런 존재로만 머물러 있다면 그것은 사람답지 못한 처사가 된다. 사람은 극복을 해야 한다. 더러움 속에서도 더럽지 않게 살려면 모든 것을 품을 수 있는 존재로 거듭나야 한다. 모든 것을 품을 수 있는 존재, 그가 바로 초인이다. 바다와 같은 존재다. 모든 썩은 것들을 품으면서도 스스로는 절대로 썩지 않는 그런 존재다. 공자의 말로 하면 화이부동(和而不同)의 지혜라고나 할까. 함께 어울리되 같은 무리가 되지 않는다는 그런 뜻으로 말이다.
191 니체는 도덕 위에 서고 또 그 위에서 뛰놀 줄도 알라고 가르쳤다. "우리는 도덕 위에도 서 있을 줄 알아야 한다. 매 순간 미끄러져 넘어질 것을 두려워하는 경직된 두려움을 가지고 그 위에 서 있는 것이 아니라, 그 위에서 뛰놀 줄 알아야 한다! 예술과 광대가 없다면 어찌 그럴

바라보는 시각과 이제껏 들어 보지도 못했던 심리적인 깊이와 심연성을 품고 있어야 한다. 기독교적 도덕은 이제껏 모든 사상가들의 키르케였다.[192] — 그들은 그녀를 위해 봉사했다. — 나에 앞서서 도대체 누가 이런 종류의 이상이라는 이런 종류의 독기가 — 세계를 비방하는 독기가! — 용솟음치고 있는 동굴 속으로 기어 들어갔던가? 도대체 누가 감히 그것을 동굴이라고 예측이라도 했던가? 나에 앞서서 도대체 누가 심리학자였던가, 그것도 철학자들 틈에서? 오히려 그들은 심리학자의 반대인 '고등 사기꾼', '이상주의자'가 아니었던가? 나에 앞서서는 심리학은 전혀 존재하지 않았다. — 여기서 최초의 심리학자가 된다는 것은 하나의 저주일 수 있다! 어쨌거나 이것은 하나의 운명이다. 왜냐하면 최초의 사람이 경멸도 하기 때문이다…. 인간에 대한 구토는 나의 위험이다….

게 할 수 있겠는가? — 이것을 부끄러워한다면, 그대들은 아직 우리에게 속하지 않는 것이다!"(『즐거운 학문』) 도덕은 이성적 존재가 춤출 수 있는 무대여야 한다. 도덕이 이성의 틀을 제공하는 것이 아니라, 이성이 도덕의 틀을 형성할 주체가 되어야 한다는 것이다.

192 키르케(Kirke)는 호메로스의 『오디세이아』에 등장하는 마녀다. 그녀는 아이아이아(Aiaia)라는 섬에서 살고 있었다. 그 이름은 하데스의 세상에 빠진 자들이 쏟아 내는 소리와 같은, 그런 비탄을 나타내는 의성어이다. 그녀는 이 섬을 방문하는 자들을 동물로 변하게 했다. 즉 자기 자신이 아닌 다른 존재로 바꿔 놓는 마녀였다. 이런 능력으로 인해 키르케는 위험천만한 유혹의 기술을 가진 자를 지칭하는 개념으로 일컬어지곤 했다.

7.

나를 이해했는가? ― 나를 구별짓고, 나를 나머지 인류 전체에 대한 예외자로 만드는 것, 그것은 바로 내가 기독교적 도덕을 발견해 냈다는 점이다. 그래서 나는 모든 이를 도발하는 의미를 포함하는 말 한마디가 더 필요했던 것이다. 여기서 미리 눈을 뜨지 않는 것, 그것은 나에게는 가장 큰 불결함을 의미한다.[193] 이 불결함이 인류를 책임지고 있는 것이다. 그것은 본능이 되어 버린 자기기만이며, 모든 사건과 모든 인과성과 모든 실재성을 보려 하지 않는 철저한 의지이고, 심리적 사항에 대해 범죄까지 되어 버린 위조 행위이다. 기독교에 대한 맹목은 범죄 중의 범죄이다. 기독교에 대해 눈을 감아 주는 것, 그것은 가장 큰 범죄이다. ― 그것은 삶에 대한 범죄이기 때문이다…. 수천 년의 세월들, 민족, 최초의 인간들과 최후의 인간들, 철학자들과 늙은 여자들, 이들 모두는 바로 이 행위들에 있어서 서로 닮았다. ― 역사의 대여섯 번의 순간과, 일곱 번째 순간으로서의 나만 예외가 된다. ― 기독교는 지금까지 유일하고 절대적인 '도덕적 존재'였다. ― 그리고 '도덕적 존재'로서 그것은 인류를 가장 크게 경멸하는 자조차 꿈도 꾸지 못할 정도로 더 불합리하고, 더 기만

---

193 기독교 도덕이 무엇인지 눈을 뜨고 바라보라! 이것이 니체의 정언명법이 아닐까? 이 도덕 앞에서 눈을 감는 행위는 가장 불결한 행위에 해당하기 때문이다.

적이며, 더 허영기 있고, 더 경솔하며, 자기 자신에 대해서도 더 유해했었다. 기독교적 도덕, ― 이것은 가장 악의에 찬 형식의 거짓 의지이며, 인류에 대한 진정한 키르케이다. 이것이야말로 인류를 망쳐 버린 바로 그것이다. 기독교를 바라볼 때 나를 경악하게 하는 오류로서의 오류는 기독교의 승리가 알게 해 주는 것처럼 수천 년 동안 '선한 의지', 규율, 단정한 태도, 용기 등이 정신적인 측면에서 결여되어 있어서가 아니다. ― 그것은 오히려 자연이 결여되어 있다는 사실에 있다. 그리고 반자연 자체가 도덕으로서 최고의 명예를 부여받고, 법칙이자 정언명법으로서 인류 위에 걸려 있었다는 것은 완전히 소름끼치는 사실이다! … 한 개인도 아니고, 한 민족도 아니라, 인류 전체가 이 정도로 잘못 짚고 있었다니! … 여기서 내가 진정으로 말하고자 하는 것은 다음과 같은 것이다. 삶의 최고 본능을 경멸하라고 가르쳤다는 것을, 육체를 모욕하기 위해서 하나의 '영혼'과 하나의 '정신'은 날조해 냈다는 것을, 삶의 전제인 성생활에서 어떤 불결한 것을 느끼도록 가르쳤다는 것을, 성장을 위해 가장 필요한 강력한 이기심(이 말이 벌써 비방적이다!)에서 악의 원칙을 찾아냈다는 것을, 그 반대로 '자기 자신이 배제된 것'과 중력을 상실하는 것과 그리고 '탈개인화'와 '이웃 사랑'(이웃 중독!)이라는 하강과 반본능의 전형적 징후에서 보다 더 높은 가치를 찾아냈다는 것을, 아니! 이런 것들에서 가치 그 자체를 보고 있다는 것을! … 뭐라고! 그렇다면 인류가 스스로 데카당이었단 말인가? 인류가 항상 그랬었

단 말인가? — 확실한 것은 그들에게 데카당스 가치만이 최고의 가치로 가르쳐졌다는 사실이다. 자기 자신을 버리는 도덕은 전형적인 몰락의 도덕이다. 그것은 '나는 몰락한다'는 사실을 '너희 모두는 몰락해야 한다'는 명령으로 옮겨 놓는다. — 그리고 명령으로만 옮겨 놓는 게 아니다! … 지금까지 가르쳐진 이 유일무이한 도덕, 즉 자기 자신을 버리는 도덕은 스스로 종말에의 의지를 누설하고 있다. 그것은 가장 심층적 차원에 이르기까지 삶을 부정한다. — 그러나 여기서는 아직 인류가 퇴화하기보다는 오히려 성직자라는 기생충 같은 인간만이 퇴화할 가능성이 열려 있다. 이들은 도덕을 통해 스스로의 가치를 결정하는 자로 승격시키는 거짓말을 해 왔다. — 즉 이들은 기독교적 도덕 속에서 권력에 이르는 수단을 간파해 냈던 것이다…. 그리고 실제로 인류의 선생들과 지도자들, 신학자들 전체가 통틀어 데카당이었다는 사실, 이것이 나의 통찰이다. 그래서 그들은 모든 가치의 가치전도를 삶에 적대적인 것으로 해석했고, 그래서 그들은 도덕이 되어 버린 것이다…. 도덕의 정의: 도덕 — 그것은 삶에 대해 보복하려는 숨은 의도를 갖고 있는 데카당의 특이한 성질을 갖고 있다는 것, — 그리고 그것을 통해 성공을 거두었다는 것이다. 나는 이러한 정의에 가치를 부여하는 바이다. —

8.

― 나를 이해했는가? ― 나는 5년 전에 미리 차라투스트라의 입을 통해 말하지 않았던 말은 한마디도 하지 않았다. ― 기독교적 도덕의 발견은 그 무엇과도 견줄 수 없는 하나의 사건이며, 진정한 하나의 대참사이다. 기독교적 도덕을 해명하는 자는 하나의 보다 높은 권력이자 하나의 운명이다. ― 그는 인류 역사를 둘로 나눈다. 그에게는 자기 자신 이전과 자기 자신 이후의 삶만이 있을 뿐이다…. 진리의 번개는 지금까지 가장 높은 곳에 서 있던 바로 그것에 내려쳤다. 그때 무엇이 파괴되었는지를 파악하는 자는 도대체 자기 손 안에 무엇이 남아 있는지에 대해서도 알 수 있을 것이다. 지금까지 '진리'라고 불려 오던 모든 것은 가장 해롭고 가장 음험하며 가장 지하적인 형식의 거짓으로, 또 인류를 '개선'한다는 신성한 구실도 삶 자체의 피를 빨아 빈혈증을 앓게 만드는 책략으로 인식된다. 그리고 도덕은 흡혈귀로…. 도덕을 발견하는 자는, 믿고 또 믿어 왔던 모든 가치가 무가치하다는 것도 더불어 발견하게 된다. 그는 가장 경외해 오던, 심지어 성스럽다고까지 말해졌던 인간 유형에서도 존경할 만한 것을 더 이상 보지 못한다. 그는 이 유형에서 최고의 액운과도 같은 종류의 불구들만을 본다. 그들이 액운과도 같은 이유는 그들이 현혹되어 있기 때문이다…. '신'이라는 개념은 삶의 반대 개념으로서 고안되었다. ― 이 개념 안에서 모든 것은 해롭고, 독성 있고, 비

방적이다. 여기서 삶에 대한 모든 불구대천의 적개심이 끔찍할 정도로 하나가 된다! '피안'이라는 개념은 '참된 세계'로 고안되었다. 그것도 존재하는 유일무이한 이 세상에서 가치를 빼앗기 위해, — 우리 대지의 현실성을 위해서는 아무런 목표도, 이성도, 과제도 남겨 놓지 않기 위해! '영혼', '정신', 마지막으로 '영혼의 불멸'이라는 개념도 몸을 경멸하고, 몸을 병들게 — '성스럽게' — 하기 위해 고안되었다. 그리고 또 삶 속에서 중요한 가치를 지닌 모든 것들에 대해, 즉 영양 섭취, 주거지, 정신적인 섭생, 병의 치료, 청결, 기후 등의 문제들에 대해 형편없이 경솔하게 대처하도록 하기 위해서! 건강 대신 '영혼의 구원'을 추구하는 것, — 이것은 참회의 발작과 구원의 히스테리 사이에서 오락가락하는 정신 상태를 말하고 있을 뿐이다! '죄'라는 개념은 그에 따르는 '자유로운 의지' 개념이라는 고문 기구와 함께 본능을 혼란시키기 위해, 즉 본능에 대한 불신을 제2의 본성으로 만들기 위해 고안되었다! '자기 자신이 배제된 자', 즉 '자기 자신을 부정하는 자'라는 개념 안에는 진정한 데카당스의 표시가 있다. 즉 거기에는 해로운 것들에 의해 현혹됨, 자기에게 이로운 것을 더 이상 찾을 수 없음, 자기 파괴가 일반적인 가치의 표시로, 인간의 '의무'와 '성스러움'과 '신적인 것'으로 되었다! 결국, — 이것이 가장 끔찍한 일이다. — 선한 인간이라는 개념은 약자와 병자와 실패자와 자기 스스로 고통받는 자, 즉 몰락해야만 하는 모든 것의 정당 편을 들고 있다. — 게다가 도태의 법칙이 여기서 방해를 받고 만다. 하나의 이상은 그저 긍지에 차 있고 제대로 잘 되어 있는 인간에 대한 반박에서, 긍정하는 인간에 대한 반박에서, 그리고 미래를 확신하며 미래를 보증하는 인간에 대한 반박에서 나왔을 뿐이다. — 이런 인간을 지금은 악인이라고 부른다… 그리고 이 모든 것이 도덕이라고 믿어져 왔다! — 이 파렴치한 것을 분쇄하라![194] — —

9.

 — 나를 이해했는가? — 디오니소스 대 십자가에 못 박힌 자….

---

194 이것은 볼테르(Voltaire, 1694-1778)가 가톨릭교회에 대항하여 부르짖었던 문구로 유명하다.

    책을 덮을 때, '신을 보았는가?' 하는 질문으로 검증해야 할 것이다. 니체가 '이 사람을 보라'라고 말했기 때문이다. 사람이라 써놓고 신이라 읽어 내야 한다. 신으로 인식해 냈지만 결국에는 사람으로 알아봐야 한다. 보지 못했다면 독서를 제대로 한 것이 아니다. 독선과 편견과 선입견으로 대상을 제대로 인식하지 못한 탓이기도 하다. 이미 알던 것으로 새로운 앎에 도전하면 얻을 게 별로 없다. 니체 철학은 분명 먹음직한 음식물로 가득 채운 밥상을 차려 놓았다. 그 음식물을 보는 것도 관건이고 먹어 소화시키는 것도 문제다.

    '이 사람'을 보기 위해 우리는 새롭게 보는 눈이 필요했다. 이게 사람이다! 이게 사람이잖아! 이런 잣대를 들이대며 접근하면 니체가 말하는 그 사람은 결코 보이지 않을 것이다. 무엇이 사람이란 말인가? 질문은 있지만 대답은 없다. 아니 대답은 니체의 자서전 책 한 권 전부다. 너무 자세해서 문제가 될까. 너무 어렵다는 말이 저절로 나오는가? 도대체 이해를 방해하는 요소가 무엇이란 말인가? 어떤 설명을 동원해도 '신은 죽었다는 말은 이해가 안 된다'고 하소연

하는 어느 독자의 답답함이 전해지는 것 같다.

　선을 그어 놓고 놀 때, 선을 밟거나 선을 넘으면 '죽음'을 선언한
다. 하지만 그 선에 갇혀 있는 삶을 고집할 때, 그 선 너머에 대해서
는 무지를 인정할 수밖에 없는 안타까운 상황이 펼쳐지고 만다. 선
안에서는 허무의 이념은 보이지 않는다. 그 이념은 한계 너머에 존
재하기 때문이다. 수평선이 되었든 지평선이 되었든 혹은 자기 자
신의 이해의 한계가 되었든 상관없다. 그것을 넘어설 용기가 있는
가? 진리라고 여겼던 것을 포기하고 다른 진리를 포용할 준비가 되
어 있는가? 스스로 신을 죽인 살해자가 되어 살아갈 수 있는가? 이
것이 문제다.

　진정한 자유인의 탄생은 말장난이 되어서는 안 된다. 비합리적
인 것도 시간과 공간을 달리하면 합리적인 것이 될 수 있다. 지금
과 여기에서 충분히 합리적인 것도 경우에 따라서는 전혀 다른 의
미로 해석될 수 있는 것이다. 그 어떤 우연의 경우에서도 삶은 유지
되어야 한다. 낡은 기준에 삶을 끼워 맞추는 실수는 범하지 말아야
한다. 새로운 기준은 삶을 위한 것이어야 한다. 부활도 영생도 아닌
현실 속의 삶이 가능해야 한다. 생철학은 바로 이 삶을 신성시하는
철학이다.

　사람에게 삶의 이념이 바로 서지 않으면 삶 전체가 위기에 봉착
하게 될 것이다. 사람은 사람으로 인정받기를 원한다. 사람은 삶을
통해 자기 자신을 실현시키고자 한다. 스스로 신이 된 사람이라는

이념을 바라볼 수만 있다면, 그는 허무주의자다. 그는 니체의 진정한 독자가 된 것이다. 이제 그에게는 그 어떤 배타적인 태도도 존재하지 않는다. 그는 속이 텅 빈 종처럼 모든 것을 담아낼 수 있는 존재로 거듭난다. 스스로가 모든 형식을 결정하며 그 내용물을 담당한다. 니체가 보라고 한 그 사람만 보았다면, 문제는 다 손바닥 위에 놓여 있는 것처럼 분명해질 것이다. 그 사람을 보지 못했다면, 겁먹지 말자. 처음부터 다시 읽으면 되는 것이다. 반복은 훈련의 다른 이름일 뿐이고, 훈련은 신앙생활의 근본 태도일 뿐이니까.

이 사람을 보라

－어떤 변화를 겪어서 어떤 사람이 되었는지